GFC 绿色金融丛书
Green Finance Series

GREEN
BOND

绿色债券

史英哲　王遥◎著

中国金融出版社

责任编辑：董　飞
责任校对：孙　蕊
责任印制：程　颖

图书在版编目（CIP）数据

绿色债券（Lüse Zhaiquan）/史英哲，王遥著．—北京：中国金融出版社，2018.4

ISBN 978－7－5049－9386－1

Ⅰ．①绿…　Ⅱ．①史…②王…　Ⅲ．①债券市场—研究—中国

Ⅳ．①F832.51

中国版本图书馆 CIP 数据核字（2017）第 322012 号

出版
发行　　中国金融出版社

社址　北京市丰台区益泽路 2 号
市场开发部　（010）63266347，63805472，63439533（传真）
网上书店　http：//www.chinafph.com
　　　　　　（010）63286832，63365686（传真）
读者服务部　（010）66070833，62568380
邮编　100071
经销　新华书店
印刷　北京市松源印刷有限公司
尺寸　169 毫米 ×239 毫米
印张　23
字数　336 千
版次　2018 年 4 月第 1 版
印次　2018 年 4 月第 1 次印刷
定价　58.00 元
ISBN 978－7－5049－9386－1
如出现印装错误本社负责调换　联系电话　（010）63263947

《绿色金融丛书》
序　言

2016年冬季，我国北方和东部大部分省市又陷入重度雾霾，红色预警持续发布，学校停课、汽车限行、企业停产、工地停工，严重影响了正常的生产生活秩序，也给当地的经济造成了冲击。一些经济学家们在猜测，雾霾是否已经构成了我国经济发展的硬性约束条件，经济增长潜力还有多少？百姓对雾霾的抱怨、对碧水蓝天的期盼，经济面临的环境制约再次成为政府焦虑的中心，中央和各级政府纷纷开展调研，征求各界意见，以寻求更有效的措施来解决困扰百姓生活、健康和经济可持续发展的最大痛点：环境问题。

近年来，要求环保部门法治生威的呼吁日益高涨，强化执法力度、依法治理环境问题的诉求给各级环保部门带来了空前压力。同时，我国环保法律和标准也确实在不断提高。2015年1月1日，新的《环境保护法》开始实施，环保部密集发布了按日计罚、查封扣押、限产停产、企业信息公开和突发环境事件调查等管理办法，环境执法力度也在不断趋严。

绿色金融是推动绿色发展的重要动力

然而，我们目前面临的严重的环境挑战不仅仅是一个环境的末端治理问题，从根本上来讲是一个经济问题。长期以来，我国经济高速增长，但是其所付出的环境代价是难以估量的。世界银行的研究显示，污染所造成的环境成本占我国年度GDP的比重高达9%，而我国2016年GDP增速为6.7%，若将环境成本考虑在内，"绿色GDP"实际上是负增长。在经济的高速发展过程中，各级政府采取了许多不可持续的"激励"措施，包括税收优惠、廉价土地、低廉的资源（能源、水等）价格等，吸引了大量低端、污染性的制造业，使高污染的煤炭产业占能源产业的2/3，让高排放的汽车产业以每年20%的速度成长。即使末端治理能够将单位GDP的排放量降低60%~70%，由于高污染的经济活动在成倍增长，总的污染水平也在继续恶化。

我国政府已经清晰地意识到，过去的污染型的发展模式是不可持续的，并将绿色发展提升至国家发展战略的最高层面。2015年4月，中共中央、国务院审议通过了《关于加快推进生态文明建设的意见》，指出"协同推进新型工业化、城镇化、信息化、农业现代化和绿色化"，首次提出了"绿色化"概念。党的十八届五中全会提出贯彻"创新、协调、绿色、开放、共享"五大发展理念，把绿色发展提升到一个新的高度。加强生态文明建设被写入"十三五"规划，绿色发展和环境保护将成为我国经济发展中首要考虑的重要国策。

要从根本上治理环境，需要建立一套新的激励和约束机制，使经济资源（包括资金、技术、人力等资源）更多地投入到清洁、绿色的产业，抑制资源向污染性产业投入。而绿色投资在整个资源配置过程中起着关键作用。只要资金流向了绿色产业，其他资源就会跟着流向绿色产业。根据环保部、中国环境与发展国际合作委员会（国合会）等机构的研究报告，未来五年，我国绿色投资需求为每年3万亿~4万亿元人民币。我们估计，财政资金最多满足15%的绿色投资需求，85%以上的绿色投资需求必须依靠市场化的融资方式来解决。因此，建立一个绿色金融体系，让金融机构和金融市场能够引导大量社会资本投入到绿色产业，就是当务之急。

绿色金融是指为支持环境改善、应对气候变化和资源节约高效利用的经济活动，即对环保、节能、清洁能源、绿色交通、绿色建筑等领域的项目投融资、项目运营、风险管理等所提供的金融服务。近年来，我国绿色金融取得了快速发展。2015 年 9 月，中共中央、国务院发布了《生态文明体制改革总体方案》，其中首次明确提出"要建立我国的绿色金融体系"。经国务院批准，2016 年 8 月 31 日，中国人民银行等七部委联合发布了《关于构建绿色金融体系的指导意见》（以下简称《指导意见》），标志着构建绿色金融体系在金融市场和各级地方政府的全面落实和正式启动。《指导意见》明确提出要通过再贷款、贴息、专业化担保机制等措施支持发展绿色信贷和绿色债券市场，设立各类绿色发展基金，在环境高风险领域实行强制性的环境责任保险制度，建立上市公司和发债企业强制性环境信息披露制度，支持金融机构开展环境压力测试，建立碳金融市场，建立绿色评级制度，推动对外投资绿色化等三十五条具体措施。《指导意见》的发布标志着我国成为全球第一个具有明确政府政策支持的、全面构建绿色金融体系的国家。

2016 年是绿色金融元年

很多国内外专家说，2016 年是绿色金融的元年。我很认同这个看法，这个观点适用于中国，也适用于全球。除了政策层面的创新之外，2016 年我国在绿色金融产品、工具、方法等领域中，取得了许多重要的进展。如绿色债券，2015 年我国还没有绿色债券市场，2016 年我国在境内和境外发行的绿色债券已经达到了 2300 亿元人民币，占到全球同期绿色债券发行量的 40%，成为全球最大的绿色债券市场。此外，我国的机构还推出了绿色资产支持证券（green ABS）和绿色资产担保债券（green covered bond），各个地方设立了不少绿色产业基金支持绿色股权融资，我国四家评级公司推出了绿色债券的评级方法（全球只有六家），我国出现了多家有能力提供绿色债券第三方认证的机构，中央国债登记结算公司和中国节能环保集团公司推出了四只绿色债券指数，中国金融学会绿色金融专业委员会推出了公益性的绿色项目环境效益评估方法，工商银行率先在全球推出了银行业的环境压力测试方法，最近北京环境交易所和上海清算所一起推出了中国第一个碳掉期产品。2016 年以来，几乎每个星期，都可以看到各种绿色金融产品发行和创新的新闻，令人十分鼓舞。中国在绿色环境压力测试方法、环境效益评估工具、绿色债券指数、气候债券指数等方面的创新在全球都是领先的。广东、浙江、贵州、新疆、江西、内蒙古等地纷纷制定了或正在制定构建本地绿色金融体系的实施方案。

2015 年 4 月，中国人民银行批准成立了中国金融学会绿色金融专业委员会（以下简称绿金委）。尽管成立的时间只有两年，绿金委在国内外组织了几十场推广和研讨活动，组织开展了四十多个研究课题，编制了《绿色债券支持项目目录》，支持了包括许多绿色金融产品和分析工具在内的开发工作。目前，绿金委会员单位数量已达 170 多家，包括所有的大中型银行和很多大型券商、保险公司、基金公司、绿色企业等，这些机构所持有的金融资产占全国金融资产的 67%。众多金融机构积极参与绿金委的活动，表明中国金融体系已经开始真正关注绿色金融和责任投资。农业银行、国家开发银行、工商银行、中国银行等一些大的金融机构都已经在集团内部建立了全面推动绿色金融发展的规划。

从国际上看，2016 年绿色金融领域的最大亮点是在二十国集团（G20）框架下正式讨论了绿色金融议题，并在 G20 领导人杭州峰会公报中明确提出了要扩大全球的绿色投融资，要从七个方面克服绿色金融发展面临的挑战。两年前，绿色金融在全球还是一个被边缘化的题目，主要国家央行行长和财政部部长几乎没有讨论过这个话题。一些国家对绿色金融的理念存有疑虑。2016 年，在中国的倡议下，G20 财金渠道设立了绿色金融研究小组，由中国人民银行和英格兰银行共同主持。在研究小组的推动下，绿色金融成为主流议题，而且通过 G20 领导人杭州峰会公报成为全球共识。这个"政策信号"的作用非常大。2016 年 10 月，我在美国华盛顿参加世界银行和国际货币基金组织年会期间的 4 天之内，就有 8 个由金融界主办的关于绿色金融的研讨会；11 月在摩洛哥参加第 22 届气候变化大会（COP22）的两天半时间里，也参加了4场关于绿色金融的讨论会。现在业界对绿色金融的关注程度之高，在几年之前是不可想象的。

除了中国和G20的推动之外，2016年以来，全球其他一些机构和国家也在努力推动绿色金融的主流化。比如，金融稳定理事会（FSB）设立了一个气候相关金融信息披露工作组（TCFD），2017年3月要向G20提交关于强化环境信息披露的自愿准则。法国发布了《能源转型法》，其中第173条专门提到，要求法国的机构投资者披露在投资过程当中如何考虑环境、社会和治理（ESG）的因素。IFC旗下的可持续银行网络（sustainable banking network）和联合国责任投资倡议（PRI），在G20绿色金融研究小组的支持下，迅速扩大其能力建设的网络。印度、日本、印度尼西亚等国正在准备推出自己的绿色债券市场。香港联交所启动了半强制性的环境信息披露制度。从这几个例子来看，全球正在形成一个强劲的、共同推动绿色金融发展的势头。

虽然绿色金融在2016年取得了长足的进展，但其规模与绿色投资的巨大需求相比，仍然是杯水车薪。比如，根据OECD专家的预测，全球绿色债券发行量只占全球债券发行量的0.2%（中国绿色债券占全部债券发行量的2%），但未来会有几十倍的成长空间。我预计在今后几年乃至十几年内，绿色金融在全球仍将保持高速增长，而要保持好的发展势头，关键在于准确识别和有效克服绿色金融面临的挑战。

绿色金融面临的挑战和克服挑战的选项

由我本人和英格兰银行高级顾问Michael Sheren担任共同主席的G20绿色金融小组在2016年《G20绿色金融综合报告》（*G20 Green Finance Synthesis Report*）中指出，全球绿色金融的发展面临以下五大障碍，并提出了克服这些障碍的一系列政策选项。

（一）外部性。这种外部性可以是绿色项目带来环境改善的正外部性，也可以是污染项目带来环境损害的负外部性。内化环境外部性的困难会导致"绿色"投资不足和"棕色"投资过度。比如,一些清洁能源项目比传统能源项目的建设成本更高,但无法就其环境效益正外部性(降低排放、提升居民健康水平)收费,因此项目回报过低,无法吸引私人投资。一些国家用补贴、税收抵免、电价补贴、碳交易和环境保护政策等来应对这些外部性,而在绿色金融领域则可以采用增信和担保、优惠贷款、利率补贴和项目补贴等,以改善这些项目经风险调整后的回报率。再如,有些制造业企业会污染环境,但是它们的负面外部性没有被充分内部化。比如,如果区域内居民健康状况受到损害,却由于种种原因不能向污染企业索赔,就会纵容污染企业的过度投资和生产。这种情况在那些环境权益尚未被有效界定和环保政策执行能力较弱的国家尤其常见。近年来,通过金融措施来应对类似负面外部性的案例越来越多。比如银行业的"赤道原则"和许多证券交易所对上市公司提出的环境信息披露要求等,都在一定程度上抑制了污染性投资,从而达到了将部分环境外部性内生化的目的。

(二)期限错配。在不少国家,由于资本市场不发达,许多长期基础设施项目融资主要依靠银行贷款。而银行由于需要避免过度期限错配,因此难以提供足够的长期贷款。这就导致了长期资金供给不足,使得长期项目,包括长期绿色项目(如污水和固体废物处理、清洁能源、地铁和轻轨)面临"融资难、融资贵"的问题。金融部门创新可以帮助缓解由于期限错配带来的问题。这些方法包括发行绿色债券、通过设立绿色基础设施投资收益信托(Yield-co)进行融资,以及用未来绿色项目收入作为抵押取得贷款等。

(三)绿色定义的缺失。如果缺乏对绿色金融活动和产品的清晰定义,投资者、企业和银行就难以识别绿色投资的机会或标的。此外,缺少绿色定义还可能阻碍环境风险管理、企业沟通和政策设计。因此对绿色金融和产品的适当定义是发展绿色金融的前提条件之一。由于各国的国情和政策重点不同,目前难以对绿色金融活动达成统一的定义。但是,若定义太多，比如每家金融机构推出一个自己的定义，交易对手之间没有"共同语言"，也会大大增加绿色投资的交易成本。

中国、孟加拉国和巴西，已经在国家层面推出了对绿色信贷的定义和指标；国际资本市场协会（ICMA）和中国绿金委也分别推出了对绿色债券的"国际定义"和"中国定义"。但是不少国家还没有采纳任何一种对绿色金融或对主要绿色资产类别的定义。

（四）信息不对称。许多投资者对投资绿色项目和资产有兴趣，但由于企业没有公布环境信息，从而增加了投资者对绿色资产的"搜索成本"，因此降低了绿色投资的吸引力。此外，即使可以获取企业或项目层面的环境信息，若没有持续的、可以信赖的绿色资产"贴标"，也会构成绿色投资发展的障碍。在一些国家，由于不同政府部门的数据管理较为分散（比如，环境保护部门收集的数据不与金融监管机构和投资者共享），也加剧了信息不对称。不过，解决信息不对称问题的努力已经取得了一定进展。比如，全球超过二十家证券交易所发布了上市公司环境信息披露要求，若干国家或证券交易所已经开始强制要求上市企业披露环境信息。中国也在《指导意见》中明确提出要对上市公司和发债企业建立强制性的环境信息披露制度。

（五）缺乏对环境风险的分析能力。一些金融机构已经开始关注环境因素可能导致的金融风险（包括对机构投资者所持有资产的估值风险和对银行贷款的信用风险），但其理解仍然处于初级阶段。许多银行和机构投资者由于分析能力不足，无法识别和量化环境因素可能产生的信用和市场风险，因而低估"棕色"资产的风险，同时高估绿色投资的风险。结果，污染性和温室气体排放较多的项目仍然获得了过多的投资，而绿色项目则面临投资不足的问题。对环境风险进行更加深入的分析，有助于更好地应对风险，更有效地将环境外部性进行内部化，进而有利于动员私人资本加大绿色投资。近年来，部分金融机构和第三方机构已经开发了一些环境风险分析方法。典型的案例包括中国工商银行开发的环境因素对信贷风险的评估模型、《自然资本宣言》（*Natural Capital Declaration*）对干旱如何影响债券违约率的分析、英格兰银行对气候因素如何影响保险业的评估，以及评级公司将环境因素纳入信用评级的做法等。

绿金委推出的《绿色金融丛书》

在推动我国绿色金融发展和形成 G20 绿色金融共识的过程中，绿金委的专家们发挥了关键的作用。绿金委的主要骨干曾经都是 2014 年由中国人民银行发起的绿色金融工作小组的成员，该小组于 2015 年初提出了发展我国绿色金融体系的 14 条建议，其中大部分都被写入了中共中央、国务院发布的《生态文明体制改革总体方案》，此后也被写入了七部委的《关于构建我国绿色金融体系的指导意见》。绿金委的成员单位也是中国绿色信贷、绿色债券、绿色保险、绿色指数、碳金融、责任投资、环境信息披露、环境压力测试的工具和方法的主要倡导者和实践者。

绿金委的专家们充分认识到，党中央、国务院提出构建绿色体系的国家战略，七部委出台绿色金融的《指导意见》，只是构建我国绿色金融的一个起点。未来大量的工作需要相关部委、金融机构、第三方机构、地方政府来落实。落实过程中将要面临的一个最大挑战是能力建设问题。许多金融机构的从业人员，虽然有很高的实践绿色金融的积极性，但缺乏对绿色金融产品和分析工具的了解；许多希望参与绿色金融的第三方机构，缺乏进行绿色评估、评级、认证的专业知识和经验；许多绿色企业，希望获得更低成本的绿色融资，但苦于不了解绿色金融各种产品的特点和提供此类金融服务的机构；许多地方政府官员，有推动当地发展绿色金融的积极性，但不知道用哪些政策工具可以最有效地调动社会资本。

为了进一步推广绿色金融理念，强化能力建设，有效传播绿色金融产品、工具和方法，绿金委的部分骨干成员成立了《绿色金融丛书》编委会。编委会组织了绿金委的一大批专家，计划以丛书的形式推出一系列与绿色金融发展相关的案例和研究成果。目前已经出版和即将出版的第一批研究成果包括：构建中国绿色金融体系、中国绿色金融发展与案例研究、国际绿色金融发展与案例研究、绿色金融与"一带一路"、G20 绿色金融倡议和背景报告、绿色债券市场研究、绿色基金研究、金融机构的环境风险分析、低碳城市融资模式、面向金融业的环境信息披露、碳市场与碳金融研究、绿色保险案例与研究、可持续投资研究等。这些研究成果以中国作者为主，包含大量中国元素，不但有理论创新，也有极强的实践性，是国际上绿色金融前沿领域中最为系统的一套丛书。我相信，这套丛书的出版，将成为我国绿色金融发展过程中一个积极的推动力量，也会为我国绿色金融教育和人才培养提供重要的参考教材。

马骏

中国人民银行研究局首席经济学家

中国金融学会绿色金融专业委员会主任

G20 绿色金融研究小组共同主席

2017 年 3 月

序 一

德国国际合作机构（GIZ）长期致力于可持续发展领域的国际合作。在实现这一愿景的进程中，我们认为各国政府于2015年达成的可持续发展目标和《巴黎协定》，在制定应对气候变化和促进可持续增长的全球应对措施方面具有里程碑的意义。为实现既定的可持续目标，同时加快向可持续与绿色经济转型，我们相信绿色债券是高效且规模化地筹集所需资金的不可或缺的金融解决方案之一。

在我们力行推进全球绿色债券市场发展的透明度和绿债市场发展的长远统一时，我们特此要感谢中国人民银行、中国金融学会绿色金融专业委员会和中央财经大学，给予我们这个机会从国际视角出发阐述，从而为中国绿债市场的发展研究作出贡献。同时，感谢我们的战略合作伙伴，即"G20 新兴经济体绿色债券市场发展战略联盟"的合作伙伴——瑞典北欧斯安银行。其在全球绿色债券市场领域的专业知识、开拓精神及在多方对话方面的参与对我们的共同合作及目标的实现至关重要。另外，要特别感谢瑞典 Kommuninvest、墨西哥国家金融开发银行（Nafin）、加拿大安大略省、巴西苏扎诺纸业股份有限公司（SuzanoPapel e Celulose）和世界银行在绿色债券发行方面为我们提供了宝贵的经验和意见，感谢 Rory Sullivan 博士参与案例研究章节的部分创作、协调和编辑工作。此外，我还要感谢我的两位同事，感谢 Christine Majowski 女士为撰写和编辑各章节所作出的重大贡献，感谢祁岚女士对相关内容的撰写协调和审校工作提供的大力支

1

持。最后，在此感谢所有支持本书的同事和合作伙伴。

我们诚挚地希望本书可以帮助加强国内和国际绿色债券领域的对话和交流，并最终推动这一特定资产类别的广泛应用。

谨启

德国国际合作机构（GIZ）

新兴市场绿色金融对话项目，项目主任

YannickMotz

序 二

本书旨在阐述金融在整体经济中所发挥的作用，是一部重要的著作。瑞典北欧斯安银行（SEB）很荣幸能够参与本书的编制。

需要强调的是，我们所做的大部分努力都离不开与众多合作伙伴的团结协作。其中，Heike Reichelt（同时为本书提供了案例研究）及其在世界银行集团资本市场部工作的同事，共同为实现联合国千年发展目标提供了源源不断的财政支持。

此外，我们还要感谢德国国际合作机构（GIZ）和中国金融学会绿色金融专业委员会（GFC）主任马骏博士，他们在促进全球绿色增长和协调方面发挥了重要的作用，从而为我们开展工作奠定了基础。

最后，需要重点说明的是，作者之一 Christopher Kaminker，曾在经济合作与发展组织（OECD）工作多年，最近才加入了瑞典北欧斯安银行。因此在书中的章节中有可能会出现其在经济合作与发展组织任职期间的一些见解。

希望我们的努力可以为您提供有价值的帮助。

谨启

瑞典北欧斯安银行气候与可持续金融解决方案部总监

Christopher Flensborg

前　言

2016 年是中国绿色债券市场元年。由中国官方推出的绿色债券相关政策迅速开启了国内市场，仅仅一年之内中国就发行了超过两千亿元人民币的绿色债券，占全球近四成的发行量，成为世界上最大的绿债市场。

从绿色债券 2007 年诞生至今也仅仅十年。对国内外市场而言，"绿色债券"仍然是个新鲜事物。自 2016 年中央政府多次强调绿色金融的重要性以来，绿色债券的蓬勃发展吸引了国内众多金融机构、企业、地方政府以及与环境相关的研究机构和社会团体的关注，迫切需要对绿色债券这个重要的金融工具进行系统的了解。在国际市场上，中国绿色债券的发展已初现成果，很多国外政府、金融机构、研究组织和社会团体希望总结和研究中国绿色债券的发展经验。所以，当前对绿色债券进行系统梳理就显得具有必要性了。

本书分为基础、实践、案例和展望四个部分。基础篇主要介绍绿色债券的基本概念、发展背景和历程，详细介绍了国际典型的绿色债券标准以及国内标准，并对国内外标准进行比较分析。实践篇对绿色债券的重要市场要素，包括发行人和投资人、发行要求、审核评估，进行了一一叙述；具体到中国市场，本篇对中国绿色债券进行了市场分析，详细介绍了中国绿色债券市场的监管体系，也对绿色债券指数这个重要的金融创新产品进行了分析和应用展示。案例篇包括国内、国际两个市场的多个绿色债券典型案例。国内部分我们选取了不同绿色债券品种的发行案例；国际部分则包括多边开发组织、地方政府、政策性金融机构、企业等多种发行主体的绿色债券发行案例。我们希望通过提供尽可能丰富的绿色债券案例，帮助企业发行绿色债券，实现为有环境效益的项目进行融资。最后，展望篇对中国绿色债券市场的发展潜力进行分析，对最近的市场机制建设以及国际合作进行了概述。

本书受中国金融学会绿色金融专业委员会（简称"绿金委"）的委托，由中央财经大学绿色金融国际研究院的研究团队负责完成。中央财经大学绿色金融国际研究院是国内首家以推动绿色金融发展为目标的开放型、国际化的研究院。研究院的绿色债券实验室是国内最早开始跟踪研究中国绿色债券市场发展的机构之一：2016 年 7 月发布了《2015 中国绿色债券发展报告》，独立分析了中国非贴标绿色债券市场；2016 年 10 月开始发布《绿债周报》，持续跟踪国内外每周绿色债券市场发展动态；2017 年 3 月，与国证指数公司合作开发了"中财—国证绿色债券指数"，是国内第一个高校冠名的证券指数，实现在深圳证券交易所和卢森堡证券交易所国内国外两地同时挂牌上市。

本书是中央财经大学绿色金融国际研究院与国际合作方暨德国国际合作机构（GIZ）以及瑞典北欧斯安银行（SEB）共同努力的成果。德国国际合作机构（GIZ）和瑞典北欧斯安银行（SEB）为本书提供了绿色债券国际市场发展情况的分析数据以及对绿色债券市场要素（发行与投资主体，发行条件与流程，外部审核和评估）的一般性论述，本书的国际案例也是由国际合作方慷慨提供。在此我们非常感谢 GIZ 和 SEB 的相关人士对中国绿色债券事业发展的关心和相关工作的辛苦付出，也特别感谢 GIZ 的祁岚女士在合作中的大力支持，促进了中外双方的沟通和交流。

本书初稿完成于 2017 年 9 月，所以本书对绿色债券市场的描述截止到 2017 年上半年。虽然 2017 年下半年中国债券市场在政策引导、市场激励、产品创新以及国际合作方面都有丰富的成果，由于时间关系本书无法一一

展现。另外，市场利率快速上行导致了 2017 年中国债券市场整体萎靡，但
绿色债券依然实现了发行规模稳中有升，发行结构更加合理，发行人更加
广泛，这些都体现了中国绿色债券市场正处于健康有序的发展进程之中。
在本书的写作过程中，我们也发现多家国际机构由于各自的绿色债券标准
不同，给出了迥然不同的国际市场分析数据，给我们的市场描述带来了困
扰。我们团队在写作过程中试图尽可能地说明情况，注明信息来源供读者
参考，希望读者能够理解。这个问题也体现了未来国际之间在绿色债券标
准以及绿色债券数据领域合作的迫切性。2017 年 11 月，中央财经大学绿
色金融国际研究院代表绿金委与欧洲投资银行在绿色债券标准共识性的合
作是这方面工作的一个里程碑式的起点。

　　这里，我们非常感谢中国金融学会绿色金融专业委员会马骏主任给予
本书的修改建议和大力支持。同时，我们也特别感谢中国金融出版社相关
团队的负责、耐心、辛苦的工作，以及董飞编辑的有效组织和顺畅沟通。
最后，非常感谢研究院的绿色债券实验室团队成员苗升林、李勐、冯乾、
牟童、朱晓野、史钰颉、任洁、王政杰、吴宇航、刘晓光、叶宁、常子杰
等在这一段时间中的辛苦付出。

　　由于作者水平有限，书中的错漏之处恳请读者指正。

史英哲

中央财经大学绿色金融国际研究院副院长

绿色债券实验室主任

2018 年 3 月

目　　录

基础篇

实践篇

案例篇

展望篇

基础篇

第一章　绿色债券概述

近年来，世界范围内环境资源问题引起的投资风险凸显，责任投资理念和绿色金融在全球金融市场中影响日益广泛，各国投资者对环境保护和气候变化问题持续关注，使得绿色债券在国际金融市场上逐步兴起。本章主要概述了绿色债券的概念和起源，综述了国际和国内绿色债券的发展现状。本章的结构安排如下：第一节是绿色债券的概念和起源；第二节是国际绿色债券的发展，包括国际绿色债券的发展背景、参与组织及相关原则或标准、产品种类、发展现状与特点；第三节是中国绿色债券的发展，包括中国绿色债券的发展背景、发展历程、绿色信贷发展对绿色债券的铺垫以及中国绿色债券的发展现状。

第一节　绿色债券的概念和起源

一、绿色债券的概念

绿色债券（Green Bond），通常被认为是政府部门、金融机构或企业等向社会募集资金，专门用于符合规定条件的绿色项目或者为这些项目进行再融资，同时承诺按一定利率支付利息并按约定条件偿还本金的债权债务凭证。绿色债券是近年来绿色金融领域大力发展的融资工具，绿色债券区别于其他债券的核心特征，是其募集的资金集中于实现绿色环境效益。

绿色债券这一概念通常被认为由世界银行和欧洲投资银行于 2007 年提出。2007 年，欧洲投资银行率先发行了气候意识债券（Climate Awareness

Bond），这是多边机构中发行的第一只环保主题债券，该债券明确了将募集资金用于绿色项目，并设立严格的专款专用标准。2008 年，世界银行发行了全球第一只绿色债券，募集资金专门应用于减缓和适应气候变化的项目。自此以来，越来越多的多边机构、政府和企业参与发行绿色债券。

随着绿色债券发行种类和规模的不断扩大，不同的组织机构对它进行过不同的定义。世界银行将绿色债券定义为一种固定收益型普通债券，它为投资者提供了参与投资绿色项目进而帮助减缓和适应气候变化的机会。经济合作与发展组织（OECD）将绿色债券定义为一种由政府、跨国银行或企业发行的，为促进低碳经济和适应气候变化的项目筹集必要资金的固定收益证券。气候债券倡议组织（Climate Bonds Initiative）认为，绿色债券是为环境发展或环保项目募集资金的固定收益金融工具。截至目前，国际上对"绿色债券"的定义已达成共识。国际资本市场协会（ICMA）于2015 年 3 月 27 日，联合 130 多家金融机构制定了《绿色债券原则》（The Green Bond Principles，GBP），其中规定，"绿色债券指的是任何将所获得资金专门用于资助符合规定条件的绿色项目，或为这些项目进行再融资的债券工具。"①

虽然定义的描述不尽相同，但各方对于绿色债券的主要特点认识基本一致：即债券工具和募集资金应当被应用于绿色项目。相对以上广义概念而言，狭义的绿色债券仅仅指的是经独立中介机构（Second Party）对投资项目或所涉及资产的绿色特性进行评估，并通过第三方，如气候债券标准委员会（Climate Bond Standard Board），获得绿色债券资质认证的债券。

二、绿色债券的起源

现代工业生产模式下，发达经济体和新兴工业化国家经济高速增长，收入水平显著提高，与此同时也伴随着生态资源损耗过快、生态环境恶化等一系列环境问题。自然资源消耗、生态损害及环境污染是伴随人类社会

---

① ICMA. The Green Bond Principles 2017. International Capital Market Association. https：//www.icmagroup.org/assets/documents/Regulatory/Green－Bonds/GreenBonds Brochure－JUNE 2017.pdf.，2017.

文明进步和经济发展产生的一个世界性问题。

人类对生态环境的影响主要表现如下方面：一是污染物的大量排放。资源消耗和生产制造等过程产生和释放大量二氧化硫、氮氧化物、粉尘、有机污染物、氨氮等污染物，严重影响大气环境、水环境，对动植物生存及人类健康造成严重影响。二是温室气体排放导致的全球气候变暖。化石燃料开采、消耗及部分工业生产活动排放大量二氧化碳、甲烷等温室气体，农业生产活动和生活消费过程中也产生多种温室气体，导致全球出现了气候变暖和极端气候频发的趋势。三是自然资源的大量消耗。维系现代文明需要大规模的物质资源，包括各类矿产资源的开发利用及石油、煤炭等能源的开采消费。其中多数资源是不可再生的，随着时间推移，面临逐渐枯竭的风险。四是自然生态的损害和生态平衡的破坏。耕地开垦、矿产开采和城镇化建设等改变土地利用状态的活动，导致林地、湿地、草地等自然生态资源减少，全球碳资源减少，水土流失、地质灾害频度上升以及生物多样性受到损害；化肥、农药、地膜的大量使用造成土壤环境污染和退化，全球自然生态平衡面临严重威胁。

多年来，环境治理主要被认为是环保部门的职责，政府在环境立法和环境执法方面做了大量工作，财政和税收的支出也对环境改善和绿色发展起到了很大作用。尽管如此，全球环境依旧面临着十分严峻的挑战，不少地区的各项指标仍在不断恶化。这就需要各国建立健全相应机制，引导足够的资金投入到绿色产业，同时抑制对环境污染产业的投资。因此，绿色金融随着可持续发展的要求应运而生，绿色债券作为绿色金融发展的重要力量，正是起源于环境保护和经济社会环境的可持续发展的要求，同时也代表着全球金融业发展的新方向。

三、绿色债券的作用

近年来，绿色债券正成为调动全球债券市场满足投资需求的有力工具，绿色债券的投资需求一直超过绿色债券的发行，成为绿色债券市场发展势头强劲的内在动因。绿色债券与一般债券相比明显不同的是：绿色债券的募集资金专项用于具有环境效益的项目，这些项目以减轻和适应气候变化为主。绿色债券的绿色标签为投资者提供了一个辨认机制，投资者可以通过绿色标签辨认出气候相关投资，尽量减少资源用于尽职调查。这样可以减少市场阻力，促进气候相关投资的增长。

G20 绿色金融研究小组在 2016 年 9 月发布的《G20 绿色金融综合报告》中，总结了各国绿色债券的发展经验，认为绿色债券市场可以为绿色项目和投资者提供五个方面的好处：一是为绿色项目提供除银行贷款和股权融资之外的一种新的融资渠道；二是为绿色项目提供更多长期融资，尤其是在绿色基础设施投资需求较大而长期信贷供给有限的国家；三是通过"声誉效益"激励发行人将债券收益投向绿色项目；四是因发行人承诺"绿色"披露，激励其强化环境风险管理流程；五是为投资者，尤其是长期和负责任的投资者，提供绿色资产，并使投资者有机会参与可持续发展。本书在此基础上，完整总结了绿色债券分别对发行人和投资人的作用（见表 1.1）。

表 1.1　绿色债券对发行人和投资人的作用

绿色债券对发行人的作用	绿色债券对投资人的作用
1. 提供绿色融资的新渠道及资金来源	1. 平衡经济效益和环境效益，实现投资组合的多样化
2. 项目和资金周期相匹配，实现更长期的绿色融资	2. 满足环境、社会和治理（ESG）或绿色投资委托
3. 促进投资者多样化，吸引购买并持有绿色债券的投资者	3. 推动"绿化"棕色行业的直接投资
4. 增强发行人的声誉，享受绿色债券发行的优惠政策	4. 对冲气候政策风险
5. 吸引具有强烈投资兴趣的投资者，获得超额认购	5. 享受绿色债券现有的或预期的优惠政策

第二节　国际绿色债券的发展

一、国际绿色债券的发展背景

近些年来，政府部门、社会公众和金融机构对环境问题与经济发展效益的关注度不断提高。从 1987 年联合国布伦特兰委员会（Brundtland Commission）提出"可持续发展"的概念至今，对可持续的概念以及经济发展的环境效益的关注已经渗透到经济社会生活的方方面面。1988 年，世界气象组织和联合国环境规划署共同成立了政府间气候变化专门委员会（IPCC），全面科学地评估全球范围内与气候变化相关的经济、科学和社会信息。全球环境问题的压力和极端贫困等社会不安定因素，加剧了经济社会发展向不可持续方向倾斜，经济、环境、社会效益的兼顾越来越引起人们重视。

可持续发展是全人类共同面对的命题，而金融活动又具有超越国家范围的影响力。在金融行业解决可持续发展问题上，国际合作是大势所趋。1992 年联合国环境与发展大会通过《环境与发展宣言》和《21 世纪议程》，确定了可持续发展和金融结合的重要性，提出发展中国家在实施可持续发展战略过程中要根据各国情况，实行经济政策改革，提高银行信贷、储蓄机构和金融市场领域促进经济可持续发展能力。同年，联合国环境规划署（UNEP）联合世界主要银行和保险公司在里约的地球峰会上宣布成立金融倡议组织（UNEP FI），其宗旨立足可持续发展金融理念的推广和普及，督促金融机构可持续发展，并正式推出《银行业关于环境可持续发展的声明》，100 多个机构和团体在声明上签字。1995 年，这一行动进一步扩展到保险和再保险机构，并先后推出《保险业环境举措》《联合国环境规划署保险业环境举措》《银行业、保险业关于环境可持续发展的声明》等，这些举措与声明标志着国际金融机构开始系统实施环境管理体系，并公开承诺对可持续发展承担责任。接下来的 2005 年，联合国发起责任投资原则计划（United Nations' Principles for Responsible Investment,

PRI），联合全球主要的机构投资者，强调投资者需要在投资过程中考虑环境（environmental）、社会（social）以及公司治理（corporate governance）等因素。

相应地，金融问题被赋予越来越多的社会环境内涵，金融机构投融资行为对环境的间接影响逐渐被纳入审核评估范畴。2003 年 6 月，10家全球性金融机构在美国华盛顿发布了指导商业银行和投资银行投资项目的"赤道原则"（Equator Principles）。接受赤道原则的金融机构需要在其投资项目选择上加入对企业环境与社会责任的评估。企业金融效率评估中也更多地加入环境、社会等非经济因素的考量。绿色金融，包括绿色银行、绿色信贷、绿色债券、绿色保险等，正是顺应这一形势而出现的新概念。

在这一背景下，各国政府开始全方位地扶持绿色项目。扶持政策能够降低绿色项目的成本，提高绿色项目的收益，从而间接提升发行或投资绿色债券等绿色金融工具的吸引力。

二、国际绿色债券发展的推动力量

随着各国政府和金融机构对环境问题和可持续发展的关注度提高，金融行业和金融机构被赋予了更多的社会发展和环境保护方面的内涵，具有越来越高的社会使命，各国政府和一些国际组织出台了一系列推动绿色债券发展的政策措施。

（一）各国政府的政策推动

各国政府和公共机构着手推广绿色债券发行，发挥示范效应。多国地方政府和相关市政机构发行债券筹资，直接将资金用于绿色项目。瑞典的哥德堡和斯德哥尔摩，法国普罗斯旺地区，美国的加利福尼亚州、纽约州、华盛顿特区以及加拿大的安大略省曾发行一般责任债券为绿色项目融资；夏威夷等地区甚至尝试以收益担保债券的形式发行绿色基础设施收益债券，允许通过电费附加费形式对债券加以偿还。

此外，各国政府提供政策上的优惠，通过税收减免、利息补贴、担保、价格补贴和政府采购等方式，直接提升绿色债券吸引力。2013 年，马萨诸塞成为第一个自主发行免税绿色债券的州政府，债券发行所得资金直接用于环保基础设施建设；2014 年 8 月，英国政府的基础设施基金为绿色生物发电项目提供 4850 万英镑的债券发行贷款担保。这类措施都有助于增加债券吸引力，降低绿色项目的融资成本。目前，超过 50 个国家政府通过价格补贴（feed - in tariff），以一个固定回收价格保证对清洁能源企业、团体或个人投资者的长期产品购买。该政策普遍应用于可再生能源发电项目，如向太阳能项目产生的新能源提供 10 ~ 25 年的固定价格回购。欧盟则明确倡导绿色政府公共采购（green public procurement），鼓励成员国政府签订绿色合同，采购的绿色产品占比应在 50% 以上，这使得相应的企业现金流得到了保障，提高了债券吸引力。

同时，各国政府机构陆续出台政策或法案，明确了金融机构和企业的环境法律责任和环境披露义务，规定了机构的绿色投资使命。例如，1980 年，美国出台了《全面环境响应、补偿和负债法案》（CERCLA），提出贷方责任（lender liability）原则；一些国家强制要求上市公司披露环境责任信息，例如英国金融时报股价综合指数中的 443 家英国公司，均通过年报、社会责任报告等不同形式披露本企业的环境信息，并量化环境影响。挪威则要求其主权财富基金在其固定收益资产组合中纳入绿色债券等。

（二）国际组织及有关国际原则的推动作用

绿色债券的国际参与组织通过提出全球性倡议，在推动标准制定和加强国际合作等方面发挥了重要作用，在全球绿色债券发展中扮演了重要角色。全球代表性的金融机构在探寻如何更好地履行企业环境责任的过程中，还形成了如联合国责任投资原则此类为各界广泛认可的企业环境社会责任标准。

1. 联合国与责任投资原则

在国际范围内，联合国等国际组织也大力推动绿色投资和绿色债券市场的建设。在金融倡议组织的支持下，联合国出台责任投资原则，该原则强调了投资过程中的 ESG 因素，认为"长期的价值创造需要一个具有经济效率的可持续的全球金融体系，这样的金融体系可以回馈长期责任投资、并有益于环境和社会的整体发展"。

截至 2017 年 7 月，联合国责任投资原则的签署机构已达 1700 家，管理着 73.5 万亿美元的资本。联合国的号召力、影响力以及强大的技术支持网络，有效推进了绿色投资者网络的建设步伐。国际金融公司、主要国际开发银行也成为绿色债券市场的重要发行者，大力推动了绿色债券的全球发展。

2. 国际资本市场协会与绿色债券原则

国际资本市场协会（ICMA）是一个由全球资本市场参与机构组成的国际行业协会和自律组织，其关注范围涉及制定和实施国际金融市场中固定收益产品和相关金融工具发行、交易、结算等环节的行业性规范和自律准则。

国际资本市场协会与国际金融机构合作提出的绿色债券原则（Green Bond Principles，GBP）明确了绿色债券的流程和透明度，其四条自愿性原则主要涉及募集资金用途、项目评估和筛选流程、募集资金管理和披露及报告，成为多数在国际市场上发行绿色债券的发行人所遵循的绿色标准。《绿色债券原则》（GBP）将绿色债券分为以下四类：特定收益用途绿色债券、特定收益用途绿色收益担保债券、绿色项目债券、绿色资产支持债券。GBP 规定了十大类产业属于绿色债券支持的领域，但对这些产业中的具体项目是否符合绿色定义没有进一步阐释。GBP 提出的十大类别包括：可再生能源、能效、污染防控、可持续的自然资源管理、陆地和海洋生物多样性保护、清洁交通、可持续水处理、气候变化适应，以及具有生态效益的产品、生产技术和流程。

3. 气候债券倡议组织与气候债券标准

气候债券倡议组织（Climate Bonds Initiative，CBI）是目前全球唯一一个致力于动员债券市场以应对气候变化的组织。该组织成立于 2009 年，旨在努力推动绿色项目和环境投资，以满足低碳发展和气候适应型的经济快速转型的要求。气候债券倡议组织的战略目标是开发一个规模大、流动性强的低碳经济债券市场，降低在发达国家和新兴市场的气候项目融资成本。气候债券倡议组织的主要工作内容分为三项：

一是市场追踪和展示项目。气候债券倡议组织的市场追踪和展示项目主要包括报告气候债券的发展情况和衡量气候债券市场规模。为了改变外界对于绿色债券市场规模很小的看法，并向投资者展示投资机会，气候债券倡议组织每年会对全球范围内与气候变化相关的未偿清债券进行调查。每年，气候债券倡议组织的年度市场报告都会通过在不同国家开展研讨会或者发行投资者和银行简报的方式进行展示。

二是开发可信的准则。气候债券标准和认证机制是一种为债券贴上认证标签的机制。该机制作为易于使用的工具，能够帮助投资者和政府区分并优先考虑真正应对气候变化的投资。气候债券标准对市场而言是一项公益资源，它定义了哪些投资是低碳经济的一部分，并由管理 320 亿美元资产的委员会进行监管。

三是提供策略模型和建议。实现向低碳经济的大规模转变，取决于政府、金融和行业之间的紧密合作关系。气候债券倡议组织为这三个领域提供政策主张，例如：通过调动 3 万亿美元的资产担保债券，创造可再生能源资产担保债券，以促进银行在可再生能源领域的贷款；实现大规模节能的承诺（如在 10 年内居住单元总数的 85% 实现节能）；由政府财团为可再生能源债券提供政策风险担保等。

针对绿色债券市场部分，气候债券倡议组织每年会发布《绿色债券市场现状报告》，对整个与气候相关的债券市场和贴标绿色债券市场的发展进行全面介绍，并专门设置了"关于绿色债券"和"绿色债券市场"两个专栏，对绿色债券的情况进行研究介绍。针对绿色债券在中国的发展，气候债券倡议组织在政策专栏下提出了"如何在中国扩大绿色债券的发行"和"中国金融格局变化背景下给决策者的建议"。

4. 国际金融公司与赤道原则

2002 年，世界银行下属的国际金融公司（IFC）联合荷兰银行等几家知名银行召开会议，提出了关于企业的社会责任和环境责任的基本原则，奠定了"赤道原则"的基础。该原则的确立是针对国际项目融资的环境与社会风险的最低行业标准，其适用的项目金额在 1000 万美元以上，涉及制造业、化工、能源、基础设施等 62 个行业，内容不仅涵盖环境保护的标准，还包括健康、安全和文化保护等方面的标准。"赤道原则"要求金融机构在面对一些大的项目融资时，要分析、评估其对自然、环境以及对地区的影响，影响大时要求项目实施方采取措施。"赤道原则"是由世界主要金融机构共同建立的一项金融行业基准。这项准则要求金融机构在向一个项目投资时，要对该项目可能对环境和社会造成的影响进行综合评估，并且利用金融杠杆促进该项目在环境保护以及社会和谐发展方面发挥积极作用。

"赤道原则"主要由 10 项基本原则、8 项绩效标准，以及 63 个行业的《环境、健康与安全指南》共同构成全面、系统和科学的社会和环境风险管理体系。其中，赤道原则核心是 8 项绩效标准和行业的《环境、健康与安全指南》。8 项绩效标准是识别项目风险和评估风险的重要判断和分析工具，它从环境与社会的诸多视角衡量项目的具体风险，包括：①社会环境评估和管理系统；②企业员工的劳动和工作条件；③污染物的防治与控制；④受项目影响社区居民的健康和安全；⑤项目涉及的土地征用和非自愿搬迁；⑥生物多样性的保护和可持续自然资源的管理；⑦对土著居民的社会、文化和生存环境的影响；⑧对文化和历史遗迹的保护。《环境、健康与安全指南》（简称《EHS 指南》）是赤道原则的技术参考文件，被众多机构所广泛采用，这些机构包括国际金融机构、国家监管部门、具体产业部门、学术科研机构和商业银行，还包括已经采纳赤道原则的国际银行。

对金融机构而言，赤道原则是对其履行社会责任具有内在和外在约束力的行为准则，已经成为国际项目融资的一个新标准，包括花旗、渣打、汇丰在内的 40 余家大型跨国银行已明确实行赤道原则，在贷款和项目资助中强调企业的环境和社会责任。在实践中，赤道原则虽不具备法律条文的效力，却是金融机构不得不遵守的行业准则，忽视该原则将会使金融机构在国际项目融资市场中举步维艰[①]。尽管赤道原则不是正式的国际公约或具有法律效应的文件，但通过其内外约束力来影响银行的内控管理和信贷机制，从资金源头上制约企业对社会、环境可能造成的负面影响，可以体现金融机构高度的社会责任感。赤道原则确立了国际项目融资的环境与社会的最低行业标准，使得金融机构在履行社会责任和推动可持续发展方面有了量化指标。

---

① 马骏、周月秋、殷红：《国际绿色金融发展与案例研究》，北京，中国金融出版社，2017。

三、国际绿色债券的产品种类

绿色债券作为中长期金融产品，更容易被机构投资者纳入投资组合，绿色债券已经成为绿色金融的重要载体。自 2007 年欧洲投资银行发行第一只绿色债券以来，全球绿色债券市场快速发展，品种日益丰富。

（一）按发行主体分类

按照发行主体分类，国际上绿色债券具体分为四类：多边国际金融组织发行的绿色债券、国家政策性金融机构与商业银行发行的绿色债券、地方政府或市政绿色债券、跨国企业或大型公司发行的绿色债券，具体情况如表 1.2 所示：

表 1.2 国际绿色债券种类区分

债券类型	首次发行	主要发行人
多边国际金融组织发行的绿色债券	2007 年 6 月，欧洲投资银行，5 年期、6 亿欧元、AAA 评级的气候意识债券	欧洲投资银行、世界银行、国际金融公司、欧洲复兴开发银行、北欧投资银行、非洲开发银行、亚洲开发银行等
国家政策性金融机构与商业银行发行的绿色债券	2012 年 4 月，南非工业发展公司（IDC），5 年期、52 亿南非兰特	南非工业发展公司、荷兰发展金融公司、德国复兴信贷银行、德国北威州银行、法国开发署、法国农业银行、挪威地方银行、韩国进出口银行、印度 Yes Bank、印度进出口银行等
地方政府或市政绿色债券	2013 年 6 月，美国马萨诸塞州，20 年期、1 亿美元	美国马萨诸塞州、南非约翰内斯堡市、美国加利福尼亚州、瑞典哥德堡、美国康涅狄格州、美国夏威夷州、加拿大安大略省等
跨国企业或大型公司发行的绿色债券	2013 年 11 月，法国电力公司（EDF），8 年期、14 亿欧元	法国电力公司、联合利华集团、丰田金融服务公司、法国燃气苏伊士集团、法国商业地产公司、阿本戈集团子公司 Greenfield 等

资料来源：根据公开资料整理。

13

（二）按债券结构分类

按照债券结构分类，《绿色债券原则》（GBP）将绿色债券分为以下四类：特定收益用途绿色债券（Green Use of Proceeds Bond）、特定收益用途绿色收益担保债券（Green Use of Proceeds Revenue Bond）、绿色项目债券（Green Project Bond）、绿色资产支持债券（Green Securitized Bond），具体情况如表1.3所示：

表1.3　根据绿色债券原则的分类

债券类型	收益使用	债务追索	示例
特定收益用途绿色债券	专用于指定类型的绿色项目	投资者对发行人有完全追索权，因此绿色债券与发行人发行的其他债券有相同的信用评级。发行人将债券收益用于支持绿色项目的子资产组合，并自行规定使用范围，设置内部机制进行跟踪和报告。大部分国际金融组织发行的绿色债券采用这种结构。	2007年6月，EIB的气候意识债券（由EIB主体信用作为担保）
特定收益用途绿色收益担保债券	专用于指定类型的绿色项目	投资者对发行人没有债务追索权，发行人以项目运行获得的收费、税收等收益作为债券担保。由发行人对债券收益的使用进行跟踪和报告。大部分市政债券采用这种结构。	2014年12月，美国夏威夷州政府发行的绿色债券（以公共基础设施的电费收入作为债券偿还担保）
绿色项目债券	限制于具体的相关绿色项目	投资人仅限于向具体项目的资产进行债务追索。即投资人直接暴露于项目风险下。	2014年8月，美国电力生产商NRG Yield为支持Alta Wind项目发行绿色债券（以Alta Wind项目作为担保）
绿色资产支持债券	包括一个或者多个组合在一起的特定项目	投资人可向一个或者多个组合在一起的特定项目进行债务追索，具体包括资产担保债券，ABS和其他结构型产品。一般以资产产生的现金流作为还款支持。	2014年3月，丰田金融服务公司发行的绿色资产支持证券（以汽车贷款组合的收入作为担保）

资料来源：根据公开资料整理。

（三）按募集资金用途分类

根据募集资金用途分类，本书参考了气候债券倡议组织的分类方法。主要是将气候债券划分为七个种类，包括运输、建筑与工业、废弃物与污染控制、农林业、能源领域、水处理和涵盖以上六大类的综合型债券。

表 1.4　根据募集资金用途的分类

按发行量排序	债券分类	募集资金的主要用途
1	绿色运输债券	主要为铁路建设筹资，另外还包括对电动汽车、公交车、自行车等的环保性生产和改造
2	绿色能源债券	可用于太阳能、风能、水能、核能和生物能等所有新能源领域
3	综合型绿色债券	所有综合型债券均为贴标绿色债券，这是由于综合型债券通常由银行和政府组织机构发行，债券收益可能被再分配于各种促进社会整体福利的项目，而极少集中于单一的领域
4	绿色水处理债券	用于支持适应气候变化的水资源项目建设，如拓宽暴雨排水隧道、提高废水处理效率等
5	绿色建筑和工业债券	用于支持低碳建筑、能效建筑、能效设备与照明等与前几种债券不同，绿色建筑已经形成了很多系统的评判标准，如能源之星认证（Energy Star Label）、LEED 绿色建筑认证等，以确保绿色建筑达标从而保证债券收益的使用
6	绿色农林债券	农林债券可用于支持可再生林培育、农业发展、环保纸张生产、土地利用等。这一领域有着巨大的资金需求和广阔的市场空间，目前的绿色农林债券远不能满足市场需求，亟待开发
7	废弃物与污染控制债券	用于废弃物和污染控制等领域

资料来源：根据公开资料整理。

四、国际绿色债券市场的发展状况

自 2007 年 6 月欧洲投资银行（EIB）发行全球第一只气候意识债券以

来，全球绿色债券发行的规模越来越大，绿色债券市场逐渐完善，发行主体日益多样化，市场供不应求，绿色债券在期限、计价货币、信用评级和投资领域等方面呈现出一系列新的特点。

（一）国际绿色债券市场的发展现状

1. 绿色债券市场发行规模迅速扩大

绿色债券市场既包括未贴标债券（债券发行未向市场声明其所筹资金将用于绿色用途），也包括贴标绿色债券。[①] 由于更详尽的环境信息披露，市场相比更关注贴标绿色债券。从 2013 年开始，全球贴标绿色债券发行规模出现了爆发式的增长。2013 年全球贴标绿色债券发行量为 110.42 亿美元，2014 年达到 365.93 亿美元，2015 年为 418 亿美元，2016 年其规模再创新高，全年发行量 810 亿美元。贴标绿色债券市场发行规模扩大的速度可见一斑。

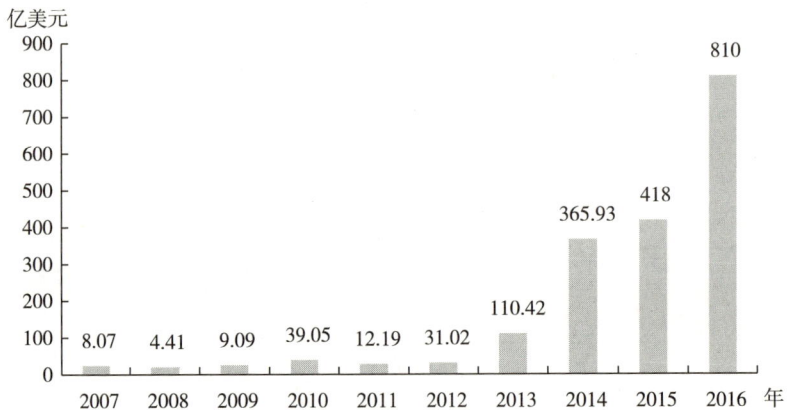

资料来源：气候债券倡议组织，Green Bonds Highlights 2016.

图 1.1 贴标绿色债券年发行量

2. 绿色债券发行主体日益多样化

绿色债券的发行主体，由早期单一的银行主体，逐渐发展为银行、企业、资产类支持证券、市政机构、开发银行等多个主体。

---

① 贴标绿色债券是指所募集资金用于支持环境改善、应对气候变化和资源节约高效利用的经济活动，并且被市场贴上绿色标签的债券。绿色债券的标签对投资者来说提供了一种信号或识别方式，帮助绿色资产投资者减少投资障碍，从而促进绿色投资的增长。

在以开发银行为发行主体的绿色债券中，较大的发行人是欧洲投资银行（116 亿美元）和世界银行（80 亿美元）。德国复兴信贷银行在2014 年和 2015 年的几次大规模债券发行之后，其贴标绿色债券的发行量攀升到了市场的第三位（40 亿美元）。亚洲的一些开发银行也在 2014年发行了绿色债券，例如亚洲开发银行发行了 5 亿美元和 2500 万南非兰特的绿色债券，日本开发银行也首次发行了日本绿色债券（2.5 亿欧元）。总体而言，开发银行的发行量逐年增长，新的发行人不断进入市场。尽管自从首只企业绿色债券发行以来，开发银行所占的市场份额有所降低，但其仍是主要的发行人，并且对于满足 AAA 级债券的投资需求而言是至关重要的。近年来，开发银行同时还扮演着另一个重要的角色——贴标绿色债券的基石投资者。例如，德国复兴信贷银行在欧洲具有明确投资委托要求，而国际金融公司也对印度住房金融公司所发行的绿色债券进行了大量投资。

以企业为发行主体的绿色债券近年来发行量不断增长，随着新发行人进入市场，这一增长势头还会持续。2015 年，累计超过 45 家不同的企业及银行发行了绿色债券，这一数字在 2013 年时仅有 30 多家，而在 2012 年时还不到 10 家。

在以市政机构为发行主体的绿色债券中，美国市政绿色债券市场在2014 年中期持续升温，这得益于美国各大学绿色地产的发展以及可持续水资源项目的增长。在美国麻省理工学院（MIT）于 2014 年 9 月为绿色建筑再融资而发行绿色债券（3.7 亿美元）后，其他公立大学包括辛辛那提大学（3000 万美元）、印第安纳大学（5900 万美元）、亚利桑那大学（1.83亿美元）和弗吉尼亚大学（9800 万美元）也相继发行了用于绿色建筑的绿色债券。[①] 与之类似，继市政公共事业公司 DC Water 于 2014 年 6 月发行了 3.5 亿美元的债券之后，美国很多州和城市也相继发行了各自的水资源绿色债券，包括印第安纳州（2.04 亿美元）、芝加哥市（2.25 亿美元）和爱荷华州（3.215 亿美元）。欧洲的各大城市和市政当局也正在发行绿色债券。在法兰西岛和哥德堡分别于 2012 年和 2013 年加入了绿色债券市场之

---

① 肖应博：《国外绿色债券发展研究及对我国的启示》，载《开发性金融研究》，2015（4）。

后,欧洲的市政绿色债券一直在稳步增长,包括现有发行人再发行的债券和新发行人发行的债券。

在以商业银行为发行主体的贴标绿色债券中,法国农业信贷银行是为应对日本私募融资市场需求而发行绿色债券的早期发行人,也是首家在2015年年初就通过了绿色债券框架的独立审查的银行。发行绿色债券的其他银行如挪威银行、美国银行、澳大利亚国民银行、Yes Bank和澳新银行,正在利用债券所筹资金为各类可再生能源项目(例如太阳能、风能和水电工程以及高效节能房地产等)提供融资。其中,澳大利亚国民银行(3亿澳元)、澳新银行(6亿澳元)以及荷兰银行(5亿欧元)发行的贴标绿色债券通过了气候债券标准的认证。

资产抵押绿色债券(ABS)也在进一步发展,2013年美国汉农阿姆斯特朗可持续基础设施资本公司(Hannon Armstrong Sustainable Infrastructure Capital)的资产抵押绿色债券获得成功之后,第一只市政资产抵押债券在2014年11月进入绿色债券市场。这一只由夏威夷州商业、经济发展和旅游部(Department of Business, Economic Development and Tourism, DBEDT)发行的AAA级资产抵押绿色债券发行总额为1.5亿美元,分为两期发行,并将绿色基础设施配套费作为抵押,配套费则来自电力用户使用该州公共电力所应支付的费用。该债券所筹集的资金将用于支持DBEDT的绿色能源市场证券化项目,该项目旨在为消费者提供贷款,并借此为太阳能光伏板和太阳能相关产品如太阳能储存器、太阳能逆变器和太阳能监控装置的安装提供资金。

3. 绿色债券市场投资者需求强劲

绿色债券投资者需求强劲主要表现在超额认购、投资者承诺和专项绿色债券基金等方面。

与非绿色债券相比,绿色债券的超额认购水平较高。例如,荷兰银行预计发行的3.5亿欧元绿色债券,其实际认购总额达到了10亿欧元。超额认购给予了发行人扩大债券规模的空间,例如,强劲的认购需求使世界银行在2015年1月发行的零售绿色债券规模从1500万美元增加到9100万美元;德国复兴信贷银行的绿色债券发行量从3亿澳元扩大到6亿澳元;Yes Bank的发行量从50亿印度卢比翻倍到100亿印度卢比。

十亿美元

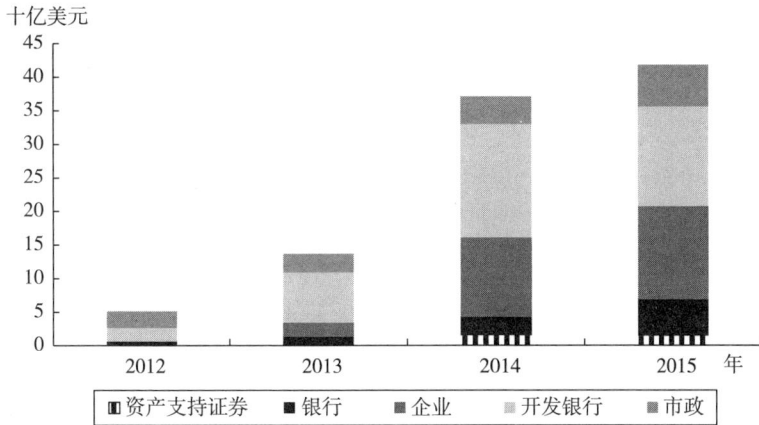

| 2012 | 2013 | 2014 | 2015 | 年 |

▥ 资产支持证券　■ 银行　▨ 企业　▧ 开发银行　▨ 市政

资料来源：气候债券倡议组织：《债券与气候变化：市场现状报告 2016》。

图 1.2　2012—2015 年各发行主体绿色债券发行量

亿美元

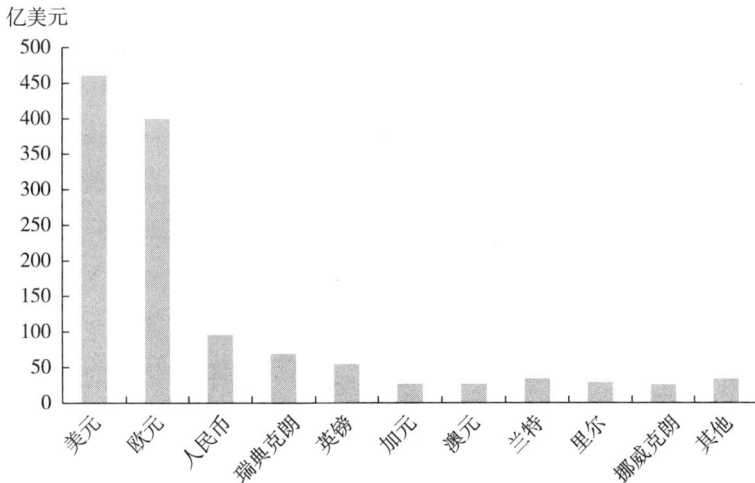

美元　欧元　人民币　瑞典克朗　英镑　加元　澳元　兰特　里尔　挪威克朗　其他

资料来源：气候债券倡议组织：《债券与气候变化：市场现状报告 2016》。

图 1.3　各发行货币的绿色债券发行总额

同时，一些投资者正式承诺会投资一定数量的绿色债券，并且发布了明确支持绿色债券市场发展的声明。2015 年，苏黎世保险公司、德意志银行、德国复兴信贷银行、巴克莱银行和 ACTIAM 公司①公开承诺将投资总额达 10 亿欧元的绿色债券，说明了投资者对绿债市场需求的庞大；2014年 12 月，气候债券倡议组织发起了一份由资产所有者和基金管理人共同签署的投资者声明，合计达 2.62 万亿美元的资产将用于支持绿色债券市场；紧接着在 2015 年，环境责任经济联盟（Coalition for Environmentally Responsible Economics，CERES）、气候风险投资者网络和 26 家投资者也共同签署了投资者声明，体现了绿色债券市场的前景光明。

此外，越来越多的绿色债券专项基金准备对绿色债券进行投资。瑞典保险公司（SPP）、瑞典北欧斯安银行资产管理公司、日兴资产管理公司、黑石集团、Calvert 投资、Shelton 资本管理和美国道富银行都在从事绿色债券基金的管理。

4. 绿色认证、评估和评级日趋完善

绿色债券市场的快速成长引来了一些针对这些债券所声明的环境效益的质疑。由于"绿色"缺乏一个清晰且广为接受的定义，许多投资者对"漂绿"②产生了担忧，这一问题不但会挫败市场信心，而且会妨碍为低碳经济转型融资所作的努力。

目前，绿色债券的认证、评估标准和评级工作正在日趋完善。专业的环境评估和第三方认证机构在判断项目是否符合"绿色"标准、评估项目带来的环境效益等方面发挥着重要作用，代表性机构包括国际气候与环境研究中心（CICERO）、Vigeo 评级、DNV GL 集团、气候债券行动组织、Oekom 研究中心、毕马威、Sustainalytics 和 Trucost 公司等。在发行绿色债券之前，这些机构提供绿色债券认证，出具第二意见（Second Opinion），详细说明绿色债券募集资金的投向，增强绿色债券信息披露的透明性。"绿色"标准，典型的如国际资本市场协会（ICMA）与国际金融机构合作推出的《绿色债券原则》，明确了绿色债券的流程和透明度，其四条自愿性原则主要涉及募集资金用途、项目评估和筛选流程、募集资金管理和披露及报告。在绿色债券发行后，中介和组织还能够进一步提供对资金用途

---

① ACTIAM 公司是一家主要负责基金投资和资产管理的公司，管理下的资产 546 亿欧元（2016 年 12 月 31 日），主要为投资者提供投资基金和投资解决方案。

② "漂绿"是指声称"绿色"的债券所融资金投向的项目只有很少或不确定的环境效益。

和节能减排效益的监督报告和评估，有助于市场评价发行主体和债券所投资项目的环境表现。此外，专业的债券绿色评级也在开展实践。

2015年，市场对绿色债券的披露与报告愈加重视，这一环节不断完善。数据显示，截至2015年底，发行期限在一年以上的绿色债券占总绿色债券数量的49%，其中有91.8%的债券在发行一年后发布了报告。发行人除了报告款项用途以及未分配款项对应的合格投资项目，还报告利用绿色债券融资款项的投资项目的状况，尽可能详细说明具体项目及项目的投资金额。此外，发行人还利用第三方评估来证明资金运营的情况，从而提升沟通效率及透明度。

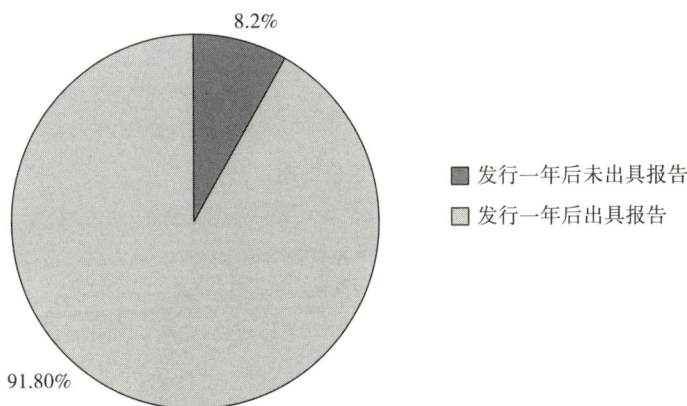

资料来源：气候债券倡议组织：Year 2015 Green Bonds Final Report。

图1.4　绿色债券出具报告比例

（二）国际绿色债券市场的特点

1. 债券期限多为中长期

由于气候相关债券市场以铁路行业的大型国有企业为主导，其项目的投资周期通常比较长。气候相关债券市场中大约70%为10年期或10年期以上债券。这与贴标绿色债券市场有所不同，后者50%的债券为5～10年期。①

———————————

① 气候债券倡议组织：《债券与气候变化：市场现状报告2016》，2016年8月。

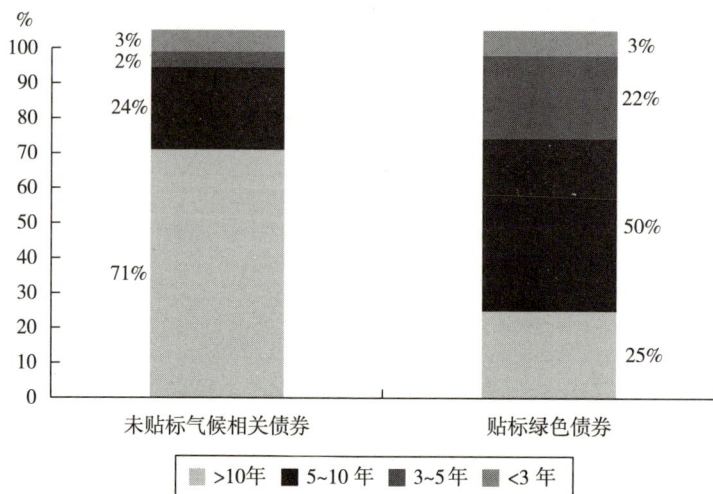

资料来源：气候债券倡议组织：《债券与气候变化：市场现状报告 2016》。

图 1.5　绿色债券期限分布

2. 币种以美元和欧元计价为主

绿色债券的发行货币种类在逐渐增多。贴标绿色债券的发行货币中，美元和欧元依旧占比较大，但目前已出现以人民币、加元、英镑、卢比、卢布、韩元等 25 种货币标价的债券。美元和欧元计价的债券占到国际市场发行的 80% 以上，这一点与气候相关债券市场有所不同：气候相关债券市场的发行币种分布较为平均，并且包含了较多新兴市场的货币。2016 年 7月，中国银行在境外发行首只绿色债券，发行规模等值 30 亿美元，在卢森堡证券交易所、香港联交所挂牌上市，中国也成为 2016 年度全球最大的绿色债券发行国。

3. 信用评级大部分为投资级以上

"绿色"是绿色债券的特质，在债券风险点上，绿色债券与普通债券的区别在于，绿色债券应关注发行人是否对投资者履行了"绿色承诺"，即募集资金是否用于绿色项目。因此，在绿色债券的评级中需引入"绿色理念"，考察项目是否为绿色及其绿色程度、发行人的绿色意识等。除此之外，绿色债券评级与普通债券评级无本质差异。

现有贴标绿色债券存量中，43% 的债券具有 AAA 评级，其发行人主要为大型开发银行，如世界银行、国际金融公司（IFC）及欧洲投资银行。从图 1.6 可以看到，贴标绿色债券的评级基本都在 BBB 级及以上，占债券存量的 82%。

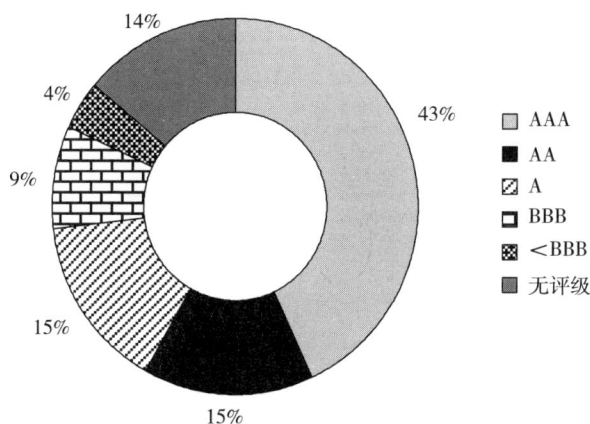

资料来源：气候债券倡议组织：《债券与气候变化：市场现状报告 2016》。

图 1.6 贴标绿色债券信用评级分布情况

4. 投资领域以能源和建筑工业为主

贴标绿色债券被用于一系列主题项目融资，其中金额最大的项目主题为能源，其次是建筑与工业。多领域主题债券构成了市场总量的 49%，其募集资金被用于一系列混合项目。尽管没有关于每个多领域债券具体项目的数据，但是可以预计，用于能源、建筑与工业主题的资金比例相同并各占 15%（如图 1.7 所示）。

相比在气候相关债券市场中所占的比例，运输主题债券在贴标绿色债券市场中的规模较小，原因在于，绿色债券市场近期才出现专门为运输项目发行的债券。丰田公司在 2014 年发行的为电动和节能车辆贷款融资的资产抵押债券，是首只完全属于运输主题的绿色债券。自此以后，一些运输管理机构也加入了运输主题绿色债券的发行，如 2015 年加入的伦敦交通局和 2016 年加入的大型发行人纽约大都会运输署。

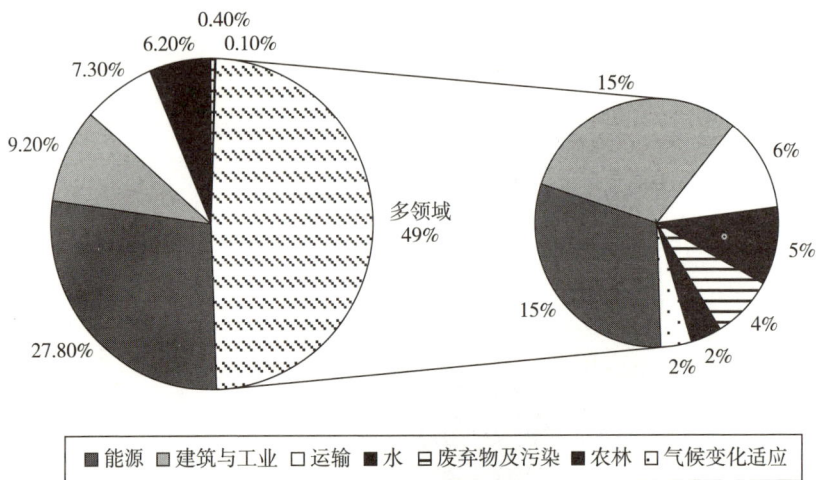

资料来源: 气候债券倡议组织:《债券与气候变化: 市场现状报告 2016》。

图 1.7　国际绿色债券投资领域分布情况

第三节　中国绿色债券的发展

一、中国绿色债券的发展背景和政策推动

绿色债券的发展顺应了中国可持续发展的要求,是经济发展、政府政策积极推动和鼓励等多重因素共同影响、相辅相成的结果。

(一)经济发展的必然需求

随着中国经济进入新常态,从高速增长转为中高速增长,从要素驱动、投资驱动转向创新驱动,中国经济发展进入了新阶段。当前我国面临的新兴产业勃发、消费者环保意识增强、资源环境"瓶颈"等问题,都将创造绿色低碳发展的新机遇。

1. 经济发展对绿色融资需求的扩大

改革开放以来，中国经济取得了显著的成就，但中国经济过去的粗放发展方式已日渐受到资源匮乏和环境污染的约束，资源约束趋紧，环境污染严重，生态系统退化，资源和生态环境的承载能力已趋于极限。近年来，环境污染的治理成本占 GDP 的比重逐步上升，以重工业为主导的产业结构使中国自然环境对经济发展的承载力已达上限。虽然中国在降低整体能耗强度方面已经取得了一定的成效，但在传统节能环保模式下，绿色环保产业的进一步发展缺乏后劲。在产业结构调整的现实需求下，中国亟须从资源消耗型经济过渡到资源节约型和环境友好型经济。总体来看，绿色投资和可持续发展的绿色金融需求正在不断扩大。改变传统节能环保模式，推出绿色金融产品和相关配套衍生品已迫在眉睫，发展绿色经济已成为中国经济社会发展的必然要求。从经济发展现实角度看，推进经济结构转型，走绿色、可持续发展道路刻不容缓。

2. 绿色企业融资难、融资贵问题的存在

节能环保项目技术复杂、投资周期长，传统融资工具难以满足其巨大融资需求，发行绿色债券有助于缓解其融资难和融资贵的问题。首先，绿色债券本质是债券，属于直接融资工具，可使资金直接从资金盈余单位转移到资金短缺单位，减少了银行间接融资方式的交易成本，使得资金成本存在进一步下降的空间。其次，一些绿色企业若作为普通债券的发行主体，暂时无法达到监管部门和市场的要求，但这些企业所拥有的绿色项目前景良好、受到相关部门支持、有足够的现金流支持还款，因此可通过将来可能专设的"绿色通道"，发行绿色债券，解决融资难的问题。最后，绿色债券作为生态文明建设的重要工具，受到国家、地方政府及相关监管机构的重视，当前和未来可以获得相关补贴和优惠政策的支持，如专门的贴息支持、较低的投资门槛、优惠的税收等，这些方面将直接降低绿色企业的融资成本，使其以更低利率获取资金。

3. 责任投资者对可持续发展和环境保护问题的关注

传统的投资者往往关注资金收益的最大化与风险的最小化，当前一些责任投资者在此基础上同时关注投资行为的社会责任，包括促进社会可持续发展、环境保护等"绿色"相关责任。绿色债券相比于普通债券而言，具有更加严格的信息披露要求，从而使投资者可以用一种低风险的方式把资金投到"绿色"事务上，既以较低风险获得一定收益，又履行了社会责任，满足了其多样化的投资需求。绿色债券还将特别满足一些机构投资者的需求。保险公司、养老基金、公益基金等大型机构投资者本身多具有长期、可持续的投资需求，这与绿色债券的理念相符合。

（二）政策积极鼓励和推动

近年来，中国绿色金融取得突出进展，这不仅因为绿色金融是中国经济"新常态"下可持续发展的动力源，也是气候和环境风险内生化趋势使然。2015 年 4 月，党中央、国务院发布《关于加快推进生态文明建设的意见》，党的十八大把生态文明建设纳入中国特色社会主义事业"五位一体"总体布局，明确提出"把生态文明建设放在突出地位"。2015 年 4 月，国务院完成"构建中国绿色金融体系"课题的研究报告，涵盖专业绿色投资机构的培养、财务和金融政策支持等方向，包括绿色债券等 14 个与绿色金融相关的主题。2015 年 9 月 21 日，中共中央、国务院发布《生态文明体制改革总体方案》，首次明确了建立中国绿色金融体系的顶层设计。"发展绿色金融"也被写入"十三五"规划，成为国家战略布局的重要部分。2017 年 10 月 18 日，习近平总书记在党的十九大报告中指出："构建市场导向的绿色技术创新体系，发展绿色金融，壮大节能环保产业、清洁生产产业、清洁能源产业，推进能源生产和消费革命，构建清洁低碳、安全高效的能源体系。"这为绿色金融和绿色发展指明了方向。

绿色债券作为兼顾"债券"和"绿色"特点的融资工具，是构建中国绿色金融体系的重要内容之一。绿色债券具有成本低、期限长的特点，在流动性管理上具有更高的灵活性。因其募集资金的最终投向是绿色项目，绿色债券更受到责任投资者的青睐。同时，更加严格的信息披露要求能够有效监督资金投向无环境风险的项目，在一定程度上也降低了投资风险。

2015 年底，中国人民银行、国家发展和改革委员会先后推出绿色债券的相关发行政策，正式开启了中国绿色债券市场。其中，《中国人民银行公告〔2015〕第 39 号》公布了《绿色债券支持项目目录》，支持银行间债券市场发行绿色金融债券；国家发改委发布的《绿色债券发行指引》则明确对节能减排技术改造、绿色城镇化等 12 个具体领域进行重点支持，同时在发行条件方面较以往有了诸多突破，例如企业债募集资金占项目总投资比例由 60% 放宽至 80%，允许非公开发行，探索以碳排放权、知识产权等作为发债增信担保方式，为绿色债券的发行提供了相应的政策依据。

2016 年 1 月，兴业银行、浦发银行分别获准发行不超过 500 亿元人民币额度的绿色金融债，这标志着中国国内债券市场的绿色债券发行正式启动。

表 1.5　中国绿色债券发行的相关政策文件

中国人民银行《绿色金融债公告》	规定发行人发行的绿色金融债券，可以按照规定纳入中国人民银行相关货币政策操作的抵（质）押品范围
	鼓励政府相关部门和地方政府出台优惠政策措施支持绿色金融债券发展
	鼓励各类金融机构和证券投资基金及其他投资性计划、社会保障基金、企业年金、社会公益基金等机构投资者投资绿色金融债券
国家发展和改革委员会《绿色债券发行指引》	加快和简化审核程序
	调整企业债券部分准入条件，包括债券募集资金占项目总投资比例放宽至 80%（相关规定对资本金最低限制另有要求的除外）、发行绿色债券的企业不受发债指标限制、在资产负债率低于 75% 的前提下核定发债规模时不考察企业其他公司信用类产品的规模、鼓励上市公司及其子公司发行绿色债券
	支持绿色债券发行主体利用债券资金优化债务结构。在偿债保障措施完善的情况下，允许企业使用不超过 50% 的债券募集资金用于偿还银行贷款和补充营运资金。主体信用评级 AA＋级且运营情况较好的发行主体，可使用募集资金置换由在建绿色项目产生的高成本债务
	支持合理灵活设置债券期限、选择权及还本付息方式
	对于环境污染第三方治理企业开展流域性、区域性或同类污染治理项目，以及节能、节水服务公司以提供相应服务获得目标客户节能、节水收益的合同管理模式进行节能、节水改造的项目，鼓励项目实施主体以集合形式发行绿色债券
	允许绿色债券面向机构投资者非公开发行

资料来源：根据公开资料整理。

2016 年 3 月和 4 月，上海证券交易所、深圳证券交易所分别发布了

《上海证券交易所关于开展绿色公司债券试点的通知》、《深圳证券交易所关于开展绿色公司债券业务试点的通知》，两份通知明确提出：对绿色公司债设立申报受理及审核的绿色通道，并对绿色公司债进行统一标识；适时与证券指数编制机构合作发布绿色债券指数、设立绿色债券板块；加快培育绿色债券的专业投资群体；推进绿色资产证券化等有利于交易所绿色债券市场快速发展的政策。

2016年8月31日，中国人民银行、财政部等国家七部委发布《关于构建绿色金融体系的指导意见》（以下简称《指导意见》）。《指导意见》专门提出要完善绿色债券的相关规章制度，统一绿色债券界定标准；支持开发绿色债券指数、绿色股票指数以及相关产品；鼓励相关金融机构以绿色指数为基础开发公募、私募基金等绿色金融产品，满足投资者需要。《指导意见》为中国绿色金融体系发展做出顶层设计，构建了操作框架，为各方参与者提供了丰富的产品工具和市场机会。

中国是全球首个构建绿色金融体系的国家，绿色金融已上升为中国重要的国家战略。同时，绿色金融也是G20杭州峰会最令人瞩目的"中国印记"之一。作为2016年G20杭州峰会的轮值主席国，中国首次将绿色金融列入G20议题并写入峰会公报。2017年的G20峰会继续讨论了绿色金融议题。除此之外，在2016年举行的第八次中英对话中，绿色金融成为重要议题，中英双方共同表示将携手共进，共同推进绿色金融的国际合作。2017年的G20峰会中，G20绿色金融研究小组在德国法兰克福举行了会议，会议由中国人民银行和英格兰银行共同主持，研究了如何推进金融业环境风险分析和改善环境数据的可获得性等议题。

2017年3月22日，中国银行间市场交易商协会正式发布《非金融企业绿色债务融资工具业务指引》（以下简称《指引》）及配套表格。《指引》包括了三大亮点：一是在参考借鉴绿色债券原则（GBP）等国内外绿色债券实践的基础上，立足银行间市场实际，明确了绿色债务融资工具的四大核心机制，包括资金用途、遴选机制、专户管理、信息披露。二是配套表格要点明确。协会同时发布的配套表格包括《绿色债务融资工具信息披露表》（M.16表）和《绿色评估报告信息披露表》（GP表）；三是采取了一系列关于绿色债券发行的鼓励措施。

随着债券市场的各个监管机构纷纷推出发展绿色债券的相关政策，中国绿色债券市场拉开了蓬勃发展的大幕。

表 1.6 中国目前主要的绿色债券法律规范

发布时间	发布者	规范名称	内容要点
2015 年 12 月 22 日	中国人民银行	《中国人民银行公告〔2015〕第 39 号》	①主要规范银行间债券市场中金融机构绿色债券的发行；②发行人需开立专门账户或建立专项台账，保证资金专款专用；③发行人应当按季度向市场披露募集资金使用情况；④绿色金融债券可以按照规定纳入中国人民银行相关货币政策操作的抵（质）押品范围；⑤发布《绿色债券支持项目目录》
2015 年 12 月 31 日	国家发展和改革委员会	《绿色债券发行指引》	①主要规范企业债发行主体发行绿色债券，界定了十二类绿色项目；②简化审核程序，放宽企业债券部分准入条件
2016 年 3 月 16 日	上海证券交易所	《关于开展绿色公司债券试点的通知》	①对发行的报送材料提出要求；②设立绿色公司债券申报受理及审核的绿色通道；③对绿色公司债券进行统一标识
2016 年 4 月 22 日	深圳证券交易所	《关于开展绿色公司债券业务试点的通知》	内容与上海证券交易所的通知基本相同
2016 年 8 月 31 日	财政部、发改委、环保部、一行三会	《关于构建绿色金融体系的指导意见》	大力发展绿色信贷；推动证券市场支持绿色投资；设立绿色发展基金，通过政府和社会资本合作（PPP）模式动员社会资本；发展绿色保险；完善环境权益交易市场、丰富融资工具；支持地方发展绿色金融；推动开展绿色金融国际合作；防范金融风险，强化组织落实
2017 年 3 月 22 日	中国银行间市场交易商协会	《非金融企业绿色债务融资工具业务指引》	明确了绿色债务融资工具的四大核心机制，包括资金用途、遴选机制、专户管理、信息披露。明确了配套表格的要点，提出了一系列鼓励措施

资料来源：根据公开资料整理。

二、绿色信贷发展对绿色债券的铺垫

近年来，伴随绿色信贷的迅速发展，绿色信贷资金的需求方转变为绿色债券的潜在发行人，绿色信贷成为我国绿色债券发展的一个重要基础和铺垫。

（一）绿色信贷政策

近年来，国内生态环境急剧恶化，水污染、空气污染等环境问题亟待解决。在经济发展的同时，环境治理逐渐被提上了日程，使得能耗大户、排放大户、污染大户的经营压力越来越大。这些压力已经逐步转化为金融机构财务、资产方面的风险。与此同时，环保部门也存在诉求，希望金融系统能够支持环保工作，减少甚至终止对污染企业的贷款。从 2007 年开始，央行、银监会和环保部门开始了一些跨部门合作。比如，金融机构和环保部门之间可以信息共享，环保部门的企业黑名单可以共享到商业银行，银行可以根据该名单，停止新增贷款或者收回已经发放的贷款。

2012 年，中国银监会推出了指引文件，即《绿色信贷指引》。该文件在中国绿色金融的发展史上非常重要，监管机构第一次以文件方式明确了绿色金融或者绿色信贷的含义。该指引共有三层含义：第一，加大对绿色环保行业或者项目的资金支持；第二，压缩、停止对污染或者高能耗的行业或者项目的支持；第三，银行做好自身环保工作，如建筑节能、绿色办公等。

（二）绿色信贷发展对绿色债券的铺垫和基础作用

在过去很长一段时间，银监会致力于推动绿色信贷政策。该政策作为中国绿色金融的一个重要方向，对很多银行产生了持续的重大影响，包括《绿色信贷指引》的落实。近期，银监会的主要工作方向是建立一个统计制度和绩效测评制度（KPI 制度），用于衡量各个银行落实的情况。中国人民银行自 2014 年以后，也积极介入到绿色金融的政策倡导工作中，提出了中国绿色金融体系的构建，而不仅仅是商业银行的绿色信贷体系的构建，在绿色信贷基础上更进一步地进行了扩展。

根据中国银监会披露的数据，截至 2016 年 6 月末，中国 21 家主要银行业金融机构绿色信贷余额达 7.26 万亿元人民币，占各项贷款总额的9%。绿色信贷市场快速发展，原来绿色信贷市场上的资金需求者成为绿色债券的潜在发行人，绿色信贷的发展为绿色债券的发展做了一个良好的铺垫。绿色债券可以利用其在产品创新和期限结构错配问题上的优势，通过健全的绿色信贷市场更快地发展。

三、中国绿色债券市场的发展状况

近年来，绿色债券在中国金融市场上发展十分迅速。从目前已发行的绿色债券看，其主要特点有发展速度快，单只发行规模巨大、发行主体覆盖面广和债券品种丰富等几个方面。

（一）中国绿色债券市场的现状

相较于国际绿色债券市场，中国绿色债券市场起步较晚，2016 年 1月，浦发银行在银行间市场成功发行 200 亿元绿色金融债，期限 3 年，固定利率 2.95%。随后 1 月 28 日，兴业银行在银行间市场发行 100 亿元绿色金融债，期限 3 年，固定利率 2.95%，投资主体包括国有商业银行、股份制商业银行、证券、保险、基金公司等机构。① 尽管起步较晚，中国的绿色债券市场发展却非常迅速。

2016 年，中国新发行的绿色债券数量迅速增长，境内外绿色债券发行规模增长到 2314.18 亿元人民币（约 352 亿美元），占全球发行规模的38%，其中境内发行绿色债券共计 2052.31 亿元。2017 年上半年，中国绿色债券发行总量达 793.9 亿元人民币（约 115.2 亿美元），较 2016 年上半年同比增长 36.25%，占全球绿色债券市场的 20.6%，共有 26 个发行人在市场上发行了 39 只绿色债券。从 2017 年前两个季度的发行量来看，第一季度由于发行人受到资金面趋紧和市场利率波动的影响，其融资成本上升，发债意愿有所降低，中国绿色债券发行略有放缓。直到 2017 年第二季度我国企业发行绿色债券才重拾动力，绿色债券发行量在第二季度达到78.5 亿美元，比第一季度的 36.8 亿美元翻一番。

---

① 华创债券绿色债券专题报告：《绿色债券市场元年　站在风口眺望》，2016 年 3 月。

表1.7　境内绿色债券按债券类别统计表（2016）

类别	绿色债券发行额（亿元）	绿色债券发行只数	平均单笔融资规模（亿元）
金融债	1550.00	21	73.81
企业债	140.90	5	28.18
公司债	182.40	14	13.03
中期票据	82.00	8	10.25
国际机构债	30.00	1	30.00
资产支持证券	67.01	4	16.75
合计	2052.31	53	38.72

资料来源：根据 Wind 数据库整理。

（二）中国绿色债券市场的特点

目前，中国绿色债券市场主要呈现出如下四个方面的特点：

一是发展速度快。从零到发行量全球第一，中国绿色债券市场只用了不到一年时间。2016 年全球绿色债券发行量为 810 亿美元，同期中国绿色债券的发行量已超过了世界发行量的三分之一。

二是单只发行规模巨大。目前国际范围内单只融资规模最大的绿色债券是由中国银行发行的 30 亿美元的绿色债券。在国内市场，兴业银行和浦发银行分别发行过规模达到 200 亿元人民币（约合 28.94 亿美元）的绿色金融债。

三是发行主体覆盖面广。2016 年参与发行绿色债券的 29 个主体，涉及金融业、采矿业、电力能源类、水务类、制造业、交通基础业、商业服务及物品类、综合类 8 个行业，其绿色债券募集资金用途覆盖了节能建筑改造、污水处理、城市轨道交通和风力发电等 9 个绿色环保领域。

四是债券品种丰富。截至目前，中国绿色债券市场的债券品种丰富，已覆盖了大多数的信用债品种，包括金融债、企业债、公司债、中期票据、定向工具和国际机构债，以及资产支持证券产品。同时产品创新力度强，例如，由武汉地铁集团有限公司发行的 16 武汉地铁 GN002，首次尝试以"绿色＋债贷基组合"的方式进行融资；由北控水务（中国）投资有限公司发行的 G16 北 Y1，使用了可续期的方式进行融资。

参考文献

［1］鲁政委、汤维祺：《绿色金融报告：海外绿色金融产品纵览》，载《兴业经济研究咨询》，2016。

［2］马骏、周月秋、殷红：《中国绿色金融发展与案例研究》，北京，中国金融出版社，2016。

［3］马骏、周月秋、殷红：《国际绿色金融发展与案例研究》，北京，中国金融出版社，2017。

［4］王遥、徐楠：《中国绿色债券发展及中外标准比较研究》，载《金融论坛》，2016（2）。

［5］王遥、史英哲、李勐：《2015 年中国未贴标绿色债券发行市场分析》，中央财经大学绿色金融国际研究院，2016。

［6］上海证券交易所：《绿色公司债券的融资优势》，上海证券交易所研究报告，2016。

［7］中国金融学会绿色金融专业委员会：《绿色债券支持项目目录（2015 年版）》，2015。

［8］李晓西、夏光：《中国绿色金融报告 2014》，北京，中国金融出版社，2014。

［9］绿色金融工作小组：《构建中国绿色金融体系》，北京，中国金融出版社，2014。

［10］气候债券倡议组织、中央登记结算有限责任公司：《中国绿色债券市场现状报告 2016》，2017 年 1 月。

［11］气候债券倡议组织、中央登记结算有限责任公司：《中国绿色债券市场 2017 半年报》，2017 年 7 月。

［12］ International Capital Market Association. The Green Bond Principles 2017. https：//www. icmagroup. org/assets/documents/Regulatory/Green － Bonds/GreenBonds Brochure － JUNE2017. pdf，2017.

［13］ Climate Bonds Initiative，Green Bonds Highlights 2016. https：// www. climatebonds. net/files/files/2016％20GB％20Market％20Roundup. pdf，2017.

第二章　绿色债券标准

对绿色债券进行界定是探讨和分析绿色债券的基础。随着国际绿色金融市场不断发展，绿色债券产品不断涌现，国际机构纷纷以环境效益为标准，建立了绿色债券目录，作为绿色债券的标准。本章主要介绍了国际、国内主要的绿色债券标准，并对其异同进行了比较分析。本章的结构安排如下：第一节是绿色债券国际标准，第二节是绿色债券国内标准，这两节均从项目分类、募集资金管理、信息披露和环境效益分析四个方面介绍了绿色债券标准；第三节是国内外绿色债券标准的比较，从六个方面比较了绿色债券的国际标准和国内标准的异同。

第一节　绿色债券国际标准

目前，国际上存在多种普遍认可的绿色债券标准，各种绿色标准在项目分类、资金管理、信息披露和评估认证方面有各自的规范和要求。

一、项目分类

国际上的绿色债券标准主要采用制定绿色债券项目目录的方式，通过考察募集资金投向的项目类别是否符合项目目录，进而确定债券是否属于绿色债券。项目分类，即指绿色债券募集资金可以用于的项目类别。

（一）国际主要项目分类概况

国际上与绿色债券目录联系较紧密的分类目录有绿色债券原则（GBP

分类）、气候债券标准（CBI 分类）、巴克莱—明晟绿色债券（Barclays MS-CI Green Bond Index）分类等。不同机构和组织制定的绿色项目范围稍有不同，但是主要领域及产业大体相似。

表 2.1　绿色项目分类国际标准

标准体系	分类	项目范围
绿色债券原则（GBP）	可再生能源	包括可再生能源的生产、传输、相关的设备及产品
	能源效率	如节能建筑、能源储存、集中供热、智能电网、相关设备及产品
	污染防治	包括废水处理、减排措施、温室气体排放控制、土壤修复、废料防止、废物减量、循环利用、转能、废物和再制造产生的增值产品，以及相关的环境监测分析
	生物自然资源的可持续开发管理和土地利用的可持续管理	包括可持续农业、畜牧业、渔业、水产养殖、林业如造林和再造林、气候智能农场投入如生物作物保护或滴灌、自然环境的保护与恢复等
	陆地和水生生物多样性保护	包括保护海岸、海洋及流域环境生物多样性保护
	清洁交通	如电动车、混合动力车、公共交通、轨道交通、非机动车辆、多式联运、清洁能源车辆基础设施和有助于减少有害气体排放的基础设施
	可持续水资源管理	包括清洁水和/或饮用水的可持续基础设施、污水处理、城市可持续排水系统、河流整治以及其他形式的防洪设施等
	气候变化适应	包括信息支持系统，如气候观测和早期预警系统
	生态效益和/或循环经济适用的产品、生产技术和工艺	如开发和引进环保产品、生态贴标产品或生态认证产品、资源节约包装和配送
	绿色建筑	符合地区、国家或国际认可标准或鉴定的绿色建筑

标准体系	分类	项目范围
气候债券标准（CBI）	能源	包含项目：太阳能（光伏太阳能发电、集中太阳能发电、基础设施制造、传输）、风能（风电场、基础设施和制造、传输）、生物能（可再生饲料、基础设施和制造、网络）、水电（河流和小水电＜15MW（CDM定义）、现有大型水电站＞20MW在温带地区、重新启动现有的大型水力系统）、地热（地热发电、地热热泵（GHP）技术）、其他可再生能源（海洋和海洋来源的能源）、能源分配与管理（传输和电网基础设施、智能系统/仪表、加热管理）、储能（水力储存系统、热储存、新技术）；不包含项目：核电（铀矿开采）、化石燃料（燃气发电、所有煤/石油发电）；待明确项目：碳捕获（碳捕获和存储）、废物能量捕获（从废物到能源设施的能源捕获）、水电（大型水力发电设施＞20MW（CDM定义））、生物能（原料）、核能（电力生产商、基础设施）
	建筑	包含项目：绿色建筑（商业、住宅升级/改造）、能效技术/产品制造与供应（指为确保建筑物符合行业指标所需的特殊用途产品）、能量捕获系统（提高整体能效的系统）
	工业	包含项目：EE产品（制造商、资产）、EE进程/系统、热电联产/三联供/热电联供、余热回收、非能源温室气体减排、工业生产过程；不包含项目：化石燃料的效率（对于任何类型的温室气体密集电源的节能措施）、节约能源（化石燃料的开采活动、交通运输、发电）；待明确项目：高效的产品（设备供应商、钢产量）、节约能源（现有的工业业务）、流程效率（自动化等）
	废物、污染控制和封存	包含项目：循环经济活动确实导致了更低的生命周期能源和温室气体的使用（工业循环、回收产品、堆肥）、技术和产品（产品/技术、并减少和捕捉温室气体排放）；不包含项目：垃圾填埋场、垃圾焚烧；待明确项目：垃圾发电（焚烧能量捕获、废弃物气化）、碳捕获和储存（成熟技术、固碳、用废CO_2藻类农场）、垃圾填埋气收集

36

续表

标准体系	分类	项目范围
气候债券标准（CBI）	交通	包含项目：全国铁路货运系统、城市轨道交通系统（如地铁和轻轨）、电动汽车（EV）（如客运和商业车队）、节能汽车（如客运和商业车队）、代用燃料汽车（如客运和商业车队）、快速公交（BRT）、自行车交通、航空生物燃料、运输物流；不包含项目：铁路（化石燃料的运输）；待明确项目：国家和货运铁路系统、电动汽车（基础设施）、省油车、生物燃料（非食品原料、先进的生物燃料）
	农业与林业	包含项目：林业（避免或显著降低碳损失、提供巨大的碳汇）、农业（减少碳和温室气体排放、增强土壤固碳的能力、提高气候适应能力）；不包含项目：林业（木材砍伐）、农业（泥炭地）；待明确项目：林业（CDM 林产品、REDD 债券）、农业（转基因产品、有机农业，包括种子和化肥、灌溉技术）
	信息技术和通信	包含项目：宽带（光纤光缆的投资）、使用可再生能源的数据中心、低碳基础设施、支持智能电网应用的产品和技术、替代技术
	气候变化适应	包含项目：水（效率、回收、韧性基础设施）、基础设施（桥梁、铁轨、抵御沿海洪水/风暴、防止雨水增加）；待明确项目：水（基础设施升级、海水淡化、废水处理）
巴克莱—明晟绿色债券分类	可替代能源	支持可再生能源和代用燃料的产品、服务或基础设施项目，包括：风能、太阳能、地热能、小型水电、沼气、生物燃料、生物量、废弃能回收利用、潮汐能
	能效提升	解决能源需求，同时尽量减少环境影响的产品、服务、基础设施或技术，包括：需求侧管理、蓄电池、燃料电池/氢气系统、智能电网、工业自动化、储能、超导体、天然气联合热电、LED 照明、环境 IT、紧凑型荧光灯、绝缘、混合动力/电动车、清洁交通基础设施

标准体系	分类	项目范围
巴克莱—明晟绿色债券分类	污染防治和控制	支持污染预防、废物最小化或回收利用以减轻不可持续的废物产生的产品、服务或项目，包括：环境修复、废物处理、废物回收利用、常规污染控制
	可持续水利用	试图解决缺水和水质问题的产品、服务和项目，最大限度地减少和监测当前用水和需求的增加，改善供水质量，提高水的可用性和可靠性，包括：水利基础设施和分配、雨水收集、智能计量设备、抗旱农作物、海水淡化、废水处理
	绿色建筑	根据当地建筑标准设计、建造、重新开发、改造或收购"绿色"认证的房产，如投资于 LEED、BEFAM 等绿色建筑标准建筑或建筑能效提升项目等
	其他	不符合上述类别的其他环境活动，包括气候恢复项目（洪水救济，减缓）和可持续林业/造林

资料来源：根据公开资料整理。

（二）国际主要项目分类特点和比较

1. 绿色债券原则（GBP）

GBP 是由绿色债券发行人、投资机构和承销商组成的绿色债券原则执行委员会（GBP Initial Executive Committee）与国际资本市场协会（ICMA）合作推出的，该原则是增强绿色债券信息披露的透明度、促进绿色债券市场健康发展的自愿性指导方针。其目的在于为市场提供信息基础，从而在没有当局监管的情况下促进资本配置流向有益于环境保护的项目。

2. 气候债券标准（CBI 标准）

CBI 标准是目前市场上细分程度最高的标准体系，由气候债券组织（Climate Bond Initiative，CBI）开发。CBI 标准以 GBP 为基础，旨在给出具体的实施指导方针，包括在行业层面定义什么是绿色。CBI 标准中所包含的要求，结合了支持债券认证的保证框架，可以为投资者提供信心和保证，即确定该气候债券的发行人符合气候债券标准并坚持绿色债券原则。CBI 在标准制定过程中与作为验证机构的保证提供者合作，进行认证程序监督，并不断基于债券发行人、保证提供者和其他合作方的反馈，绿色债券市场的变化修订该标准。

CBI 标准划分了能源、建筑、工业、废物和污染控制及封存、交通、信息技术和通信、农业和林业、气候适应八大类别。CBI 将应对气候变化作为认定项目的核心标尺。所有有利于减少化石燃料消耗、实现温室气体减排、增加碳汇的项目都是 CBI 重点关注对象。同时，考虑到项目对气候变化的全面影响，CBI 排除了上述领域中强化化石能源地位及其重要性的项目、环境效益明显但温室气体减排成效较低的项目，以及技术经济前景尚不明确的项目，得出了 CBI 主动应对气候变化的债券框架目录。例如，CBI 能源类别不包括煤炭清洁利用、节能等有助于化石燃料应用效能提高的项目，也不支持未配套能源利用的垃圾焚烧处理项目。

在 CBI 标准的八大类别下，设有包含项目、不包含项目和待明确项目三个细分目录。根据 CBI 标准，温室气体减排效益显著，且其他环境负效益较低的项目，纳入包含项目；其他类别环境效益明显但会强化化石能源消费，或者温室气体减排效益显著但存在较大环境安全风险的项目，纳入不包含项目；技术前景尚不明确，或现阶段综合环境影响或长期环境影响难以准确评估，需要进一步的技术判断或需要其他机制予以协调的项目，纳入待明确项目。例如，CBI 标准将技术经济前景尚不明确的碳捕获和封存项目纳入待明确项目，体现了其强调非化石能源替代，同时兼顾现阶段技术经济可行性的原则。

3. 巴克莱—明晟绿色债券分类

2014 年，巴克莱银行（Barclays）与摩根士丹利资本国际公司（Morgan Stanley Capital International，MSCI）共同发布了巴克莱—明晟绿色债券指数。巴克莱—明晟绿色债券分类目录是依据巴克莱—明晟绿色债券指数形成的项目分类，包括五大类别、38 个明确的子类。

巴克莱—明晟绿色债券分类的一级分类包括可替代能源、能效提升、污染防治和控制、可持续水利用和绿色建筑五大类。符合可替代能源、能效提升、污染防治和控制、可持续水利用分类的设备/产品生产制造、设施建设以及技术服务等方面的投资活动均属于项目范畴，符合绿色建筑分类的设计、建造、既有建筑或设备改造等活动也属于项目范畴。这五大类项目分别具备替代化石能源消费、降低温室气体和污染物排放强度、资源节约和可持续利用等方面的环境效益。投资者投资于上述领域项目，有助于增加环境效益，也体现了其重视绿色投资、履行社会责任的意愿。

对比上述三个项目分类可知，GBP 和巴克莱—明晟绿色债券分类侧重于从较全面环境效益维度界定项目；而 CBI 标准则更加关注于应对气候变化，将对温室气体减排贡献的显著性作为界定项目的核心尺度；不同分类方法涵盖项目范围有所差别，但重点领域项目重合度较高，体现出国际社会在环境领域关注重点方面的相似性和一致性。

二、募集资金管理

将募集到的资金投入到绿色项目是绿色债券的核心特点，因此如何保障募集资金的用途符合债券发行的初衷、如何对募集资金进行管理是绿色债券标准的重要内容。

GBP 对募集资金的管理有明确要求，要求发行人分账户管理，或以正式的内部流程确保资金流向可追溯。CBI 标准对募集资金存放和台账设置等内部控制流程进行了说明。

表2.2　募集资金管理国际标准

标准体系	对募集资金管理的要求
绿色债券原则（GBP）	GBP 要求发行人分账户对募集资金进行管理（如将净资金存入子账户、转入次投资组合），或者以某种正式的内部流程确保针对绿色项目的信贷或投资资金流向可追溯
气候债券标准（CBI 标准）	债券净募集资金可划拨至专项子账户，移至子投资组合，或由发行人通过恰当的方式进行追踪及归档；为制定项目资产的资金设立专项台账

资料来源：根据公开信息整理。

三、信息披露

近年来，国际上绿色债券的发行规模不断扩大。市场的扩张和融资规模的增长意味着对资金运用方向的监督面临着越来越大的挑战，信息披露重要性愈加凸显，关于信息披露的要求也成为绿色债券标准的重点。

GBP 对信息披露有专门的要求。CBI 标准要求发行人向核查机构披露债券募集资金的管理和投资的相关系统、政策和流程

表 2.3 信息披露的国际标准

标准体系	对信息披露的要求
绿色债券原则（GBP）	除公布募集资金的使用方向、闲置资金的短期投资用途，发行人应提供至少每年一次的项目清单，提供项目基本信息的描述、资金分配额度以及环境效益情况。GBP 建议使用定性指标进行描述，并在可行的情况下，对预期的可持续性影响指标做出定量描述（如温室气体减排量、清洁能源惠及人数等）
气候债券标准（CBI 标准）	要求发行人向核查机构披露债券募集资金的管理和投资的相关系统、政策和流程

资料来源：根据公开信息整理。

四、环境效益评估

相较普通债券，除了主体信用评级和债券信用评级外，绿色债券发行人还必须通过外部审查使自己的"绿色"特征对于投资者来说具有可信度和说服力。国际准则中要求的外部审查形式通常有第二方评估和第三方认证。第二方评估的主要形式为顾问审查和第二方意见，第三方认证的主要形式包括验证或审计、认证。

表 2.4 绿色债券外部审查的国际标准

标准体系	外部审查要求
绿色债券原则（GBP）	GBP 建议发行人使用外部审查，以确保发行人发行的债券符合绿色债券定义和要求。GBP 具体列举的外部审查被划分为四种类型： 1. 咨询核查和第二方意见：发行人在发行绿色债券时，可以寻求具有环境气候融资专业知识的顾问或咨询公司的咨询支持；其服务通常以第二方意见的形式实施，校订和审查发行人的绿色债券框架 2. 鉴证或审计：发行人可以通过合格的第三方（通常为审计事务所），依据某些内部或外部参考标准，针对绿色债券、相关框架或个别部分提供独立鉴证或保证

标准体系	外部审查要求
绿色债券原则 （GBP）	3. 认证：发行人可以通过合格的第三方（通常是认可的认证机构）根据外部标准对其绿色债券、相关框架或个别部分进行认证 4. 评级：发行人可以让评级机构或专业咨询公司等合格的第三方为其绿色债券或相关框架进行评级
气候债券标准 （CBI 标准）	与作为验证机构的保证提供者合作，进行认证程序监督

资料来源：根据公开信息整理。

第二方评估是指，发行人安排的第二方机构（即具有环境方面专长的外部机构）负责核查其债券发行框架和债券绿色资质。通常，第二方可以与发行人合作，帮助发行人初步制定绿色债券发行框架，并且随后对这一发行框架进行评估。第二方协助制定绿色债券发行框架对发行人（尤其是首次发行人）大有裨益，但这种做法会降低第二方在评估发行人发行框架时的独立性，因为第二方随后评估的是其自身的工作。目前，国际上较权威的第二方机构有 CICERO、Vigeo、DNV GL 等。

第三方认证是指，发行人安排的第三方认证机构负责根据另一独立机构（标准提供方）制定的标准对绿色债券进行核查。核查内容包括项目和资产的环境影响是否符合该标准下的相关行业特定标准，以及发行人是否遵守该标准下关于募集资金管理及报告的规定。目前，国际上主要的第三方认证机构有 CBI 等。

表 2.5　国际上较权威的第二方评估机构和第三方认证机构

机构名称	机构简介
CICERO （第二方机构）	CICERO（国际气候与环境研究中心——奥斯陆）是由挪威政府成立的与奥斯陆大学相关的独立研究中心。目前 World Bank，IFC，EBRD，AfDB，KfW，KBN 等多边国际金融机构或政策性银行都采用 CICERO 出具第二意见
Vigeo （第二方机构）	Vigeo 由 Nicole Notat 成立于 2002 年，目前它是欧洲领先的企业社会责任（CSR）评级机构。在绿色债券发行过程中，Vigeo 可以依据环境，社会和治理准则（ESG）为发行人和投资者提供有关绿色债券的独立意见。目前 Abengoa Green-field SA、EDF、GDF Suez、Iberdrola SA、Ile – deFrance、Unibail – Rodamco 等公司绿色债券发行人都采用 Vigeo 出具第二意见

机构名称	机构简介
DNV GL （第二方机构）	2013 年 9 月 12 日，成立于 1864 年的挪威船级社（Det Norske Veritas，DNV）和成立于 1867 年的德国劳氏船级社（GL）合并为 DNV GL 集团。DNV GL 集团为海事、石油天然气和能源行业提供入级和技术保障服务，以及软件和独立的专家咨询服务。此外，DNV GL 集团还为各行业的客户提供认证服务。
CBI （第三方机构）	CBI 是全球唯一一家致力于通过推动资本市场来为气候变化问题提供解决方案的组织。其提倡将投资和资产快速过渡到低碳和抵御气候变化的项目上，主要战略是开发一个大而流动的绿色债券市场。CBI 以投资者为重点，不以盈利为目的，是一个开源的公益事业

资料来源：根据公开信息整理。

第二节　绿色债券国内标准

国内现有的绿色债券标准方面的指导性文件主要包括中国人民银行关于发行绿色金融债券有关事宜的公告（以下简称《绿色金融债公告》）（中国人民银行公告［2015］第 39 号）及由中国金融学会绿色金融专业委员会编制的《绿色债券支持项目目录》（中国人民银行公告［2015］第 39 号附件），以及国家发展和改革委员会印发的《绿色债券发行指引》（发改办财金［2015］3504 号）。

一、项目分类

《绿色债券支持项目目录》是《绿色金融债公告》（中国人民银行公告［2015］第 39 号）的附件文件，是目前中国绿色债券市场上关于绿色项目最全面的指引。为了与优先考虑中国环境问题的政策保持一致，《绿色债券支持项目目录》涵盖了气候变化减缓和适应项目，以及解决空气污染的项目等更广泛的环境项目。《绿色债券支持项目目录》把有资格发行绿色债券的项目分为 6 个类别和 31 个子类别。

《绿色债券发行指引》（发改办财金［2015］3504 号）明确了 12 个重

要领域。该指引文件旨在发挥企业债券融资作用，积极探索利用专项建设基金等建立绿色担保基金，加强与相关部门在节能减排、环境保护、生态建设、应对气候变化等领域项目投融资方面的协调配合，努力形成政策合力，破解资源环境瓶颈约束，推动发展质量和效益提高，加快建设资源节约型、环境友好型社会。

表 2.6　国内主要绿色债券标准体系项目范围

标准体系	项目范围
中国金融学会绿色金融专业委员会《绿色债券支持项目目录》	节能 污染防治 资源节约与循环利用 清洁交通 清洁能源 生态保护和适应气候变化
国家发展和改革委员会《绿色债券发行指引》	节能减排技术改造项目 绿色城镇化项目 能源清洁高效利用项目 新能源开发利用项目 循环经济发展项目 水资源节约和非常规水资源开发利用项目 污染防治项目 生态农林业项目 节能环保产业项目 低碳产业项目 生态文明先行示范实验项目 低碳发展试点示范项目

资料来源：中国金融学会绿色金融专业委员会《绿色债券支持项目目录》、国家发展和改革委员会《绿色债券发行指引》。

二、募集资金管理

在募集资金的管理方面，中国人民银行《绿色金融债公告》（中国人民银行公告〔2015〕第 39 号）中对募集资金的管理、追踪作出了严格的要求；国家发展和改革委员会发布的《绿色债券发行指引》（发改办财金〔2015〕3504号）暂未对募集资金管理作出明确规定。

（一）人民银行要求发行人开立专门账户或建立专项台账

根据《绿色金融债公告》（中国人民银行公告〔2015〕第39号），发行人应开立专门账户或建立专项台账以确保募集资金专款专用于合格绿色项目。开立专门账户是指发行人为绿色债券募集资金开立单独账户，且该账户仅可用于将募集资金投放于合格绿色项目。专项台账并不要求将募集资金隔离存入专门账户，而是仅要求发行人保持募集资金与用于绿色项目的资金之间金额上的名义关系，并且在募集资金全部投放于合格项目之前，保持未投放的募集资金金额与合格的金融工具（其合格性在于能否确保募集资金不临时投放于非绿色项目）之间金额上的名义关系。

（二）人民银行制定了严格的追踪规定

人民银行要求所有绿色债券募集资金必须在绿色债券发行后一年之内投放于合格绿色项目或资产，即募集资金可以用于现有绿色资产的全面再融资，或者新项目或资产，或者同时用于前述两种用途。为确保募集资金投向符合要求，人民银行已经就绿色债券募集资金的用途作出严格的追踪规定。追踪规定要求发行人应当说明在债券有效期内的任何特定时间有多少募集资金用于合格绿色项目或资产，有多少募集资金仍未投放。

（三）人民银行明确了未投放募集资金的管理要求

根据人民银行指引，发行人按要求应当将未投放募集资金临时投资于其他发行人（仅非金融企业）发行的绿色债券，或具有良好信用等级和市场流动性的货币市场工具。该规定旨在确保发行人不将绿色债券募集资金临时投资于绿色债券投资者不会接受的非绿色项目。

三、信息披露

信息披露方面，中国人民银行《绿色金融债公告》（中国人民银行公告〔2015〕第39号）明确了信息披露的频率和内容要求；国家发展和改革委员会的《绿色债券发行指引》(发改办财金〔2015〕3504号)则尚未对包括信息披露在内的绿色债券属性做出要求。

(一)人民银行要求发行人按季度披露信息

《绿色金融债公告》(中国人民银行公告〔2015〕第39号)要求发行人按季度向市场报告绿色债券投资的绿色项目类型。例如,如果发行人发行30亿元人民币的债券,发行人的首次报告应载明其中10亿元用于太阳能项目,10亿元用于水资源项目,剩余10亿元尚未投放。发行人还需要提供一份专项审计报告,以确认募集资金的用途。

此外,发行人还须每年直接向人民银行提交一份有关募集资金上年度使用情况的年度报告。

(二)人民银行鼓励发行人报告项目的环境影响

《绿色金融债公告》(中国人民银行公告〔2015〕第39号)鼓励发行人报告项目的环境影响,但并不作硬性要求。例如,对太阳能项目而言,根据人民银行指引,发行人按要求应当披露募集资金用于太阳能项目,但无须提供投资项目的减排数据(尽管人民银行鼓励提供该数据)。但是对于哪些环境信息应当予以披露,人民银行尚未作出说明。

表2.7 国内主要绿色债券标准体系信息披露要求

标准体系	对信息披露的要求
中国人民银行《绿色金融债公告》	发行人应当按季度向市场披露募集资金使用情况。发行人应当于每年4月30日前披露上一年度募集资金使用情况的年度报告和专项审计报告,以及本年度第一季度募集资金使用情况,并将上一年度绿色金融债券募集资金使用情况报告中国人民银行
国家发展改革委《绿色债券发行指引》	未有相关规定

资料来源:中国人民银行《绿色金融债公告》、国家发展和改革委员会《绿色债券发行指引》。

四、环境效益评估

目前,人民银行指引鼓励发行人对债券绿色资质进行外部评估,但并不作硬性要求；发改委对债券绿色资质的认定及评估尚无相关规定。与国际标准类似，在国内标准中第二方评估的主要形式为顾问审查和第二方意见，第三方认证的主要形式包括验证或审计、认证。

（一）外部评估未区分第二方评估和第三方认证

人民银行对于外部评估的建议并未区分第二方评估和第三方认证。人民银行对绿色债券外部评估的支持不仅有助于推动发行人进行外部评估，而且有助于激励相关机构进行外部评估能力建设。

（二）尚无标准化的外部评估流程

我国目前还没有形成标准化的外部评估流程，不同的核查机构在评估中采用了各自的程序和标准。这一现状不仅增加了投资者使用绿色债券外部评估所产生的交易成本，而且还限制了不同发行人所发行绿色债券的可比性。

（三）正在发展第三方认证的能力

与国际标准相似，我国在绿色债券认证中也存在第二方评估对所发行债券绿色资质的核查并非完全独立的现象。随着市场发展，越来越多发行人进入市场，非独立的第二方评估可能会增加环保欺诈出现的风险。因此，独立的评估是预防不当的环境效益声明和欺诈的一项重要机制。

在独立性方面，第三方认证相较第二方评估有明显的优势，第三方认证将有助于实现外部评估流程的标准化。尽管中国绿色债券市场还没有采用标准化外部评估流程的第三方认证，但中国正在发展基于绿色债券标准开展第三方认证的能力。国际气候债券标准和认证机制项下获批的核查机构，例如毕马威、安永、必维国际检验集团、DNV – GL 和 Trucost 公司等，可以在中国提供气候债券标准认证服务。目前国内培养的较著名的绿色债券第三方认证机构有中财绿融咨询有限公司、中节能咨询有限公司、北京商道融绿咨询有限公司以及中债资信评估有限责任公司等。

表 2.8 国内外主要绿色债券标准体系第三方认证要求的对比

标准体系	认证要求
中国人民银行《绿色金融债公告》	除所规定的申请材料外，鼓励申请发行绿色金融债券的金融机构法人提交独立的专业评估或认证机构出具的评估或认证意见，鼓励发行人在绿色金融债券存续期间，按年度向市场披露由独立的专业评估或认证机构出具的评估报告，并对绿色金融债券支持绿色产业项目发展及其环境效益影响等实施持续跟踪评估
国家发展和改革委员会《绿色债券发行指引》	未有相关规定

资料来源：根据公开信息整理。

第三节 国际国内绿色债券标准的比较

绿色债券标准是绿色债券发行、认证、资金管理等一系列事项的基础。目前，国际标准和国内标准在大体方向上基本相同，均以促进环保节能、提升绿色效益为基本目标，标准的内容都主要包括项目类别、资金管理要求、信息披露、评级及认证等。但是在标准的具体要求方面，又因为国内外在社会、经济等方面的差异而呈现出各自的特征。

一、债券标准的实施路径

绿色债券在国际市场和国内市场的发展，呈现出不同的路径特征。在国际上，绿色债券标准是相关市场主体自发制定的自愿性标准；在国内，绿色债券标准主要由政府部门倡导和牵头发起，是由国家层面发布的指导性原则。

绿色债券在国际市场上的兴起，源于国际投资者对气候变化和环境问题的关注，以及责任投资理念的日益普及。投资者的价值判断构成其中重要的推动力量，并在市场实践的基础上促成了发行人、投资机构和承销商共同建立自愿性指导方针。2014年，为增强绿色债券信息披露的透明度，促进绿色债券市场健康发展，由绿色债券原则执行委员会与国际资本市场协会合作推出了 GBP；截至 2015 年年底，超过 103 个绿色债券发行人、承销商和投资者成为会员，超过 54 个其他机构共同遵守这一自愿性指导原则。在 GBP 原则基础下，CBI 开发了与 GBP 互补的标准，旨在提供确认募集资金的使用方式符合低碳经济要求的保证。

与国际债券标准的自愿性特点不同，中国绿色债券标准具有鲜明的政府主导特征，政策层是首要的推动力量，由监管机构制定规范、明确项目范围、对资金管理和信息披露等做出限定要求，直接推动市场的启动。2015 年 12 月 22 日，由中国金融学会绿色金融专业委员会编制的《绿色债券支持项目目录》，随同人民银行《绿色金融债公告》（中国人民银行公告［2015］第 39 号）一同发布，这是构建中国绿色债券市场的一项基础性工作，将成为未来绿色债券审批与注册、第三方绿色债券评估、绿色债券评级和有关信息披露的重要参考。2015 年 12 月 31 日，国家发展和改革委员会发布了《绿色债券发行指引》（发改办财金［2015］3504 号），对其所监管的企业债发行主体发行绿色债券规定了绿色项目范畴，并鼓励出台一系列优惠措施，在短时间内形成对绿色债券市场的又一政策激励。

二、项目分类的范围界定

GBP 是目前国际市场上绿色债券的主要共识准则，它列举了绿色债券予以支持的 8 个典型项目类别。CBI 标准是目前市场上细分程度最高的标准体系。中国绿色债券支持项目的范围，与国际市场上的绿色债券或绿色项目认定标准，在覆盖范围上有大量重合，但更加体现中国的实际情况、法律及标准体系和行业分类习惯。国家发展和改革委员会的《绿色债券发行指引》（发改办财金［2015］3504 号）中明确了 12 个项目类别，比中国金融学会绿金委绿色债券支持项目目录的范围更为宽泛，但二者都强调了支持项目类别的动态性和开放性。

以细分程度最高的 CBI 标准与国内标准项目分类比较：CBI 标准以促进债务市场为应对气候变化相关项目提供融资和再融资为主要目标；而《绿色债券发行指引》（发改办财金［2015］3504 号）则具有更广泛的目

标，旨在积极发挥债券融资对于促进绿色发展、推动节能减排、解决突出环境问题、应对气候变化、发展节能环保产业等的支持作用。在详细的分类方面，两者的主要差异在于：

第一，对化石能源相关项目的判断取舍。CBI 标准排除一切与煤炭有关的能源项目类型以及节约化石能源的项目，而中国的绿色债券对煤炭的清洁利用和符合特定标号的清洁燃油相关项目予以支持。CBI 标准还排除了用于运输化石能源的交通项目，而根据运能区分交通项目在中国的经济运行和管理体系中不具有可行性。

第二，CBI 标准审慎对待新能源汽车等门类，但中国《绿色债券支持项目目录》（中国人民银行公告［2015］第 39 号附件）对此予以支持。

第三，在太阳能光伏发电相关门类中，中国《绿色债券支持项目目录》（中国人民银行公告［2015］第 39 号附件）对光电转化效率、衰减率等技术指标做出具体限定，以此正视中国的产业现实，激发创新优势，避免绿色金融的政策力度流向产能过剩行业。

三、募集资金的管理要求

GBP 要求发行人分账户对募集资金进行管理，或者以某种正式的内部流程确保针对绿色项目的信贷或投资资金流向可追溯。中国人民银行《绿色金融债公告》（中国人民银行公告［2015］第 39 号）中的相关要求与GBP 的准则保持了高度一致，甚至有更为严格的趋势，其要求发行人开立专门账户或建立专项台账，以便于跟踪募集资金投向。而国家发展和改革委员会的《绿色债券发行指引》（发改办财金［2015］3504 号）没有对包括募集资金管理在内的绿色债券专项属性作出要求。CBI 标准以明确绿色项目范围和制定环境效益量化判定标准为主，也未涉及募集资金管理等债券发行及管理环节。

四、信息披露的要求及规范

GBP 对信息披露有专门要求，中国人民银行《绿色金融债公告》（中国人民银行公告〔2015〕第 39 号）与 GBP 的准则保持了高度一致，明确了信息披露的频率要求。相比而言，国家发展和改革委员会的《绿色债券发行指引》（发改办财金〔2015〕3504 号）没有对包括信息披露在内的绿色债券专项属性作出要求。CBI 标准也未涉及发行人自主信息披露的相关限定，但 CBI 开展的一系列核准认证业务及其专项标准在实践中的应用，均需以发行人的自主信息披露为重要基础。

五、绿色债券的认证要求

除国家发展和改革委员会的《绿色债券发行指引》（发改办财金〔2015〕3504 号）中并未提及认证外，其他标准均鼓励采用第三方认证的方式来判定绿色债券。其中，GBP 鼓励认证的形式包括第二方意见、审计或第三方认证。CBI 与其指定的认证机构合作，进行认证程序监督。在中国人民银行《绿色金融债公告》（中国人民银行公告〔2015〕第 39 号）中，鼓励发行人提交独立第三方机构提供的认证评估报告，并鼓励在债券存续期间按年度出具第三方认证评估意见。

六、绿色债券发行的激励措施

国际绿色债券标准是市场主体的自愿性准则，未涉及激励措施。而中国的绿色债券标准具有鲜明的政府主导特点，均有激励措施的出台。其中，人民银行《绿色金融债公告》（中国人民银行公告〔2015〕第 39 号）的激励重点是将商业银行发行的绿色金融债纳入中国人民银行相关货币政策操作的抵（质）押品范围，以及对绿色投资者群体的鼓励。而国家发展和改革委员会《绿色债券发行指引》（发改办财金〔2015〕3504 号）主要针对企业的发行准入环节和结构设计，提出了一系列明确的激励措施。

表 2.9 国内外主要绿色债券标准体系激励措施的对比

标准体系	激励措施
绿色债券原则（GBP）	由市场主体在自愿基础上形成的共识性约束，未涉及激励措施

标准体系	激励措施
气候债券标准（CBI标准）	未有相关措施
中国人民银行《绿色金融债公告》	1. 规定发行人发行的绿色金融债券，可以按照规定纳入中国人民银行相关货币政策操作的抵（质）押品范围 2. 鼓励政府相关部门和地方政府出台优惠政策措施支持绿色金融债券发展 3. 鼓励各类金融机构和证券投资基金及其他投资性计划、社会保障基金、企业年金、社会公益基金等机构投资者投资绿色金融债券
国家发展和改革委员会《绿色债券发行指引》	在审核要求、发行准入方面予以激励，具体包括： 1. 加快和简化审核程序 2. 调整企业债券部分准入条件，包括债券募集资金占项目总投资比例放宽至80%（相关规定对资本金最低限制另有要求的除外）、发行绿色债券的企业不受发债指标限制、在资产负债率低于75%的前提下核定发债规模时不考察企业其他公司信用类产品的规模、鼓励上市公司及其子公司发行绿色债券 3. 支持绿色债券发行主体利用债券资金优化债务结构。在偿债保障措施完善的情况下，允许企业使用不超过50%的债券募集资金用于偿还银行贷款和补充营运资金。主体信用评级AA＋级且运营情况较好的发行主体，可使用募集资金置换由在建绿色项目产生的高成本债务 4. 支持合理灵活设置债券期限、选择权及还本付息方式 5. 对于环境污染第三方治理企业开展流域性、区域性或同类污染治理项目，以及节能、节水服务公司以及提供相应服务获得目标客户节能、节水收益的合同管理模式进行节能、节水改造的项目，鼓励项目实施主体以集合形式发行绿色债券 6. 允许绿色债券面向机构投资者非公开发行

资料来源：根据中国人民银行《绿色金融债公告》、国家发展和改革委员会《绿色债券发行指引》等资料整理。

参考文献

［1］王遥、徐楠：《中国绿色债券发展及中外标准比较研究》，载《金融论坛》，2016（2）。

［2］万志宏、曾刚：《国际绿色债券市场：现场、经验与启示》，载《金融论坛》，2016（2）。

［3］中国人民银行：中国人民银行公告［2015］第39号。

［4］中华人民共和国国家发展和改革委员会：国家发展改革委办公厅关于印发《绿色债券发行指引》的通知，发改办财金［2015］3504号。

［5］中国金融学会绿色金融专业委员会、中节能咨询有限公司、中央财经大学气候与能源金融研究中心：《绿色债券支持项目界定和分类研究（征求意见稿）》，2015年9月。

［6］Barclays and MSCI. Barclays MSCI green bond index：bring clarity to the green bond market through banchmark indices. 2015.

［7］IMCA. Green bond principles. http：//www. icmagroup. org/socialbonds. org, 2016.

［8］CBI. Climate Bond Initiative Taxonomy. https：//www. climatebonds. net/standards/taxonomy. 2017.

［9］CBI. Climate Bonds Standard. https：//cn. climatebonds. net/files/files/Climate％ 20 Bonds％20Standard％20v2 ＿1 ＿13Mar17 ＿CH ＿clean. pdf. 2017.

实践篇

第三章 绿色债券的发行和投资主体

本章主要讨论绿色债券的发行和投资。随着绿色金融在我国的快速发展，绿色债券的发行和投资也受到越来越多的关注。作为绿色债券市场发展的重要环节，绿色债券发行和投资的状况不容忽视。本章共分为两节。第一节介绍绿色债券的发行原因和发行主体，并阐述我国目前绿色债券的发行状况以及发行人所面临的挑战与风险。第二节将从绿色投资的角度，分析投资绿色债券的主要原因和投资主体，并揭示绿色债券投资领域的机会、挑战与风险。

第一节 绿色债券的发行主体

自 2007 年绿色债券市场启动以来，绿色债券市场得到了快速发展，发行主体类型、债券种类和计价货币等日益增多，发行量逐步增加。本节将重点关注绿色债券发行的原因，主要的绿色债券发行人，以及发行人所面临的挑战与风险。

一、发行绿色债券的原因

（一）发行原因概述

随着可持续发展意识的增强，人们对环境和气候变化的关注程度不断提高。首先，现实中自然风险①、监管和政策变化②以及消费者的不当行为

---

① 例如由极端天气事件引起的风险。
② 例如《巴黎协定》所规定的政策要求。

带来信誉风险，导致碳密集型和资源密集型企业的预期收益减少。其次，信用评级已越来越多地考虑到环境、社会和治理（ESG）风险①，使得暴露于此类风险下的公司或机构融资更加困难。最后，随着低碳经济和能源技术在成本竞争力②方面的优势逐渐凸显，可持续投资项目（例如在基础设施领域）对政府和企业的投资吸引力在不断增加。

而绿色债券作为一种成本相对较低的融资工具，可以通过公共或私人主体募集资金，释放资本换取资源，促进项目的融资，有效地为与环境和气候相关的投资项目提供资金来源。在解决环境、社会和企业治理问题的同时促进了经济的发展，形成了巨大的市场需求。与普通债券相比，绿色债券的优势主要体现在以下几个方面。

1. 绿色债券为发行人提供了新的融资渠道

对于非绿色企业来说，它们拥有相对广泛的融资渠道，包括债市、股市、私募基金等。但传统的绿色融资渠道相对比较单一，绿色信贷占全部社会融资总额的 60% 左右，造成了明显的问题。例如，我国银行业平均负债期限较短，因此，银行发放中长期绿色贷款容易出现期限错配问题，从而导致投放中长期绿色信贷能力受限。而绿色债券作为一种成本较低、流动性较高而风险较低的投资工具，有利于这一问题的解决。它可以增加中长期绿色项目融资的可获得性，降低绿色项目融资成本，从而增加绿色信贷的有效供给，为投资者提供参与绿色投资的新的融资渠道。

2. 绿色债券帮助发行人解决期限错配问题

发行绿色债券可以帮助发行者解决期限错配问题，实现更长期的绿色融资。考虑到银行的负债端的期限只有 6 个月左右，支持一些中长期的绿色项目就会面临期限错配的风险。而随着国际社会对全球气候、环境问题逐渐达成共识以及对 ESG 标准的认同，国际市场大型投资者，尤其是"责任投资者"以及主权基金、养老基金等，成为认购绿色债券的主要群体。由于这些机构具有非常显著的长期投资特征，而绿色项目募集资金规模较

---

① 穆迪是三大评级机构中第一家考虑环境问题的评级机构。Moody's.（2015）. Environmental, Social and Governance（ESG）Risks – Global：Moody's Approach to Assessing ESG Risks in Ratings and Research.

② Climate Policy Initiative.（2015）. Global Landscape of Climate Finance 2015；IEA.（2016）. World Energy Outlook 2016.

大，期限相对较长，平均在 3 ~ 10 年，大约 28% 的投资期限超过 10 年；因此，发行绿色债券不仅有利于发行人优化其自身的投资结构，也可以解决期限错配的问题，实现更长期的绿色融资，尤其适合大型基础设施建设等资金需求大且投资回报期限较长的投资项目。

3. 发行人可以通过绿色债券提升资本市场形象

绿色债券所募集的资金多用于资源节约型和环境友好型的项目建设，有助于发行人向投资者、客户和公众宣传其公司的可持续发展战略规划，凸显发行人的绿色资质以及对于绿色投资的支持，彰显债券发行主体的社会责任感，提升公司的社会知名度和品牌声誉，这些宣传使消费者对发行人的服务和产品产生积极的需求，有助于提升公司的市场形象。

绿色债券的发行对发行人自身也提出了更高的要求。要求发行人通过追踪绿色债券的资金用途及发布收益报告的方式，督促企业改善内部的治理结构，促进项目方和财政方的沟通。同时，发行人在开始绿色债券认证过程时，也需要对绿色债券外部认证流程有充分的了解，例如，成为绿色债券的前提条件、项目评估和选择的要求、募集资金的使用和报告要求等，确保满足投资者的期望。这些要求有效地保证了发行主体在资本市场的品牌形象。

4. 发行人可以享受绿色债券的优惠政策

由于绿色债券往往带有公共效益，因此能够享受到财政、税收等方面的政府专项支持政策，拥有比普通债券更低的发行利率。同时，人民银行、上海证券交易所、国家发改委等部门机构针对绿色债券的发行也制定了相应的优惠政策。相比普通债券的发行，绿色债券的发行难度较低。

绿色企业债的优惠政策。根据《绿色债券发行指引》，发改委针对绿色企业债的发行准入条件进行了适当调整：债券募集资金占项目总投资的比例由最高 70% 放宽至 80%；发行绿色企业债不占用发债数量指标，核定的发债规模不考虑其他公司信用类产品的规模（但资产负债率必须低于75%）；支持绿色债券发行主体利用债券资金优化债务结构；除绿色项目投资外，用于偿还银行贷款和补充营运资金的债券募集资金比例从 40% 提升到 50%；主体信用评级 AA + 级且运营情况较好的发行主体，可使用募集资金置换由在建绿色项目产生的高成本债务。

绿色公司债的优惠政策。根据上海证券交易所《关于开展绿色公司债券试点的通知》、深圳证券交易所《关于开展绿色公司债券业务试点的通知》，交易所将安排专人处理绿色公司债券的申报受理及审核，提高上市效率。

5. 绿色债券为发行人提供了较低的融资成本

由于绿色债券募集的资金通常用于绿色项目，符合可持续发展理念，更容易享受到政府补贴、税收优惠等支持，对于绿色债券的融资可得性、稳定性和成本效率有正面的影响。同时，绿色债券的发行者大多为大型跨国公司、开发性金融机构以及政府，根据联合信用评级有限公司的《绿色债券及其评级方法概述》，如果债券发行人或募集投资项目有"正外部性"，则其认定的评级结果通常较优，发行债券将能享受"优惠"，往往具有较低的发行成本。此外，由于传统能源行业以及高耗能、高污染的非可持续产业日益衰退或受到限制，而绿色债券可以促进传统棕色行业的"绿化"，因此，绿色、低碳和可持续项目受到了资本市场更多的青睐，国际资本出现大规模的调整配置浪潮，对绿色债券的需求增加。在多方面因素的共同作用下，绿色债券通常享有较低的融资成本。

6. 绿色债券有助于改善发行人中长期财务状况

虽然发行绿色债券需要承担适度的额外成本，但从长期来看，这种额外成本会被抵销。债券发行初期，发行人需要承担的成本不仅包括制定绿色债券框架、建立其他内部程序和结构所需的费用，也包含了来源于合格项目选择流程、资金专户专用和管理、监测和信息披露以及获得外部保证等方面的费用。但从长期来看，绿色标签可以满足预期环境可持续性向好发展的投资者的需求，从而使投资者群体更加多元化，降低发行人的融资风险，减少债券市场波动的风险敞口，改善发行人的中长期财务状况。同时，投资者对绿色债券的环保认证和信用风险开展的尽职调查，也可以为发行人带来更长远的利益。因为投资者一旦进行了这种尽职调查，出于成本考虑，他们在未来就更有可能考虑同一发行人发行的普通债券。因此，上述额外成本可被视为发行人为应对未来具有挑战性的市场而预先支付的保险费，当金融体系出现困难时，发行人可以通过其投资者的多元化和忠诚度来缓解风险。

7. 绿色债券的定价平价

与同一发行人发行的普通债券相比，绿色债券除了募集单位必须按照绿色标签要求单独设立账户、资金专款专用外，其他包括信用质量、收益率以及发行价格等方面与普通债券有着相同的金融特征，这就保证了绿色债券的信用状况与同一发行人发行的任何其他常规、普通债券的信用状况相同，不存在价格上的差别①。

绿色债券在市场实践中存在个别非平价定价现象，例如，某些绿色债券（欧盟）在一级市场发行时，由于刚性需求和超额认购，会造成其价格的上涨；另外，贴标绿色债券也可能在二级市场上溢价交易②。分析上述现象的原因，标准普尔③（2016）认为，这可能是由供需不平衡造成的，即市场上的贴标绿色债券数量难以满足投资者需求，造成了定价的提高。但这在一定程度上减少了主流投资者的市场参与，因其不愿意为绿色事业支付高出普通债券的价格。如标准普尔所指出的，虽然有些案例中存在高于或低于普通债券信用曲线交易的绿色债券，但普遍的共识是，其大部分的定价与普通债券无异。正是这种"平价"的概念，促进了绿色债券的发行。

（二）国内情况

我国目前正处于经济结构调整和发展方式转变的关键时期，随着对生态文明的认识日益深化，"绿色发展"已成为五大发展理念之一。"十三五"规划纲要明确提出"建立绿色金融体系"，这对绿色产业和经济、绿色金融的需求不断扩大。绿色债券的发行得到了来自中央到地方政府的重视和支持，也得到了广大金融机构的响应，它的发行促进了企业绿色供应链的建立，得到了越来越多的投资者的青睐。我国在绿色债券市场也取得了显著的成就，成为全球三个建立了"绿色信贷指标体系"的国家之一，

---

① OECD/Bloomberg Philanthropies.（2015）. Policy Perspectives, Green bonds：Mobilising the debt capital markets for a low‐carbon transition. http：//www. oecd. org/environment/cc/Green% 20bonds% 20PP% 20［f3］% 20［lr］. pdf.

② https：//papers. ssrn. com/sol3/papers. cfm? abstract _ id = 2890316；ttps：//www. climate-bonds. net/resources/publications/bonds‐climate‐change‐2016.

③ http：//www. eticanews. it/wp‐content/uploads/2016/05/GreenBond _ ReportAnnuale _ StandardPoors. pdf.

也是全球首个由政府支持机构发布本国绿色债券界定标准的国家。截至2016 年底，中国已成为全球最大的绿色债券市场，发行的绿色债券达2314.18 亿元人民币，已占全球同期发行绿色债券的38%。

在国家的支持和倡导下，为全面贯彻《中共中央、国务院关于加快推进生态文明建设的意见》和《生态文明体制改革总体方案》精神，人民银行等七部委联合发布《关于构建绿色金融体系的指导意见》，指出要大力发展绿色信贷，推动证券市场支持绿色投资，设立绿色发展基金，通过政府和社会资本合作（PPP）模式动员社会资本，支持地方发展绿色金融。2016 年年初，国家发展和改革委员会发布《绿色债券发行指引》，要求地方政府应积极引导社会资本参与绿色项目建设；2016 年 3 月，中国证券监督管理委员会公布了《中国证监会关于支持绿色债券发展的指导意见》，上海证券交易所发布了《关于开展绿色公司债券试点的通知》，鼓励政府相关部门和地方政府出台优惠政策支持绿色公司债券发展等。目前，包括内蒙古、云南、河北、湖北在内的地方已经纷纷建立起绿色发展基金或环保基金，推动绿色金融的发展和绿色投融资体系的建设。截至 2017 年 8 月31 日，中债估值中心宣布 9 只地方政府债券符合中债—中国绿色债券指数、中债—中国绿色债券精选指数样本券识别标准，将被纳入上述两只债券指数，这也是国内首批被纳入权威绿色债券指数的地方政府债券。

另外，考虑到绿色债券募集的资金可被用于清洁能源与环境项目，对于企业绿色供应链的建立，改变传统的生产方式意义非凡，境内外金融机构和企业也广泛参与其中，引起了投资者的重视。自 2014 年 5 月 12 日中广核发行第一只绿色债券以来，我国境内已累计发行近 30 只绿色债券；2016 年 7 月 5 日，中国银行卢森堡分行和纽约分行同步发行规模达 30.3亿美元的中国银行首只绿色债券，这也是迄今为止全球市场上发行单笔金额最大、品种最多的绿色债券，整体认购比例达 3 倍以上；以及随后由新开发银行（NDB）等发行的绿色熊猫债券都得到了投资者的青睐。至此，中国绿色债券市场的发展已经全面扩展到中国金融机构和企业在境外市场发行外币绿色债券、国际多边金融机构在中国境内发行人民币绿色债券。

绿色金融和绿色债券市场发展已经取得显著成效。但根据中国人民银行测算，在全部绿色投资中，政府出资占比约为 10% ~ 15%，社会资本比重将占到85%～90%。如此大规模的资金需求，除了来自政府方面的支持，更需要金融体系的参与。通过发布一系列相关意见与方案，政府也在逐步建立和完善我国的环境保护方面的法律与标准体系，加大环保立法的力度，制定相应的规则，发挥规制作用；同时，给予绿色企业以专项补贴、利率优惠、税收减免等优惠政策，帮助企业延伸其绿色供应链，鼓励绿色创新，为绿色企业提供更多的机会。这都为绿色债券市场的发展提供了广阔的空间。

二、发行主体

（一）发行主体概述

债券发行人是指为筹措资金而发行债券的政府及其机构、金融机构和企业等。不同的发行人类型或债券品种，所发行的债券需要满足不同的相关法律法规，所筹集的资金的用途也不同。例如，政府类发行人通过发行债券弥补财政赤字、筹措经济建设所需资金等；企业类发行人通过发行债券扩大资金来源，满足生产经营发展的需要；金融机构类发行人通过发行债券筹措资金用于多种用途。同时，发行人还需要承担一定的责任和义务，例如按时偿还债券的本金和利息、按规定进行信息披露等。

绿色债券发行人在一般债券发行人的基础上附加了绿色属性，即其所发行的债券应当满足相关法规对于绿色债券认定的规定。例如，国内发行人须确保金融债和公司债募集资金投向满足《绿色债券支持项目目录》要求的项目，企业债募集资金投向满足《绿色债券发行指引》规定的十二类项目。绿色资产支持证券或票据和其他类型的绿色债券募集资金的投向通常满足《绿色债券支持项目目录》的要求。除此之外，部分法规对于绿色债券发行人的资格也有一定规定。例如，《中国人民银行公告〔2015〕第39号》规定，金融机构法人发行绿色金融债券应当同时具备完善的绿色产业项目贷款授信、风控、营销等制度规定和成熟的业务团队等条件。

（二）发行主体介绍

从2007年到2012年，全球绿色债券市场的供应方以多边开发银行和其他一些公共机构为主。直到2013年，私营部门公司和金融机构才逐步开始进入绿色债券市场，市场规模进一步扩大。近年来，绿色债券市场呈指数级增长。2016年，全球绿色债券发行规模达970亿美元，中国以其超过300亿美元的年度发行量成为绿色债券市场发展的主要推手，创造了新的纪录①。各发行主体绿色债券的发行数量如图3.1所示，下面将就各绿色债券发行主体进行详细介绍。

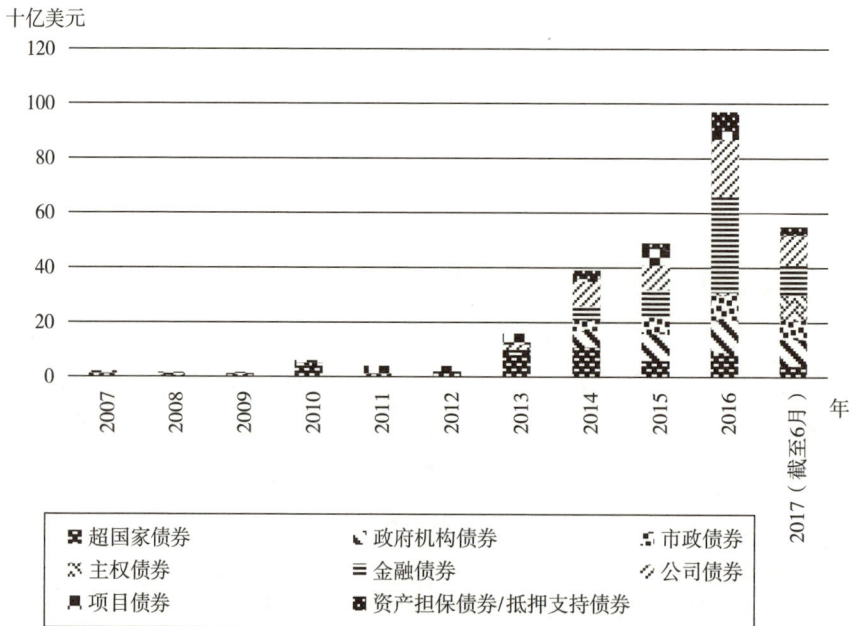

资料来源：SEB提供。

图3.1　每年各部门绿色债券的发行量

1. 超国家债券、主权和机构债券

超国家、主权和机构债券包括超国家债券（Supranational）、主权债券（Sovereign）和机构债券（Agency）。超国家债券，是指由多个主权国家共同拥有的实体（通常是银行）发行的债券。主权债券（Sovereign Bond）是由政府和政府支持的机构在国际市场以外币（例如美元、欧元等主要货币）所发行的政府债券。机构债券则是由政府所有并管理或者由政府发起

---

① 彭博新能源财经：《2016绿色债券回顾》，2017年。

但由私人机构发行的债务工具。

它们的发行人主要包括国际性机构（例如欧洲投资银行、德国复兴信贷银行、亚洲开发银行等）、多边开发银行和国家开发银行、主权政府和机构①（例如出口信贷机构、进出口银行和地方融资机构）等。在市场早期发展阶段，这些利益相关者在市场的开拓方面发挥了重要作用，包括刺激绿色债券的需求和供给、增加发行债券的流动性和规模、建立基准收益率曲线，提供最佳市场惯例（Market Practice）以及未来发行的最低标准等②。

绿色债券通过系列筹备工作，于 2007 年面世。2007 年，欧洲投资银行（EIB）推出了一款结构化产品——气候意识债券。该债券的票息不再是固定利率，而是将回报与某种股票指数挂钩，这种债券通常被称为结构化债券。

2008 年，世界银行（World Bank）和北欧斯安银行（SEB），与主流金融机构、愿意参与气候融资和提高气候风险意识的瑞典投资者们一起，推出了首只贴有绿色标签的绿色债券。这只绿色债券是第一个与气候相关的固定收益工具，它将固定收益类产品要素与缓解和适应气候变化的意识相结合，为主流投资者提供了与气候变化相关的投资机会，从而吸引了众多的主流投资者。③

同时，欧洲投资银行、世界银行集团和其他 SSA 的发行人，在支持绿色债券市场的发展、推广发行流程和信息披露等实践方面，也发挥了重要作用。截至 2017 年，欧洲投资银行凭借 11 种货币计价、总计超过 200 亿欧元的发行额，成为了全球绿色债券发行量领先地位的保持者④。世界银

---

① https：//papers. ssrn. com/sol3/papers. cfm？abstract _ id = 2890316；https：//www. climate-bonds. net/resources/publications/bonds – climate – change – 2016.

② OECD. （2016）. Green Bonds：Country Experiences，Barriers and Options，input report prepared for G20 GFSG；OECD. （2016）. Mobilizing the Bond Markets for a Low – Carbon Transition，draft input report prepared for G20 GFSG as of 3 November 2016.

③ World Bank. （2016）. Why did multilateral development banks（MDBs）issue the first green bonds？http：//treasury. worldbank. org/cmd/htm/Chapter – 2 – MDBs – and – Green – Bonds. html.

④ http：//www. eib. org/investor _ relations/cab/index. htm. 截至 2016 年 6 月 30 日，CAB 的筹集资金已分配给 47 个国家的 145 个项目。关于截至 2016 年上半年 CAB 融资项目的完整清单 http：//www. eib. org/attachments/fi/projects – supported – by – cabs. pdf.

行（国际复兴开发银行）① 是第二大发行人，发行的绿色债券数量超过 125 只，以 18 种货币计价，面值超过 100 亿美元。

欧洲投资银行和世界银行通常利用发行绿色债券所筹集的资金，支持其组合多个行业的绿色投资，其中包含了诸多优质绿色债券和绿色债券融资的项目，详细的信息会在其发行人各自的网站、绿色债券报告和新闻资讯中进行信息披露和公开发布。

绿色债券的第三大发行人是德国复兴信贷银行（KFW）。自 2014 年以来，该银行共发行了 11 只绿色债券，募集的资金总额达到 115 亿欧元②。另一个重要的 SSA 发行人是专注于私营部门的世界银行集团成员——国际金融公司（IFC），它也是最早的（自 2010 年以来）和最大的（总发行量达 54 亿美元）③ 绿色债券发行人之一。其他的发行人还包括多边或国家开发银行如非洲开发银行、亚洲开发银行、美洲开发银行、金砖国家开发银行、巴西国家开发银行、韩国产业银行以及墨西哥发展银行等。

第一只绿色主权债券由波兰于 2016 年 12 月发行，面值 7.5 亿欧元，5 年期限，票面利率为 0.5%，募集的资金用于资助该国的绿色项目，如一系列可再生能源、交通、可持续农业和森林项目等。法国紧随其后，于 2017 年 1 月发行了创纪录的 70 亿欧元绿色主权可替代债券④（OAT），期限 22 年（2039 年 6 月 25 日到期），票面利率为 1.75%，这也是目前规模最大和期限最长的绿色债券。该债券在发行过程中收到了超过 230 亿欧元的认购，拥有非常广泛的投资者群体，包括：资产管理公司（33%）、银行（21%）、养老基金（20%）、保险公司（19%）、官方机构（4%）和对冲基金（3%）。在 2017 年 6 月，债券的发行量又多追加了 16 亿欧元。具体如图 3.2 所示。

对于政府而言，绿色债券是一个提供低成本资金、有助于其实施绿色政策和计划的有力工具。各国政府在按《巴黎协定》实施其承诺的国家自

---

① http：//treasury. worldbank. org/cmd/htm/GreenBondIssuancesToDate. html.

② 德国复兴信贷银行，截至 2017 年 6 月。

③ http：//www. ifc. org/wps/wcm/connect/corp _ ext _ content/ifc _ external _ corporate _ site/a-bout + ifc _ new/ifc + governance/investor + relations/grnbond – overvw.

④ 法国国库署。

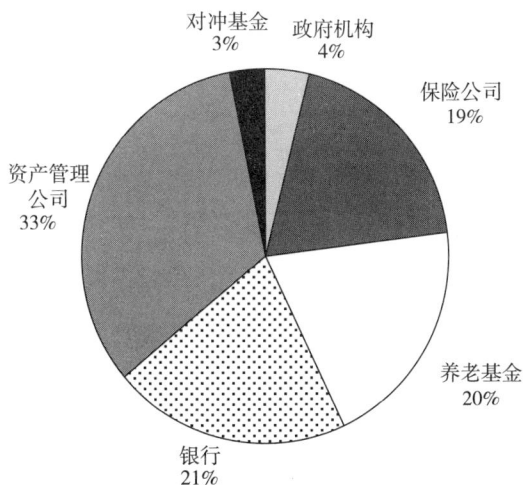

资料来源：法国国库署（Agence France Tresor）。

图 3.2　法国主权绿色 OAT 债券多样化的投资者群体

主贡献时，就可以通过发行绿色债券来筹集资金[1]。因此，世界上的诸多国家，包括孟加拉国、中国、德国、肯尼亚、摩洛哥、尼日利亚和瑞典[2]等，都表示了其在发行绿色债券方面的意向。

2. 市政绿色债券

在次主权层面上，市政绿色债券[3]已经被州、县、市级政府以及其他公共机构普遍使用，以满足地区可持续发展的基础设施项目建设，以及减缓和适应气候变化项目的巨大公共投资需求。在发达市场中，第一只市政绿色债券于 2012 年由法兰西岛市政当局发行，第二只绿色债券也于2013 年在瑞典哥德堡市发行。同时，新兴市场中的第一只市政绿色债券由南非约翰内斯堡于 2014 年发行；而另一只则由拉丁美洲的墨西哥城政

---

① UNFCCC.（2016）. Intended Nationally Determined Contributions，http：//unfccc. int/focus/indc _ portal/items/8766. php.

② Environmental Finance.（2016）. Green Bond Comment：November，https：//www. environmental – finance. com/content/analysis/gbc – nov. html? utm _ source = 121216na&utm _ medium = email&utm _ campaign = alert.

③ US Green City Bonds Coalition.（2015）. Green Muni Bonds Playbook.

府机构发行,该绿色债券募集资金 20 亿美元,用于一个零排放新机场的建设项目。

地方融资机构同样发行绿色债券,例如瑞典的 Kommuninvest,挪威的 Kommunalbanken,芬兰的 MuniFin,印度和韩国的进出口银行,以及瑞典和加拿大的出口信贷机构等。以纽约州交通管理局(MTA)为例,其在 2016 年募集了 5 亿美元以重建区域基础设施,包括城市交通、长岛铁路和北方铁路等项目。

在美国,市政绿色债券市场规模发展迅速,2016 年,其规模已占据整个美国国内绿色债券市场的半壁江山①。其中,纽约州、加利福尼亚州和马萨诸塞州等州政府在免税政策的刺激下,已成为美国市政绿色债券的最大发行人。在公共交通领域中,西雅图、伦敦、加拿大安大略和澳大利亚维多利亚等地也都发行了绿色债券。

3. 非金融公司

近些年来,非金融公司在绿色债券市场的重要性也逐步显现。2014 ~ 2015 年,非金融公司绿色债券的发行总额约为 130 亿美元,这一数字在 2016 年增长了近一倍,达到 250 亿美元。市场的高速增长在一定程度上得益于许多知名非金融公司的引领作用,在筹集到资金的同时,自身的绿色运营(包括其设施、产品和供应链)也得到了促进,为其他的公司树立了榜样②。例如,瑞典房地产公司 Vasakronan 于 2013 年成为世界上第一家发行绿色债券的非金融公司;随后,日本丰田于 2014 年发行了绿色资产担保债券,将募集资金用于电动汽车和混合动力汽车的开发,这是第一个专门用于运输领域的绿色债券。2016 年,特斯拉(Tesla)、苹果(Apple)也在各自行业内发行了绿色债券。此外,还有其他许多来自非金融部门的绿色债券发行人,包括:公用事业公司(法国电力公司(EDF))、工程公司(瑞典斯堪斯卡(Skanska))、房地产公司(瑞典 Vasakronan)、食品公司(巴西食品公司 BRF)、化妆品和个人护理公司(联合利华

---

① 关于在州、县和市发行的美国市政绿色债券清单,请参考经济合作与发展组织(OECD)的报告。

② Sustainalytics.(2016). Apple Inc. Green Bond, Second Opinion, http://www.sustainalytics.com/sites/default/files/apple_green_bond_framework_and_opinion_-_16 - 02 - 2016.pdf.

（Unilever））等。

4. 金融机构

金融机构的绿色债券发行量正稳步增长，前景广阔。金融机构提供的贷款在大多数国家里是最重要的资金来源，而债券在金融机构的融资方面又发挥着重要作用①。随着各国对可持续发展的重视，绿色金融融资需求巨大，绿色债券的发行对于金融机构来说意义深远。例如，2016 年绿色金融债券在中国绿色债券发行总量中占 76%②，背后的强力支持主要来自各家银行。根据经济合作与发展组织（OECD）的估计，在各国达成共识——21 世纪末将全球气温升高控制在 2℃ 以内的大背景下，金融部门的绿色债券发行有望继续保持强劲增长，预计绿色债券总额将于 2025 年达到 1 万亿美元，于 2035 年达到 1.7 万亿美元③。

（三）国内发行情况

国内来看，2016 年参与绿色债券发行的企业共计 29 家，涉及金融、采矿、电力能源、水务、制造、交通基础、商业服务及物品和综合等 8 类行业④。其中银行业最多，共有 11 家银行参与绿色债券的发行。发行主体所发行的债券只数和发行额具体情况如表 3.1 所示。

表 3.1　发行主体行业分类

行业	主体个数	债券只数（只）	发行额（亿元）
材料 II	2	2	8
多元金融	1	1	5
公用事业 II	7	12	256.4

---

① 在美国和欧盟，2014 年金融机构发行的未偿付债券分别占 42% 和 48%。两个市场商业银行的债券贷款比率在 1:3 左右。McKinsey.（2013）. Between deluge and drought：The future of US bank liquidity and funding, McKinsey Working Papers on Risk, No 48. www. mckinsey. com/ ~ /media/ mckinsey/dotcom/client _ service/Risk/Working% 20papers/48 _ Future% 20of% 20US% 20funding. ashx；European Central Bank.（2015）. Consolidated banking data, Database, ECB Statistical Data Warehouse.

② OECD（2016）. Mobilizing the Bond Markets for a Low – Carbon Transition, draft input report prepared for G20 GFSG as of 3 November 2016.

③ OECD（2016）, Quantitative Framework：Analyzing Potential Bond Contributions in a Low – CarbonTransition, http：//unepinquiry. org/wp – content/uploads/2016/10/8 _ Analysing _ Potential _ Bond _ Contributions _ in _ a _ Low – carbon _ Transition. pdf.

④ 采用 Wind 行业二级分类。

续表

行业	主体个数	债券只数（只）	发行额（亿元）
汽车与汽车零部件	1	1	25
商业和专业服务	2	2	13.9
银行	11	22	1580
运输	1	1	20
资本货物	4	8	77
总计	29	49	1985.3

资料来源：Wind 数据库。

三、挑战与风险

虽然绿色债券市场发展迅速、前景广阔，但是考虑到绿色债券市场起步较晚，其市场机制还不完善，快速发展的过程中会面临许多风险与挑战[1]。

在 G20 绿色金融研究小组的调查中[2]，43% 的受访者认为绿色债券发行人面临的挑战之一在于，大多数司法管辖区缺乏对合格绿色项目或资产的明确定义，绿色项目认证的标准尚不统一。国内来看，多数绿色债券参考的是《绿色债券支持项目目录》，而绿色企业债参考的是发改委《绿色债券发行指引》所规定的十二类绿色项目；国际来看，我国的绿色债券标准与国际通行标准之间也存在一定差距，不利于国际投资者的参与。定义的不明确，标准的不统一也会影响到不同市场主体的利益。对于发行者来说，其不确定能否为其发行的债券贴上绿色标签，特别是当公司的绿色标签遭到公开质问与挑战时，会对公司造成潜在的声誉风险。因此，风险厌恶的发行人就不会寻求对债券进行贴标。对于投资者来说，投资者需要可

---

① OECD/Bloomberg Philanthropies. （2015）. Policy Perspectives, Green bonds：Mobilising the debt capital markets for a low – carbon transition. http：//www. oecd. org/environment/cc/Green% 20bonds% 20PP% 20 ［f3］% 20 ［lr］. pdf.

② G20 绿色金融研究小组关于对"绿色债券市场扩张的障碍"的调查，收到了来自绿色债券市场的 24 个主要投资者、发行人和中介机构的回应。OECD （2016）. Green Bonds：Country Experiences, Barriers and Options, input report prepared for G20 GFSG.

靠的判定标准，以判断其投资的债券是否具备绿色属性，具备绿色债券应有的投资价值。

74%的受访者反映，由于缺乏对绿色债券利益的认识，造成绿色债券竞争力不足，也是潜在发行人首次进入绿色债券市场面临的主要障碍之一。我国投资者的绿色投资理念尚待培育，绿色项目的正外部性未被完全内生化，尚未形成具有足够实力的绿色投资者群体。所以，投资者在选择债券投资标的时，仍然主要关注其评级和收益率等要素。在绿色项目收益率较低的情况下，其竞争力将低于其他债券，不利于绿色债券的发行。

另外，41%的受访者表示，绿色债券市场知识的掌握、发行的内部专业知识的积累和建立相关信息披露程序需要花费的成本（例如关于绿色债券的贴标、资金管理、外部审查、报告和监测相关的成本）也是发行绿色债券的一个障碍。与普通债券发行人相比，绿色债券发行人需要承担更多的信息披露义务。良好的信息披露机制是确保债券绿色属性，维护绿色债券投资者权益的有力保证。目前，绿色公司债、债务融资工具、金融债等需要定期对其所募集资金的使用情况进行披露。未来在监管层的鼓励下，绿色债券的信息披露还有望加入环境效益、第三方机构动态跟踪的内容，这都在一定程度上会提高发行人的成本。

针对上述问题，各国政府与相关组织应当完善制度规范，同时制定相关的激励政策，例如税收激励、使用风险降低工具（例如担保、增信）、定义标准化以及强制性信息披露等，为发行人和国内、国际投资者创造有利的政策环境，减少绿色证券市场的发展障碍，鼓励更多发行人将绿色债券作为融资工具，促进绿色债券市场的持续健康发展。

第二节　绿色债券的投资主体

一、绿色投资的兴起

在过去十年中，公开承诺支持联合国《责任投资原则》（PRI）的投资者已增至1700多个单位，涵盖50多个国家。这一集体管理下的资产规模

（AUM）达73.5万亿美元，占全球金融市场的24%①，如图3.3所示。为了遵守承诺，这类投资者将会寻求有吸引力的投资项目，以满足其风险/回报需求。而绿色债券作为一种具备巨大潜力的金融工具，有助于投资者获得适合其现有受托管理资金的各种投资机会，自然就成为投资者青睐的对象。

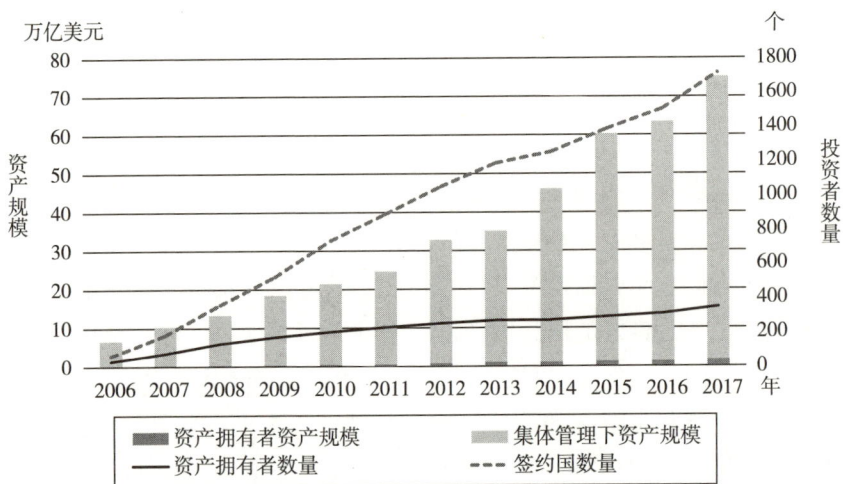

资料来源：《责任投资原则》。

图3.3　《责任投资原则》签署单位数量及其资产管理规模

2006年《责任投资原则》的推出，指导投资者将环境、社会和企业治理因素纳入其投资决策和所有权实践的过程中。通过签署该原则，投资者承诺坚持六项与投资者责任相一致的原则。这六项原则包括：将环境、社会和企业治理问题纳入到投资分析和投资决策过程中；做积极的资产所有者，将环境、社会和企业治理问题纳入到所有权的政策和实践中去；对于投资的对象寻求适度的关于环境、社会和企业治理问题的披露；在投资业内推动这些原则的认可度和实施力度；共同携手，提高这些原则的执行力度；分享贯彻和执行这些原则的活动和进程的报告。

但这种观点被认为与长期以来的以客户利益最大化为出发点的观点相左。考虑到资产管理公司与其客户之间的信息不对称，受托责任要求前者

---

① 联合国：《责任投资原则》，2017年；国际货币基金组织，2013年。

应忠诚而谨慎地服务于客户①，这种观点被认为与考虑环境、社会和企业治理因素的做法相冲突。许多资产管理公司认为，在投资时考虑这些因素会对投资回报产生潜在的负面影响，从而损害客户利益。

其实不然，这两者并非是完全对立的。环境、社会和企业治理因素恰恰对保持发行人和投资者长期利益和业绩起着重要的作用，这一作用也逐渐被社会所理解和认识。联合国环境规划署在金融行动机构的《新领域》（Freshfield）② 报告中表示，将环境、社会和企业治理因素纳入投资决策是"明显允许的和必需的"。同时，经济合作与发展组织最近开展的一项研究也强烈地支持这一观点，呼吁通过监管的澄清来消除对投资者受托责任的疑虑③。法国政府今年（2017）已经采取了行动，通过引入新法规，要求资产所有者和资产管理者报告其投资组合的环境、社会和企业治理因素、气候风险以及对低碳经济转型的贡献，或解释他们没有这样做的原因。

这种视角的转变，表明人们对于环境、社会和企业治理因素可能对发行人和投资者长期利益和业绩产生的重大影响有了越来越多的理解和认识。近来，100 个资产管理规模超过 16 万亿美元的投资者和 6 个信用评级机构签署了由《责任投资原则》支持的《将环境、社会、治理因素纳入信用评级的声明》，计划通过信用评估"加强对环境、社会和企业治理因素以及项目透明度的系统性考虑"④。特别地，对于具有长期投资视野的机构投资者来说，对环境、社会和企业治理因素的考虑更是其客户和利益相关者受托责任的一个重要组成部分。主要体现在以下方面：

1. 监管和政策。在全球对改善气候作出承诺，为应对气候变化作出努力的情况下，碳密集型资产的投资将面临着更高的风险，资产搁浅的可能

---

① UN Global Compact, UNEP, UNPRI. （2015）. Fiduciary Duty in the 21st Century, http：//unepinquiry. org/wp – content/uploads/2015/09/Fiduciary – duty –21st – century. pdf.

② United Nations Environment Programme Finance Initiative. （2005）. A Legal Framework for the Integration of Environmental, Social and Governance Issues into Institutional Investment, http：//www. unepfi. org/fileadmin/documents/freshfields _ legal _ resp _20051123. pdf.

③ OECD. （2016）. OECD Analytical report on investment governance and the integration of ESG factors, http：//unepinquiry. org/wp – content/uploads/2016/09/7 _ Analytical _ Report _ on _Investment _Governance _ and _ the _ Integration _ of _ ESG _ Factors. pdf.

④ UNPRI. （2016）. Statement on ESG in Credit Ratings, https：//www. unpri. org/download _ report/20983.

性大增。

2. 政策激励。政府倾向于改变税收政策和补贴，利好政策更加倾向于可再生能源而非原始的化石燃料，从而改变了不同能源资产的相对价格。

3. 低碳能源技术竞争力的提高。不断成熟的清洁技术、储存能力和输送能力提高了能源利用的效率，同时技术的创新也提高了可再生能源相对于化石燃料在成本方面的竞争力，改变了不同能源的相对回报状况[1]。

4. 认识的加深。在商业实践中，随着对短视（或者说短期主义）现象负面影响认识的加深，公司逐步意识到这种短期主义对公司的中长期绩效和投资回报的损害，进而改变投资策略。

5. 数据和风险评估方法的可用性和可得性不断提升。信息的缺乏、不透明，以及环境风险和外部性披露的不透明，会导致环境服务和资产的价格相对扭曲。近年来，为了更好地衡量、评估和报告环境风险，相关机构已经发起了一些倡议[2]。

6. 消费者和客户期望的改变。随着客户对于其资金的投资地点和使用方式等方面关注程度的增加，对气候和环境变化、劳动条件和进一步的业务实践等方面都提出了更高的透明度要求。

因此，投资者利益最大化的实现与对于环境、社会、企业治理因素的考虑形成了有机的统一。为了更好地管理风险和提高长期的财务回报，投资者会倾向于选择对环境和气候风险具有高抗压性的项目和资产，以便于更好地满足环保意识不断增长的客户的需求。

二、投资绿色债券的原因

绿色债券的概念正是应投资者的需求而生的，作为一种简单而有效的固定收益工具，它为投资者提供了识别和获得符合受托责任的绿色投资机会。绿色标签代表了一种绿色信号，能够为投资者提供以下保证：

1. 绿色债券符合投资者资产配置需求

与绿色债券的募集资金规模较大、期限相对较长的投资特点相对应，

---

[1] Climate Policy Initiative.（2015）. Global Landscape of Climate Finance 2015.

[2] UNEP.（2016）. Environmental risk analysis by financial institutions – a review of global practice 或金融稳定理事会的气候相关财务披露工作专案组。

保险公司、养老基金、公益基金等大型机构投资者多具有长期、可持续的投资需求。因此，绿色债券更易受到这类投资者的青睐。同时，从成本方面来看，对债券募集款项使用情况的披露及外部审查的要求，可以确保投资者能够识别和确认绿色资产和项目，从而降低其搜索成本。此外，投资者在债券二级市场可以随时进入和退出，为其流动性管理提供了高度灵活性，有助于机构投资者及时、按需地调整投资组合。

2. 绿色债券有利于改善投资者风险状况

相比于普通债券，绿色债券具有更加严格的信息披露要求，它要求发行人定期报告筹集资金的去向和所投资项目的环境效益，方便投资者监督投资资金的分配情况，保证了募投资金使用的透明性，为投资者提供了在承担较低风险的情况下获得一定收益的途径。

与此同时，绿色债券有利于投资者对冲气候变化带来的投资风险。气候变化问题本身会为投资者带来一定的风险，但对于投资者而言，更关键的风险在于各国政府为应对气候变化所采取的某些政策措施，可能会对投资者所持资产（例如与化石燃料相关的资产）产生负面影响。而绿色债券可以帮助投资者对冲其产生的风险。

3. 绿色债券风险与收益的配比对投资者更具吸引力

低风险虽然不是绿色债券本身的固有特征，但由于绿色债券在发行，审查和监督等方面都比普通债券有着更为严格的规定，透明度更高，规范性更强，82%的绿色债券的投资评级达到了投资标准（即级别为 BBB－级或更高）。由于绿色债券的风险普遍低于普通债券，且其巨大的需求所导致的规模经济可冲抵大部分的发行成本，所以发行绿色债券的短期成本（主要包括外部审查或验证费用，以及监测和报告费用等）增加有限，进而与普通债券的价格相差无几。低成本高收益，使绿色债券在风险和收益的配比上更具优势，对投资者有更大的吸引力。

4. 绿色债券符合责任投资者投资理念

传统的投资者往往关注收益的最大化与风险的最小化，责任投资者则在此基础上，同时关注投资行为的社会责任，包括促进社会可持续发展、环境保护等"绿色"相关责任。

一方面，绿色债券具有鲜明的绿色概念，更具社会和环境效益，当普通债券和绿色债券具有相近的风险和回报时，责任投资者将更倾向于投资后者；另一方面，绿色债券具有更加严格的信息披露要求，绿色标签作为沟通工具，代表债券发行人遵守负责任投资的承诺，履行对客户和公众告知的义务，保证了责任投资者以较低的风险投资于"绿色"项目，既获得了一定的收益，又履行了社会责任。

5. 投资者可享受绿色债券现有或者预期的优惠政策

由于绿色债券所募集资金的用途通常为可再生能源、可持续交通和能源效率改进等绿色项目，多数项目受到来自国家或地方政府的相关补贴，同时未来也可能享受相关的优惠政策，如更低的投资门槛、更优惠的税收等，以降低融资和项目开发成本，激励融资者和投资者将更多资金用于促进环境保护、低碳发展和可持续发展的项目。例如，中国人民银行表示，预计自 2016 年至 2021 年，中国每年至少需要投资 2 万亿 ~4 万亿元人民币以实现环境目标。而财政资金至多仅能满足这一需求的 15%，更多的则要依靠社会资本。因此，对于绿色债券相关的优惠政策自然必不可少。

6. 绿色债券促进了投资者投资组合的多样化

绿色债券可以以多种货币计价，为世界各国的投资者提供了投资机会，促进了投资组合的多元化。截至目前，绿色债券的计价货币多达 25种，虽然 58% 以上的绿色债券以美元或欧元计价发行，但以人民币计价的绿色债券所占比重也在日益增加，如图 3.4 所示。

绿色债券凭借着其独有的优势和潜力，不仅容易被专注于可持续发展或绿色产业的绿色投资者接受，也易于被主流资产管理者接纳，正吸引着越来越多的投资者。一方面，投资者的类型和范围不断地扩大，经常出现超额的认购①；另一方面，在过去短短几年中，也形成了一系列绿色行业的倡议，主要包括：

（1）在《巴黎气候协议》的背景下，拥有 10 万亿美元资产管理规模的投资者们于 2015 年 12 月签署了《巴黎绿色债券声明》，宣布："我们有责任（作为投资者和受托人）应对未来威胁投资效益的气候变化，我们将

---

① https：//assets. kpmg. com/content/dam/kpmg/pdf/2016/04/green－bonds－process. pdf.

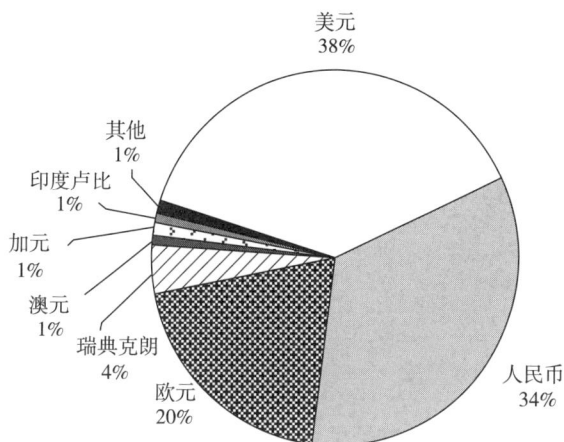

美元
38%

其他
1%

印度卢比
1%

加元
1%

澳元
1%

瑞典克朗
4%

欧元
20%

人民币
34%

资料来源：彭博与北欧斯安银行（由于数据可用性不足，不包括资产支持债券和项目债券）。

图3.4 绿色债券市场的货币分解图（2017年1月）

会通过可持续、负责任的投资，确保客户资金的安全①。"同时，他们也表示"相信绿色债券将会成为实现这两个目标的战略的一部分"。这些投资者们主要包括：安联集团（Allianz）、英杰华集团（Aviva）、安盛保险集团（AXA Group）、贝莱德集团（Blackstone）、加州教师退休基金（Cal-STRS）、法通投资管理公司（Legal & General Investment Management）以及苏黎世保险集团（Zurich Insurance Group）等。

（2）《绿色债券市场投资者期望声明》表示："绿色债券巨大的发展潜力以及投资者对于绿色债券的认知和渴望，是经济向低碳、可持续方向转型的动力所在"。同时，对于《绿色债券原则》（GBP）的遵守也是经济可持续发展方向上的重要一步。它促进了一致性标准和程序的建立，对绿色债券市场的发展意义深远。该声明的签署方主要包括：安联集团、安盛集团、贝莱德集团、加州教师退休基金、太平洋投资管理公司（PIMCO）、美国投资者和环境组织联合会（Ceres）以及苏黎世保险集团等26个大型

---

① Climate Bonds Initiative. （2015）. Paris Green Bond Statement. http：//www. climate-bonds. net/files/files/COP21 – Paris% 20Green% 20Bonds% 20Statement – PGPS – 9th% 20Dec% 202015. pdf.

全球投资者①。

（3）"绿色基础设施投资联盟计划"旨在通过绿色债券②，将投资者、政府和开发银行召集起来，引导机构投资者的资本更多地流向绿色基础设施方面。联盟成员主要包括：气候变化机构投资者（IIGCC）、法通投资管理公司以及欧洲投资银行等。

三、投资主体

绿色债券的投资者范围广泛，但机构投资者，特别是养老基金、保险公司、银行和投资基金，一直是促进绿色债券市场增长的主要动力。养老基金和保险公司通常更关注绿色债券的可预测性、回报稳定性，及其与负债相匹配的长期低风险的投资机会；诸多大型机构投资者青睐绿色债券的原因，主要是考虑到它期限相对较长、风险较低而相对收益较高，且可以多种货币计价等特征③。对投资者来说，既能展示其可持续发展意识，又能履行对客户和公众的承诺，同时却无须承担大量的额外成本，投资绿色债券确实是一个不错的选择。

各类投资者都对绿色债券市场表现出了浓厚的兴趣。

（一）银行、保险公司和资产管理公司

诸多银行、保险公司和资产管理公司，包括巴克莱银行（Barclays）、法国农业信贷银行（Credit Agricole）、德意志银行（Deutsche Bank）、汇丰银行（HSBC）、德国复兴信贷银行、Actiam 资产管理公司、英杰华、安盛

---

① Ceres, 2015, Statement of Investor Expectations for the Green Bond Market, https：// www. ceres. org/files/investor – files/statement – of – investor – expectations – for – green – bonds.

② 气候债券倡议组织、联合国责任投资原则、国际合作和互助保险联合会以及联合国环境规划署 2015 年对可持续金融系统设计的调查 http：//www. climatebonds. net/files/files/Launch _ CO P21 _ Green%20Infrastructure%20Investment%20Coalition – Dec%202015. pdf.

③ Climate Bonds Initiative. （2016）. Bonds and Climate Change：State of the Market in 2016. https：//www. climatebonds. net/files/files/CBI%20State%20of%20the%20Market%202016% 20A4. pdf and OECD. （2016）. Mobilizing the Bond Markets for a Low – Carbon Transition, draft input report prepared for G20 GFSG as of 3 November 2016.

和苏黎世保险集团等①，均已宣布会将 10 亿美元甚至更多资金投向绿色债券市场。

同时，大型主流资产管理公司也对绿色债券存在巨大的需求。在全球 20 大资产管理公司（根据资产管理规模排序）之中，有 6 家是上述《巴黎绿色债券声明》和《绿色债券市场投资者期望声明》的签署方，包括全球最大的资产管理公司贝莱德集团（资产管理规模 4.4 万亿美元）、道富环球投资顾问公司（State Street Global Advisors）（2.1 万亿美元）、太平洋投资管理公司（1.3 万亿美元）、法通投资管理公司（1.0 万亿美元）、东方汇理资产管理公司（Amundi）（9850 亿美元）和安盛投资管理公司（6690 亿美元）等②。除此之外，也包括前 50 大资产管理公司中的法国巴黎银行投资合伙人（Paribas Investment Partners）、安联全球投资公司（Alliance-Bernstein）、荷兰 APG 资产管理公司（欧洲最大的养老金资产管理公司之一）、联博资产管理公司（AllianceBernstein）、英杰华和法储银资产管理公司（Natixis Asset Management）。

（二）基金

1. 养老基金

许多大型养老基金也参与到了绿色债券市场中，例如，加州教师退休基金、北卡罗莱纳州退休金体系（California Teachers' State Retirement Systems）、瑞典 AP‑Fonden 养老金③以及南非政府雇员养老基金（South Africa's Government Employees Pension Fund）等。

2. 主权财富基金

凭借其较长的期限和高信贷质量，主权财富基金（SWF）也成为了绿色债券的需求者，例如挪威政府的全球养老基金（Norwegian Government Pension Fund Global）（资产管理规模高达 8850 亿美元，为最大的主权财富基金）。该基金于 2014 年初进入绿色债券市场，并在 2015 年拨付高达 63

---

① OECD. (2017). Mobilizing the Bond Markets for a Low‑Carbon Transition, draft input report prepared for G20 GFSG as of May 2016.

② IPE. (2016). Top 400 total global AUM table 2016.

③ 瑞典第二养老基金（AP2）承诺将其投资组合的百分之一资金用于绿色债券投资，http：//www. ap2. se/en/sustainability‑and‑corporate‑governance/integration/green‑bonds/.

亿美元的资金进行与环境相关的投资①。

3. 专业绿色债券基金

专业绿色债券基金也为个人投资者提供了越来越多的绿色债券投资机会。规模在 1 亿美元以上的绿色债券基金包括：贝莱德集团、挪威金融服务公司 Storebrand、英国基础设施私募基金 Foresight、巴西国家发展银行（BNDES）、法国社会保险公司 Humanis、北欧斯安银行（SEB）、安盛投资管理公司和法国外贸银行旗下机构 Mirova 等。目前最大的绿色债券基金是由国际金融公司（IFC）于 2017 年发起的"绿色基石债券基金"，其资产规模为 20 亿美元，由国际金融公司与法国东方汇理资产管理公司共同设立，募集资金将投资于新兴市场和发展中国家，支持该国绿色债券市场的发展。其他的绿色债券基金还包括由法国外贸银行旗下机构 Mirova、美国卡尔福特基金会（Calvert）、奥地利第一储蓄银行（Erste）、奥地利中央合作银行（Raiffeisen）、安联、道富、哥伦比亚天利投资（Threadneedle）、NN 投资伙伴（NN Investment Partners）、日兴资产管理公司（Nikko AM）等公司管理的绿色债券基金。截至 2017 年初，领先资产管理公司（Lyxor）与投资公司 VanEck 已发行 ETFs，以促进散户和机构投资者的绿色债券投资。

（三）政府部门和个人投资者

此外，绿色债券的需求方还包括政府部门，例如秘鲁中央银行、孟加拉国中央银行②、加利福尼亚州财政部等，以及企业投资者，例如苹果公司。

而美国部分市政绿色城市债券允许个人投资者直接购买，例如马萨诸塞州和纽约州的交通管理局发行的绿色债券，都为个人参与到绿色债券市场中提供了有效的途径。

（四）责任投资者——潜在的绿色债券投资者

社会责任投资（SRI）是一种特别的投资理念，即在选择投资的企业

---

① Government Pension Fund Global（2015）.

② 孟加拉国的中央银行将其部分外汇储备投资于绿色债券。孟加拉国银行（2015）新闻稿 https：//www. bb. org. bd/mediaroom/press _ release/pressrelease. php.

时不仅关注其财务、业绩方面的表现，同时关注企业社会责任的履行，在传统的操作模式上增加了企业环境保护、社会道德以及公共利益等方面的考量，是一种更全面的考察企业的投资方式。显而易见，绿色债券的特征与社会责任投资者有着天然的契合。

国际上，社会责任投资经历着快速的发展。以美国为例，截至 2016 年，采取社会责任投资策略管理的资产已达 8.72 万亿美元，较 2014 年增长 33%①；再如，致力于社会责任投资的荷兰基金管理公司 ACTIAM 承诺截至 2015 年末，公司将投资 10 亿欧元的绿色债券②；法国外贸银行旗下的资产管理公司 Mirova 于 2015 年 6 月宣布设立投资绿色债券的基金③。此外，一些具备社会责任投资理念的机构也纷纷投资于绿色债券，如美国教师退休基金会（TIAA – CREF）等。

在国内，我国的社会责任投资尚处于有序发展的初级阶段，责任投资者已经初步具备了绿色投资的理念，主要的社会责任投资者为公募基金公司。根据中国证券投资基金业协会发布的《中国证券投资基金业公募基金管理公司社会责任报告（2015 年度）》，截至 2015 年底，行业共有低碳环保、可持续发展、养老等符合社会责任投资等方向和理念的基金 42 只，其中，绿色低碳环保方向的基金共 18 只。此外，35.05% 的受访基金管理公司表示，会将存在环保问题的公司剔除出股票池或者从选股名单中删除。

四、挑战与风险

绿色债券投资者会遇到几类常见的挑战和风险④。债券的绿色程度如

---

① USSIF.（2017）. 2016 Trends Report Executive Summary：2016 Report on Sustainable and Responsible Investing Trends. The Forum for Sustainable and Responsible Investment. http：//www. ussif. org/files/SIF _ Trends _ 16 _ Executive _ Summary（1）. pdf.

② CBI 的相关报道。https：//www. climatebonds. net/2015/03/eur – 45bn – fund – Manager – actiam – becomes – climate – bonds – partner – confirms – commitment – eur – 1bn.

③ Mirova 公司的官方报道。http：//www. mirova. com/en – INT/news/News/Mirova – launches – Mirova – Green – Bond – Global – the – largest – diversified – Green – Bond – fund – in – a – major – currency.

④ OECD.（2016）. Green Bonds：Country Experiences, Barriers and Options, input report prepared for G20 GFSG；or Climate Bonds Initiative.（2016）. Scaling up Green Bond Market Issuance.

何，是投资者在投资绿色债券时首要关注的问题，目前绿色债券的信息披露①制度仍不完善，其中最常见的是"漂绿"风险。这是在广泛实行自我监管的绿色债券市场中，缺乏对于绿色债券的一致性定义、约束性监管法规和完整的环境保护法律制度等因素造成的。

在 G20 绿色金融研究小组"绿色债券市场扩张的障碍"的调查中，受访者反映了绿色债券存在的几大问题。

1. 国家/地区缺乏判定绿色债券的一般标准

43% 的受访者认为，"国家/地区缺乏绿色债券定义"是一项问题②。《绿色债券原则》是国际上最受市场参与者认可的参考原则，它旨在建立一个共同和健全的绿色债券发行流程框架，以提升透明度和增强信息披露。该框架由四个核心部分组成，包括：募集资金的使用、项目评估和选择过程、资金后续管理、项目的信息披露。

尽管对流程标准给出了明确的指导，《绿色债券原则》却并未对何为合格项目做出明确的定义，而是给出"合格的项目类别应提供明确的环境效益"这样相当广泛的定向性定义③，把"项目是否符合绿色的定义"这一问题留给了发行人、核查人、指数公司和投资者。虽然这使得项目和资产合格性的标准可以更加动态地演变，允许国家地区之间的多样性，但投资者需要参照严谨的绿色债券判定标准，以确保所投债券确实可以对改善气候或环境等产生显著的正面作用。因此，不够明确的绿色项目定义会导致一些利益相关者对项目和资产的绿色投资缺乏信心。

2. 绿色债券缺乏独立的认证

考虑到跨国立法的监管差异，通过国家监管来界定绿色程度不一定会提高国际投资者所要求的绿色债券定义的清晰度。因此，通过制定政策和

---

① 例如，募集资金在不同类别绿色项目上的分配、确定资金投入对象时的决策框架、预期产生的环境效益及测算这一效益所使用的标准、资金投资于新项目和已有项目的比例等。

② 请参考 G20 绿色金融研究小组"绿色债券市场扩张的障碍"的调查结果，该项调查收到了来自绿色债券市场的 24 个主要投资者、发行人和中介机构的回应。以及 OECD. (2016). Green Bonds：Country Experiences, Barriers and Options, input report prepared for G20 GFSG.

③ 绿色项目类别应"提供明确的环境效益"，包括但不限于：（1）可再生能源；（2）能源效率；（3）污染防治；（4）生物自然资源的可持续管理；（5）陆地和水生生物多样性保护；（6）清洁运输；（7）可持续水资源管理；（8）气候变化适应；（9）生态效益产品，生产技术和流程等。国际资本市场协会：《绿色债券原则》，2016。

非政府的倡议提高透明度，为实践提供标准统一的惯例，仍然是投资者在这个动态发展的市场中最关注的问题。超过一半（56％）受访的投资者、发行人和中介机构认为，虽然透明度可以通过绿色债券指数和上市清单得到提高，帮助投资者根据其要求识别绿色债券，但目前绿色债券指数和上市清单以及评级机构评级的可用性仍然不足，这也是绿色证券市场发展的障碍之一。缺乏信用评级或信用评级低，常常阻碍了投资者对债券绿色程度的认证①以及对绿色投资机会的寻求，这一问题在新兴市场表现得尤为突出。

3. 债券市场的进入壁垒

67％的受访者表示，地方政府绿色债券市场的进入壁垒（例如信息披露要求的差异，风险缓解工具的缺乏，对非国内投资者的资本管制或其他监管限制等）对希望使其投资组合多样化的国际投资者而言是一个障碍。因此，监管改革（例如中国逐步向国际投资者开放其国内债券市场）以及政策支持（例如国际金融公司和德国复兴信贷银行等开发银行提供的锚定投资和信用增强计划），是为国际投资者打破这种跨国界债券市场壁垒的重要措施。

4. 环境意识和绿色债券效益认识的缺乏

75％的受访者指出"缺乏环境风险意识和绿色债券效益的认识"是绿色债券市场扩张的主要障碍。因此，提高对绿色债券的认识与绿色意识，为投资者将环境因素纳入投资决策提供技术援助，是促进这个仍处于起步阶段的市场发展的关键。

此外，就环境因素与受托责任的兼容性问题提供更清晰的政策表述，使机构投资者的投资项目符合绿色投资策略，扩大绿色债券相关法律的实施范围等，也是亟待解决的问题。

参考文献

[1] FEBRABAN/CEBDS. （2016）. Guide to Issuing Green Bonds in Brazil. http：//

---

① 例如，由可靠的审计机构对债券的使用情况进行审查，由环境、社会及管治（ESG）方面的专家出具债券环境效益的评价意见等。

cebds. org/wp – content/uploads/2016/10/Guia ＿ emissa% CC% 83o ＿ ti% CC% 81tulos ＿ verdes ＿ ING – 2. pdf.

［2］OECD/Bloomberg Philanthropies. （2015）. Policy Perspectives, Green bonds：Mobilising the debt capital markets for a low – carbon transition. http：//www. oecd. org/environment/cc/Green% 20bonds% 20PP% 20 ［f3］% 20 ［lr］. pdf.

［3］World Bank. （2016）. Why did multilateral development banks （MDBs） issue the first green bonds? http：//treasury. worldbank. org/cmd/htm/Chapter – 2 – MDBs – and – Green – Bonds. html.

［4］Environmental Finance. （2016）. Green Bond Comment：November . https：//www. environmental – finance. com/content/analysis/gbc – nov. html? utm ＿ source = 121216na&utm ＿ medium = email&utm ＿ campaign = alert.

［5］UNFCCC. （2016）. Intended Nationally Determined Contributions. http：//unfccc. int/focus/indc ＿ portal/items/8766. php.

［6］Sustainalytics. （2016）. Apple Inc. Green Bond, Second Opinion. http：//www. sustainalytics. com/sites/default/files/apple ＿ green ＿ bond ＿ framework ＿ and ＿ opinion ＿ – ＿ 16 – 02 – 2016. pdf.

［7］McKinsey. （2013）. Between deluge and drought：The future of US bank liquidity and funding, McKinsey Working Papers on Risk, No 48. www. mckinsey. com/ ~ /media/mckinsey/dotcom/client ＿ service/Risk/Working% 20papers/48 ＿ Future% 20of% 20US% 20funding. ashx.

［8］OECD. （2016）. Quantitative Framework：Analyzing Potential Bond Contributions in a Low – Carbon Transition. http：//unepinquiry. org/wp – content/uploads/2016/10/8 ＿ Analysing ＿ Potential ＿ Bond ＿ Contributions ＿ in ＿ a ＿ Low – carbon ＿ Transition. pdf.

［9］UN Global Compact, UNEP, UNPRI. （2015）. Fiduciary Duty in the 21st Century. http：//unepinquiry. org/wp – content/uploads/2015/09/Fiduciary – duty – 21st – century. pdf.

［10］United Nations Environment Programme Finance Initiative. （2005）. A Legal Framework for the Integration of Environmental, Social and Governance Issues into Institutional Investment. http：//www. unepfi. org/fileadmin/documents/freshfields ＿ legal ＿ resp ＿ 200511 23. pdf.

［11］OECD. （2016）. OECD Analytical report on investment governance and the integration of ESG factors. http：//unepinquiry. org/wp – content/uploads/2016/09/7 ＿ Analytical ＿ Report ＿ on ＿ Investment ＿ Governance ＿ and ＿ the ＿ Integration ＿ of ＿ ESG ＿ Factors. pdf.

［12］ UNPRI. （2016）. Statement on ESG in Credit Ratings. https：// www. unpri. org/download _ report/20983.

［13］ Climate Bonds Initiative. （2015）. Paris Green Bond Statement. http：// www. climatebonds. net/files/files/COP21 – Paris% 20Green% 20Bonds% 20Statement – PGPS – 9th% 20Dec% 202015. pdf.

［14］ Ceres. （2015）. Statement of Investor Expectations for the Green Bond Market. https：//www. ceres. org/files/investor – files/statement – of – investor – expectations – for – green – bonds.

［15］ Climate Bonds Initiative, UN PRI, International Cooperative and Mutual Insurance Federation and UNEP Inquiry into the Design of a Sustainable Financial System. （2015）. Green Infrastructure Investment Coalition Statement. http：//www. climatebonds. net/files/files/ Launch _ COP21 _ Green% 20Infrastructure% 20Investment% 20Coalition – Dec% 202015. pdf.

［16］ Climate Bonds Initiative. （2016）. Bonds and Climate Change：State of the Market in 2016. https：//www. climatebonds. net/files/files/CBI% 20State% 20of% 20the% 20Market% 202016% 20A4. pdf .

［17］ Barclays/MSCI. （2014）. Barclays MSCI Green Bond Indices. https：// www. investmentbank. barclays. com/content/dam/barclayspublic/docs/investment – bank/ global – insights/green – bond – benchmark – indices – bringing – clarity – to – the – green – bond – market – 696kb. pdf.

［18］ Sustainable Stock Exchanges Initiative. （2016）. 2016 Report on Progress. http：//www. unepfi. org/fileadmin/documents/SSE _ RoP _ 2016. pdf.

［19］ Sustainable Stock Exchanges Initiative. （2016）. Fact Sheet：Bolsa Mexicana de Valores. http：//www. sseinitiative. org/fact – sheet/bmv/.

［20］ The Green Bond Principles. （2016）. External Review Form. http：// www. icmagroup. org/Regulatory – Policy – and – Market – Practice/green – bonds/gbp – re- source – centre/.

［21］ Climate Bonds Initiative. （2015）. Climate Bond Standard, Version 2. 0. http：// www. climatebonds. net/files/files/Climate% 20Bonds% 20Standard% 20v2 _ 0% 20 – % 202Dec2015% 20（1）. pdf.

［22］ ICMA. （2016）. Green Bond Principles；SEB （2016）, The Green Bond Frame- work. http：//www. emergingmarketsdialogue. org/dms/giz – emd/events/event18/presenta- tions/3 _ Mats _ Olausson _ MX _ GB. pdf? z = 1481015925043.

第四章 绿色债券的发行条件和流程

本章主要介绍中国绿色债券发行条件与国际通用的绿色债券发行流程，为绿色债券的发行提供指导。其中第一节阐述了中国绿色债券的发行条件，从发行主体、申报材料、第三方认证、募集资金、信息披露、政策支持六个方面，分别介绍了绿色金融债、绿色公司债、绿色企业债以及非金融企业绿色债务融资工具发行的条件和特殊规定；第二节从绿色债券发行流程的前、中、后三个阶段入手，详细叙述了绿色债券发行框架，讨论国内外绿色债券发行过程中的重要步骤。

第一节 绿色债券的发行条件

绿色债券本质上仍是债券，因此其发行要求同普通债券基本相同。但是，由于绿色债券具有绿色属性这一特殊性质，以及金融监管部门对于绿色债券的一些特殊规定，绿色债券的发行仍有值得特别注意的地方。

一、绿色金融债券

2015 年 12 月 22 日，中国人民银行出台《中国人民银行公告〔2015〕第 39 号》及《绿色债券支持项目目录》，在《中华人民共和国中国人民银行法》《全国银行间债券市场金融债券发行管理办法》的基础上，对绿色金融债券的发行提出特殊的要求，具体包括发行主体、申报文件、第三方认证、募集资金、信息披露等方面的规定。绿色产业项目范围主要参照《绿色债券支持项目目录》。

（一）发行主体相关规定

金融机构法人[①]发行绿色金融债券的条件与普通金融债券略有差异：①绿色金融债发行人最近一年应为盈利状态（开发性银行、政策性银行除外），这与《全国银行间债券市场金融债券发行管理办法》的规定有所不同；②具有完善的绿色产业项目贷款授信、风控、营销等制度规定和成熟的业务团队。

（二）申报材料要求

金融机构法人申请发行绿色金融债券，除满足发行申请报告、财务报告、审计报告的要求外，应当额外向中国人民银行报送以下相关材料：①发行绿色金融债券申请报告；②绿色金融债券募集说明书，其中应当包括募集资金拟投资的绿色产业项目类别、项目筛选标准、项目决策程序和环境效益目标以及绿色金融债券募集资金使用计划和管理制度等；③募集资金投向绿色产业项目的承诺函。

（三）鼓励第三方认证

根据《中国人民银行公告〔2015〕第39号》，不仅在绿色金融债券发行时，鼓励发行人提交独立的专业评估或认证机构出具的评估或认证意见，而且在绿色金融债券存续期内，也鼓励发行人按年度向市场披露第三方认证报告，对绿色金融债券支持绿色产业项目发展及其环境效益影响等实施持续跟踪评估。

尽管法规并未对第三方认证进行强制要求，仅是以鼓励的方式提出，但市场上大多数绿色债券都进行了第三方认证，向市场表明其债券绿色属性的可靠性。如果缺乏第三方认证，在信息不对称的情况下，市场将怀疑发行人所发绿色债券同普通债券的区别，导致发行人可能无法享受到绿色债券相对于普通债券的优势。此外，在绿色债券发行后，第三方认证机构会持续参与评估过程，可以让市场检验绿色金融债券发行后的成效，保障相关信息的公开透明，也有助于发行人后续发行绿色金融债券。

---

① 金融机构法人包括开发性银行、政策性银行、商业银行、企业集团财务公司及其他依法设立的金融机构。

（四）募集资金管理

在资金账户方面，绿色金融债的发行人应当开立专门账户或建立专项台账，对绿色金融债募集资金的到账、拨付及资金收回加强管理，保证资金专款专用，在债券存续期内全部用于绿色产业项目。这一规定是为了能够有效地管理绿色债券所募集资金投入到绿色项目。混用账户将导致难以对资金进行动态跟踪，将阻碍绿色债券发挥其绿色功能。

在资金用途方面，绿色金融债的发行人应当在募集说明书承诺的时限内将募集资金用于绿色产业项目。募集资金闲置期间，发行人可以将募集资金投资于非金融企业发行的绿色债券以及具有良好信用等级和市场流动性的货币市场工具。

（五）信息披露要求

绿色金融债发行人应当按季度向市场披露募集资金使用情况。发行人应当于每年4月30日前披露上一年度募集资金使用情况的年度报告和专项审计报告，以及本年度第一季度募集资金使用情况，并将上一年度绿色金融债券募集资金使用情况报告中国人民银行。

（六）政策支持

发行人发行的绿色金融债券，可以按照规定纳入中国人民银行相关货币政策操作的抵（质）押品范围。

二、绿色公司债券①

2016年，上海证券交易所和深圳证券交易所分别于3月16日和4月22日，发布《关于开展绿色公司债券试点的通知》和《深圳证券交易所关于开展绿色公司债券业务试点的通知》，2017年3月2日，中国证监会出台《中国证监会关于支持绿色债券发展的指导意见》，在《证券法》《公司债券发行与交易管理办法》《公司债券上市规则》《非公开发行公司债券暂行办法》的基础上，对绿色公司债券的发行提出特殊的要求，具体

---

① 发行绿色资产支持证券、绿色地方政府债券、绿色可续期债券等产品，参照绿色公司债券的相关要求执行。

包括发行主体、申报文件、第三方认证、募集资金、信息披露等方面的规定。绿色产业项目范围主要参照《绿色债券支持项目目录》。

（一）发行主体相关规定

绿色公司债券的发行主体除要符合现行公司债券的发行条件外，原则上不得属于高污染、高能耗或其他违背国家产业政策导向的行业。重点支持以下主体发行绿色公司债券：①长期专注于绿色产业的成熟企业；②在绿色产业领域具有领先技术或独特优势的潜力企业；③致力于中长期绿色产业发展的政府和社会资本合作项目的企业；④具有投资我国绿色产业项目计划或致力于推动我国绿色产业发展的国际金融组织或跨国公司。

（二）申报材料要求

发行人申请发行绿色公司债券，除满足现行公司债券发行要求报送的材料外，还应当满足以下要求：①绿色公司债券募集说明书应当包括募集资金拟投资的绿色产业项目类别、项目认定依据或标准、环境效益目标、绿色公司债券募集资金使用计划和管理制度等内容；②提供募集资金投向募集说明书约定的绿色产业项目的承诺函。

（三）鼓励第三方认证

绿色公司债券申报前及存续期内，鼓励发行人提交由独立专业评估或认证机构就募集资金拟投资项目属于绿色产业项目所出具的评估意见或认证报告，对绿色公司债券支持的绿色产业项目进展及其环境效益等实施持续跟踪评估。

（四）募集资金管理

在资金账户方面，发行人应当指定专项账户，用于绿色公司债券募集资金的接收、存储、划转与本息偿付，确保资金真正用于符合要求的绿色产业项目。受托管理人应当勤勉尽责，对发行人发行绿色公司债券的募集资金使用和专项账户管理情况进行持续督导。

在资金用途方面，发行人应当在募集说明书中约定将募集资金用于绿色产业项目建设、运营、收购或偿还绿色产业项目贷款等，并按照有关规定或约定对募集资金进行管理。

（五）信息披露要求

绿色公司债券存续期内，发行人在定期报告等文件中，应当披露绿色公司债券募集资金使用情况、绿色产业项目进展情况和环境效益等内容。绿色公司债券受托管理人在年度受托管理事务报告中也应披露上述内容。

（六）政策支持

明确为绿色公司债券提供政策支持，具体包括：①设立绿色公司债券申报受理及审核绿色通道，实行"专人对接、专项审核"，适用"即报即审"政策，提高绿色公司债券上市预审核或挂牌条件确认工作效率；②对绿色公司债券进行统一标识"G"标，将绿色公司债券同普通债券相区别，积极引导资金支持绿色产业。

三、绿色企业债券

2015 年 12 月 31 日，国家发展和改革委员会发布《绿色债券发行指引》，在企业债券现行审核政策及《关于全面加强企业债券风险防范的若干意见》基础上，对部分发行要求进行调整，并界定了绿色产业项目。绿色产业项目范围主要参照《绿色债券发行指引》。

（一）发行主体相关规定

《绿色债券发行指引》在现行企业发行要求的基础上，适当放宽了绿色企业债的发行条件：①绿色企业债券募集资金占项目总投资比例放宽至80%（相关规定对资本金最低限制另有要求的除外），而普通企业债券要求用于项目的债券资金占比总投资不超过70%。②发行绿色债券的企业不受发债指标限制。③在资产负债率低于75%的前提下，核定发债规模时不考察企业其他公司信用类产品的规模。

（二）申报材料要求

绿色企业债仅需提交现行企业债发行要求的材料，没有特殊要求。

（三）第三方认证

绿色企业债由国家发改委下设的资源节约和环境保护司以及应对气候

变化司在申报阶段进行认定，不采取第三方认证的形式。

（四）募集资金管理

绿色企业债未对资金专户提出明确要求。在募集资金投向方面，要求资金专门投向绿色循环低碳发展项目。另外，绿色企业债在募集资金用途方面具有政策优势：①绿色企业债券允许企业使用不超过50%的债券募集资金用于偿还银行贷款和补充营运资金，而普通企业债券要求补充营运资金不超过债券资金的40%。②主体信用评级 AA＋级且运营情况较好的发行主体，可使用募集资金置换由在建绿色项目产生的高成本债务。

（五）信息披露要求

《绿色债券发行指引》未对绿色企业债的信息披露进行特殊规定。

（六）政策支持

除放宽部分准入条件和资金用途外，绿色企业债发行还具有其他方面的政策优势，具体包括：①按照"加快和简化审核类"债券审核程序。国家发改委对"加快和简化审核类"的发债申请将进一步提高审核效率，原则上审核控制在 30 个工作日以内。②发债企业可根据项目资金回流的具体情况科学设计绿色债券发行方案，支持合理灵活设置债券期限、选择权及还本付息方式。③允许绿色债券面向机构投资者非公开发行。

四、非金融企业绿色债务融资工具

2017 年 3 月 22 日，中国银行间市场交易商协会正式发布《非金融企业绿色债务融资工具业务指引》。所谓绿色债务融资工具，是指境内外具有法人资格的非金融企业在银行间市场发行的，募集资金专项用于节能环保、污染防治、资源节约与循环利用等绿色项目的债务融资工具。绿色产业项目范围主要参照《绿色债券支持项目目录》。

（一）发行主体相关规定

《非金融企业绿色债务融资工具业务指引》未对发行主体进行特殊要求。

（二）申报材料要求

金融机构法人申请发行绿色金融债券，除满足现行非金融企业债务融资工具发行要求外，还应在注册文件中明确披露绿色项目的具体信息，该信息包括但不限于：①绿色项目的基本情况；②所指定绿色项目符合相关标准的说明；③绿色项目带来的节能减排等环境效益目标。

（三）鼓励第三方认证

鼓励第三方认证机构对企业发行的绿色债务融资工具进行评估，出具评估意见并披露相关信息。鼓励第三方认证机构在评估结论中披露债务融资工具绿色程度，并对绿色债务融资工具支持绿色项目发展及环境效益影响等实施跟踪评估，定期发布相关评估报告。

（四）募集资金管理

在资金账户方面，企业发行绿色债务融资工具应设立募集资金监管账户，由资金监管机构对募集资金的到账、存储和划付实施管理，确保募集资金用于绿色项目。

在资金用途方面，企业应将绿色债务融资工具募集资金用于绿色项目的建设、运营及补充配套流动资金，或偿还绿色贷款。绿色贷款应是为绿色项目提供的银行贷款或其他金融机构借款。在绿色债务融资工具存续期内，企业变更募集资金用途，应至少于变更前五个工作日披露变更公告，变更后的用途仍应符合指引的要求。

（五）信息披露要求

企业发行绿色债务融资工具除应按照现行规则披露信息外，应通过交易商协会认可的途径，于每年4月30日前披露上一年度募集资金使用和绿色项目进展情况；每年8月31日前，披露本年度上半年募集资金使用和绿色项目进展情况。

（六）政策支持

交易商协会将为绿色债务融资工具的注册评议开辟绿色通道，加强绿色债务融资工具注册服务，并对绿色债务融资工具接受注册通知书进行统一标识。根据《中国人民银行公告〔2015〕第39号》的相关要求，指引所规定的绿色债务融资工具可纳入绿色金融债券募集资金的投资范围。

第二节　绿色债券的发行流程

绿色债券的吸引力主要表现在其框架结构、关键要素以及流程等方面。从满足相关的发行条件到绿色债券的注册发行以及后期的监管披露等，绿色债券与普通债券处于相同的法律监管框架，除受到相同的法律法规以及财务要求的制约外，还应当遵循《绿色债券框架》，它为发行人提供了额外的、严格的信息披露流程，后文将对债券发行各个阶段的标准步骤进行细述。

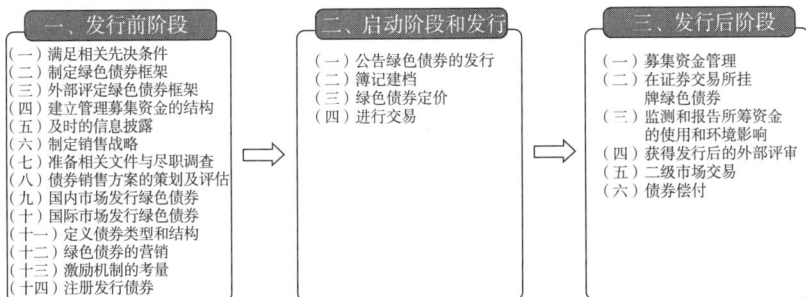

一、发行前阶段	二、启动阶段和发行	三、发行后阶段
（一）满足相关先决条件 （二）制定绿色债券框架 （三）外部评定绿色债券框架 （四）建立管理募集资金的结构 （五）及时的信息披露 （六）制定销售战略 （七）准备相关文件与尽职调查 （八）债券销售方案的策划及评估 （九）国内市场发行绿色债券 （十）国际市场发行绿色债券 （十一）定义债券类型和结构 （十二）绿色债券的营销 （十三）激励机制的考量 （十四）注册发行债券	（一）公告绿色债券的发行 （二）簿记建档 （三）绿色债券定价 （四）进行交易	（一）募集资金管理 （二）在证券交易所挂牌绿色债券 （三）监测和报告所筹资金的使用和环境影响 （四）获得发行后的外部评审 （五）二级市场交易 （六）债券偿付

图4.1　绿色债券发行流程

一、发行前阶段

（一）满足相关先决条件

发行者决定发行绿色债券时应满足三个先决条件：第一，债券发行募集的资金应为符合相关绿色标准界定的项目提供融资或再融资。在不同国家地区和司法管辖区，绿色标准在解读和评估执行等方面差异较大。第二，权衡发行成本，具体包括：①发行及持续追踪、监控和报告的成本；②与"漂绿"有关的声誉风险；③环保认证监控日趋严峻的合规风险；④违反绿色条款的潜在违约金，以保证该绿色债券应为资产或项目筹集资金的最佳工具。第三，发行机构必须满足债券发行需要遵守的所有法律法规、监管要求和财务披露等先决条件，然后联系一个或多个投资银行作为绿色债券的承销商。在大多数情况下，无论是联系一个还是多个投资银行，新发行债券都是通过辛迪加集团①（syndicate）或承销商集团进入市场。同时，发行人也需委任一名或多名主承销商（例如擅长绿色债券市场运作的投资银行）准备和执行交易，主承销商实际上充当着发行方与投资大众之间的中间人。

（二）制定绿色债券框架

制定一个绿色债券框架对绿色债券发行人来说非常关键。该框架描述了债券的绿色特性以及发行人对投资者的承诺。每个绿色债券发行人都是独特的，因此其框架应为其量身定制，以反映发行人的具体情况，及其对投资者的绿色承诺。

绿色框架通常由发行人与环境顾问（和/或结构顾问）等基于一个标准化的模板（例如《绿色债券原则》）联合制定，理想的情况下，债券结构顾问应是承销集团中的主承销商之一②。表 4.1 所示的绿色债券框架由北欧斯安银行制作。北欧斯安银行是绿色债券市场的领先顾问以及主要承销商，该框架由五大支柱、一系列子流程以及与绿色债券四大原则和模板相一致的关键因素构成。

表 4.1 构建绿色债券框架

一、定义资金用途	二、遴选项目评估	三、追踪募集资金管理	四、透明度报告	五、验证外部审查进行担保
识别和定义符合绿色债券的投资领域、资产	设立绿色债券筛选程序，确保评估和遴选出符合绿色债券框架的"正确"资产	绿色债券筹集资金应专款专用，支持合格的绿色标准	加强可信度、透明度对投资者和市场来说很重要	可信度是长期发展绿色债券市场的关键

---

① 辛迪加集团：欧洲债券的发行是在国际银行组织下进行的。这种国际银行叫主办银行，主办银行邀请几个合作银行组成发行管理集团，发行量过大时，要由几个主办银行联合进行。这种发行方式叫辛迪加集团。

② GBP Resource Center.（2016）. External Review Form. http：//www. icmagroup. org/Regulatory – Policy – and – Market – Practice/green – bonds/gbp – resource – centre/.

一、定义资金用途	二、遴选项目评估	三、追踪募集资金管理	四、透明度报告	五、验证外部审查进行担保
绿色债券可划分为以下专门针对气候问题的领域：1. 气候缓和；2. 环境适应；3. 环境保护	1. 建立程序及时监视追踪；2. 建议在筛选过程中加入气候环境因素；3. 气候环境因素在筛选过程中通常可以一票否决	发行人有几种方法制定债券筹资金的专款专用，例如：1. 设立专门账户；2. 指定专款，专款专用；3. 虚拟绿色资产负债表	1. 通过每年公布的投资者信函，提升透明度；2. 信函内容应包括一份融资领域清单、项目范例以及投资者绿色发展总结等；3. 识别有关环境影响指标	1. 独立第三方机构提供第二方意见；2. 主要目的是验证投资项目的"绿色程度"；3. 外部担保提供者也应验证筛选过程是否与绿色债券框架保持一致

资料来源：北欧斯安银行（2016）。

　　这一框架详细地阐述了发行人定义合格绿色项目或资产类别、建立符合发行人投资组合要求的项目、管理募集资金和进行披露的内部流程的方法。《绿色债券原则》为界定绿色项目类别（如果这些类别不由相应监管机构确定）提供了一个全面但并非详尽的绿色债券项目类别清单。该清单涵盖了气候变化缓解和适应、环境保护等不同领域，为发行人提供参考指引[①]。此外，发行人也可以参考具体的行业标准[②]，根据其投资组合和投资板块对类别清单进行修改和定义。

　　此外，发行人还需要考虑到环境法规、具体环境政策等。在由国家主管部门监管绿色债券市场的国家和地区中，发行人需要确保其项目和资产

　　[①] 《绿色债券原则》的绿色项目类别应"明确说明环境效益"，包括但不限于：（1）可再生能源；（2）能源效率；（3）污染防治；（4）生物自然资源的可持续管理；（5）陆地和水生生物多样性保护；（6）清洁运输；（7）可持续水资源管理；（8）适应气候变化；（9）生态效益的产品、生产技术和过程。

　　[②] 《气候债券分类方案》的气候债券分类法对于不同的板块部门，进一步给出了有关板块特定标准的指导。

类别符合国家法律法规。在中国，由中央银行——中国人民银行颁布的《绿色债券支持项目目录》（或简称《目录》）界定了六个类别和 31 个子类别①，为绿色债券的分类做出指导。中国的企业债券发行由国家发展和改革委员会监管，其发布的《绿色债券发行指引》与人民银行的《目录》相符，但该指引重点关注于 12 个重要领域。上市公司则由中国证券监督管理委员会管理，而高能耗和高排放的公司是被禁止发行绿色债券的；在印度，印度证券交易委员会（SEBI）制定的《绿色债券发行和上市的披露要求》包含了募集资金使用相关的类型项目、资产分类，而其内容与国际惯例相符②；在国际金融公司（IFC）的支持下，摩洛哥证券及债券监察局（AMMC）亦于 2016 年发布了一份绿色债券指南③；在巴西，由巴西银行联合会（FEBRABAN）和巴西可持续发展企业委员会（CEBDS）联合发布的《巴西发行绿色债券指南》，虽然只是一个不具约束力、不包含固定的绿色债券定义的指南，但它提供了绿色债券支持项目的案例，于广义上符合《绿色债券原则》和《气候债券分类方案》④。

发行人还需通过与发行机构内的财务部门和可持续发展部门的工作人员开展对话，以界定绿色债券类别、识别发行人投资组合中的潜在绿色项目并最终选择合格项目。若公司内部缺乏环境专业知识，为确保债券发行的环境完整性，建议咨询外部专家或引入外部环境认证标准。

项目评估和遴选的程序应该记录在绿色债券框架内，框架应概括发行人确定合资格绿色项目的决策过程，包括风险评估的标准和相关的外部认证。这些信息应该被纳入发行人的总体可持续目标与战略。

---

① 这些类别包括：（1）节能；（2）污染防治；（3）资源保护和循环利用；（4）清洁运输；（5）清洁能源；（6）生态保护和适应气候变化。目前，在政府管制的绿色债券市场中存在一些区域性变化。例如，中国的国家发展和改革委员会（NDRC）制定的《中国国内公司绿色债券发行指引》与中国人民银行的《绿色债券支持项目目录》保持一致，但还包含了核能作为额外的合格类别。

② 印度证券交易委员会（2017），《绿色债券发行和上市的披露要求》，可见于 http：//www. sebi. gov. in/legal/circulars/may - 2017/disclosure - requirements - for - issuance - and - listing - of - green - debt - securities _ 34988. html。

③ 摩洛哥证券及债券监察局（2016），《绿色债券指南》，可见于 http：//www. ammc. ma/sites/default/files/AMMC%20BROCHURE%20VGB. pdf。

④ 巴西银行联合会、巴西可持续发展企业委员会（2016），《巴西发行绿色债券指南》，可见于 http：//cebds. org/wp - content/uploads/2016/10/Guia _ emissa% CC% 83o _ ti% CC% 81tulos _ verdes _ ING - 2. pdf。

（三）外部评定绿色债券框架

建议强制规定发行人将绿色债券框架与相关文件交由第二方意见提供方、第三方审计师或绿色债券认证机构进行外部评估。通过对发行人绿色债券框架的独立审查（但不涉及绿色债券发行的财务特点），可以为投资者提供透明可靠的项目信息，有助于投资人投资于超越国家标准的项目，或投资于具有特殊环境和程序特征的绿色债券。

债券绿色标签之外的信用评级主要由大型评级机构（穆迪，标准普尔和惠誉以及大公等区域性机构）重点基于发行人及融资项目、资产的风险和回报等因素进行①评定。它决定了债券的风险溢价和购买债券的投资者群体，例如，许多机构投资者的资金由于受监管规定的限制，仅能分配到包括四个最高评级类别的资产项目。虽然通常无法对债券是否进行评级作出强制规定（例如对于一些私募发行的债券②），但债券一般都会进行评级，甚至许多市场参与者会主动要求债券进行信用评级，因为这样可以降低投资和发行人情况的不确定性。因此，考虑到预计降低的借款成本可能大于与评级相关的成本支出，通常建议发行人进行信用评级。

（四）建立管理募集资金的结构

在发行人的绿色债券框架定义的步骤中，绿色债券发行人需要开立单独的专门专户或专项台账或建立其他程序，以确保能追踪债券募集款项的使用情况。理想情况下，绿色债券框架中会规定结算期内的资金分配、暂时的合格投资工具和资产，以确保排除非绿色项目和资产。

（五）及时的信息披露

发行普通债券时，投资者不会要求得知任何有关募集资金使用的信息，但发行绿色债券时，发行人将募集资金只用于具有环境效益的项目或项目分类，因此投资者期望能定期地（通常为每年一次）获悉他们的资金被用于何处。由于债券的原买家或会在二级市场交易债券，这些资料应对

---

① 对于收益债券的绿色使用，债券采用与发行人评级相同的信用评级，因为发行人可完全追索。另外，绿色项目债券、收入型债券和绿色证券化债券需要单独评级，因为追索权是对项目的资产和资产负债表或资产的现金流进行追索。

② 根据发行人必须满足的监管要求，私募发行与公开证券发行不同。

公众开放。有关投资的环境影响资讯也应尽可能地向公众开放。

(六) 制定销售战略

账簿管理者需要根据债券、发行人和市场条件的各种特征，制定销售策略，包括定价、营销和联动计划等。绿色债券将根据具有相近到期日的未到期债券、或者基准利率①加上风险溢价和新发行溢价等进行定价。其中，风险溢价和新发行溢价或利差，由主承销商基于发行人和债券的类型、评级、利率、税收和预期流动性以及整体市场状况而定。因此，除非债券的绿色特征对金融风险和收益曲线有明显的影响，否则绿色债券的定价与普通债券相同。

(七) 准备相关文件与尽职调查

通常，由发行人指定各个承销商负责债券的准备和发行相关工作，包括：协调法律要求和条款说明、营销和媒体报道、债券簿记以及预订和交付等。关于法律框架，此文件须由发行人和律师事务所进行尽职调查。此外，建议在发行绿色债券之前，发行人应为投资者和公众提供绿色债券框架和评定文件等重要文件，即第二方意见。与发行普通债券相比，发行绿色债券并不需要任何的额外法律文件，但绿色债券所募集资金的用途应明确地列于条件或最终条款内。发行人应召开董事会审议债券融资方案，并公告董事会决议。

(八) 债券销售方案的策划及评估

在发行前阶段，由承销商成立承销集团，根据债券交易的性质（即策略性配置与交易性机会），向发行人提供多方面的建议，例如，债券的计价币种、债券到期日以及目标投资者群体等，以识别债券发行的目标市场，实现最优筹资。这种评估通常会考虑预期回报和风险（例如信用和流动性风险以及包括利率环境和通货膨胀在内的宏观经济风险），但对于国际投资者，特别是那些在新兴市场进行投资的投资者，主权债务风险和汇率风险也是需要考虑的因素。另外，绿色债券是否贴标也是投资者投资绿色债券所考虑的因素。

---

① 基准利率通常是管辖区内与该债券发行具有最接近到期日的、具有最低风险的、交易最活跃的国库券的利率。

（九）国内市场发行绿色债券

与国际发行相比，当在国内市场发行时，发行人可享有各种好处，例如无须货币汇兑和对冲（可避免潜在成本）、更高的知名度（可降低营销成本）等。这些成本优势有助于发行人特别是小型发行人进入债务资本市场，并且使发行规模较小的债券成为可能。

另外，因为国内的金融与资本市场整体不够发达，法律制度不够完善、宏观经济不确定性等[1]，国内市场不如国际市场成熟。如果发行人和投资者群体的广度和深度不够，尤其是那些关注绿色发展或可持续发展的发行人和投资者群体不够成熟的话，国内绿色债券的流动性水平就会受到限制，这会导致更高的资本成本和更频繁的交易价格波动。因此，识别对绿色债券的潜在需求，评估国内市场状况，特别是不同类型的国内和国际投资者（例如保险公司、养老基金、资产管理公司、主权财富基金、银行和金融机构以及其他类型的"合格投资者"等）的风险偏好、回报要求、投资限制和资产组合等，都是决定是否发行债券的重要先决条件。

（十）国际市场发行绿色债券

鉴于上述国内市场的局限性，进入国际市场发行债券也许对一些发行人来说更具吸引力。在国际市场上发行债券，可以拥有更多样化的投资者群体、更大的发行数量和更长的债务期限。但相应的风险也会增加，如潜在的外汇汇率波动，以及海外营销、监管法规、文件准备造成的更高交易成本等。

（十一）定义债券类型和结构

在发行人能够满足债券发行管辖区内的监管和披露要求的情况下，发行人和主承销商将根据发行人的融资需求、具体情况和整体市场状况，就绿色债券发行的类型[2]和结构达成一致。债券的结构或条款包括：债券的

---

[1] Berger and Warnock. （2004）. Foreign Participation in Local – Currency Bond Markets, Board of Governors of the Federal Reserve System International Finance Discussion Papers, Number 794. www. federalreserve. gov/pubs/ifdp.

[2] 有关不同类型绿色债券即收益债券、绿色收入型债券、绿色项目债券、绿色证券化债券等及其筹集资金的绿色使用说明。GBP Resource Center. （2016）. External Review Form. http：// www. icmagroup. org/Regulatory – Policy – and – Market – Practice/green – bonds/gbp – resource – centre/.

目标融资规模、期限、价差、息票、付款方式和货币等①。

（十二）绿色债券的营销

鉴于绿色债券在市场上受到高度重视，尤其是可持续性受到投资者的重点关注。因此，绿色贴标在主承销商制定的营销策略中发挥的作用十分关键。绿色贴标本身可被视为"价值发现工具"，它可以帮助具有绿色偏好的投资者从全球范围内发行的大量固定收益债券中识别与其投资偏好一致的债券。

（十三）激励机制的考量

各种机构（包括公共金融机构）和国际组织（如《欧盟项目债券倡议》和《亚洲信用担保投资基金》，CGIF）为项目债券提供了增信机制，考虑到成本效益（即较低的目标风险溢价是否能超过增信开支的成本），应该谨慎考虑增信方案。同时，母公司、政府、商业银行或国际金融机构的担保，以及保险公司提供的保险也是降低债券相关风险的其他选择②。另外，在某些管辖区，对绿色债券发行人和投资者会有一定财政激励措施。例如，在美国，绿色市政债券可以享受免税待遇。在国内，中国金融学会绿色金融专业委员会正在探索促进国内绿色债券市场增长的潜在激励政策。

（十四）注册发行债券

债券在发行之前必须在具有管辖权的监管机构进行登记。管辖区域、发行人、债券类型不同，登记要求也可能不同。同时，对于注册的相关文件，例如初步募集说明书、发行机构的财务记录和报表，必须提交监管机构审批。在某些司法管辖区，募集说明书（包括发行人的业务和管理简介、主要投资者、债券发行条款和财务风险的信息）需要在发行前由主管机构审批；在其他司法管辖区，债券发行的营销可在注册声明提交后，监管机构最终审批之前开始。

---

① 发行人还可以在债券中嵌入期权或可转换等元素。可提前兑付债券可以在到期前偿还债息；可转换债券可以转换为发行机构的股份。

② 例如，美国政府的发展金融机构的海外私人投资公司（OPIC）为合格的美国投资者，在国内债务资本市场提供绿色保证。

二、启动阶段和发行

（一）公告绿色债券的发行

主承销商将针对机构投资者举办"路演活动"，组织召开会议，搜集投资者对价格区间、投资亮点、可比公司、定价方法等问题的反馈。在营销期之后，主承销商公告绿色债券的发行，向投资者征求订单，并在利差限定范围内为该债券的发行"建立账册"。其他发行详情，例如发行规模和期限，也会根据发行人在营销活动期间根据收到的投资者反馈作出调整。在债券发行前，辛迪加集团可能会扩大，不断纳入那些在专业投资团体中具有良好配售权的银行[1]。

发行人和主承销商在举办"发行/不发行"联合会议之后，必须通过各自的渠道（即路透社、彭博资讯和其他市场数据提供商等）向公众公告债券发行的情况，并开始首次"价格谈判"。在公开招股中，必须向公众提供（初步）募集说明书。如果不公开募集，发行人也可以采用私募方式发行债券。私募可以促成方便、快捷的交易，但是会限制债券的宣传，从而减少发行者的品牌效应。发行者一向渴望建立良好的品牌形象，而首次发行绿色债券正是一个绝佳的宣传机会。

（二）簿记建档

注册及主管部门审批最终募集说明书后，将开始吸收订单。订单簿正式开启后，各账册保管人的销售团队将联系并研究他们的投资者和潜在投资者参与交易的可能性，只要订单簿还未关闭，承销团就会持续地向发行人汇报订单簿的更新情况，指导发行人进行债券定价。债券的价格通常与订单总量负相关。同时，市场参与者也根据整个账册编制过程中接收订单的更新情况，调整其订单。

（三）绿色债券定价

在簿记建档完成后，发行人会决定分配给每个投资者的债券认购数量和发行价格。但最终价格是在销售时确定的，因此债券发行时的市场条件

---

[1] 法博齐：《固定收益证券手册》，纽约，麦克劳希尔出版社，2012。

也影响最终定价。并不是所有的债券都使用传统的联合辛迪加方式进行承销。在美元、欧元等市场上还可以采用买入交易、竞价和中期票据连续报价等方式进行。

（四）进行交易

在债券发行的过程中，各方首先签署认购协议；其次，债券若要挂牌上市，则需要上市主管机构或相关证券交易所批准的募集说明书；最后，在交易结束时，签署其余的文件，债券交付给债券持有人，同时债券价款通过国家托管机构或结算系统汇入发行人账户。

三、发行后阶段

（一）募集资金管理

在交易结算结束，发行所得净额资金款项已转入专门账户或专项（子）台账，发行人将开始分配所筹集的资金。一方面，发行人将根据定期流动性管理实践和绿色债券框架中关于未分配募集资金管理的明确承诺，管理专用账户。另一方面，对于债券持有人，发行人需要确保定期（通常是半年度或年度）支付利息及到期本金。

（二）在证券交易所挂牌绿色债券

债券在证券交易所上市和交易时，主承销商需要为其联系相应的上市主管机构和交易所。截至 2016 年 12 月，伦敦、卢森堡、墨西哥城、奥斯陆、深圳、巴黎、意大利、里加、阿姆斯特丹、里斯本、约翰内斯堡和斯德哥尔摩等十二地的证券交易所推出了专门的绿色债券上市和分类①标准。随后，在交易进行结算时，需要根据相应管辖区的要求，通过一个国家登记或结算系统来进行。

（三）监测和报告所筹资金的使用和环境影响

为了保证投资者和公众所希望看到的债券发行条款的透明度，绿色债

---

① Sustainable Stock Exchanges Initiative. （2016）. 2016 Report on Progress. http：//www. Unepfi. org/fileadmin/documents/SSE_RoP_2016. pdf; Sustainable Stock Exchanges Initiative. （2016）. Fact Sheet：Bolsa Mexicana de Valores. http：//www. sseinitiative. org/fact – sheet/bmv/.

券发行人应监测并定期报告所筹资金的分配使用情况。报告内容包括一个
融资项目清单、项目简要概述、资金分配额度以及未分配筹集资金的使用
等。发行人应根据可行的定性和定量指标，进一步监测预期或实际的环境
影响，并通过各种潜在渠道报告，包括：投资者信函、年度报告、可持续
发展报告以及发行人或项目的专门网站等。建议发行人基于《环境影响报
告协调框架》①，采用标准化的报告程序和标准（可能与《绿色债券原则》
不太一致）进行，以增加不同债券之间的可比性，减少发行人和投资者的
交易成本。其中，依照上述标准制定的《世界银行绿色债券时事通讯》通
常被认为是最佳实践示例②。

（四）获得发行后的外部评审

建议由相应机构，包括第二方意见提供方、审计师、认证机构与评级
机构等，定期持续地评定和审查项目的合格性、所筹资金的管理和分配、
环境影响报告以及信用评级等。其中，信用评级通常需要向评级机构支付
评级维持费以保证评级机构每年的评定审查。任何评级的改变，通常需要
向债券持有者报告。

（五）二级市场交易

发行的债券将在二级市场上交易，大部分在柜台市场（OTC）上交
易，也有一些在交易所交易。通过债券在二级市场中的周期性交易，发行
人可以定期获知其发行债券在公开市场上的共识价格信息，观察其债券的
价格，了解投资者的预期利率、投资需求情况等③。

投资者可以持有债券，也可以在二级市场折价或溢价售出。因此，二
级市场交易需要债券财务信息和绿色特征的持续披露。

（六）债券偿付

借款人在到期日债务终结时，将通过支付面值或本金来赎回债券④。

---

① 2015年12月，十一个跨国和国家开发银行发布了《环境影响报告协调框架》，其目的是
为了提高透明度，协调由绿色债券资助的项目和资产对环境和气候相关影响的披露。http：//treas-
ury. worldbank. org/cmd/pdf/InformationonImpactReporting. pdf.

② 《世界银行绿色债券时事通讯》，请访问网址：http：//treasury. worldbank. org/cmd/htm/
WorldBankGreenBondNewsletters. html.

③ 法博齐：《固定收益证券手册》，麦克劳希尔出版社，2012。

④ 债券还可能包含发行公司可以或必须提前全额或部分偿还债务的安排。

支付利息和赎回本金、记录保存等是发行人的责任，但通常由担任债券受托人的信托代理人（通常是银行）代为执行。

参考文献

［1］Berger and Warnock. Foreign Participation in Local – Currency Bond Markets, Board of Governors of the Federal Reserve System International Finance Discussion Papers, 2004, 794. www. federalreserve. gov/pubs/ifdp.

［2］GBP Resource Center, External Review Form. http：//www. icmagroup. org/Regulatory – Policy – and – Market – Practice/green – bonds/gbp – resource – centre/. , 2016.

［3］FEBRABAN/CEBDS. Guide to Issuing Green Bonds in Brazil. http：//cebds. org/wp – content/uploads/2016/10/Guia _ emissa% CC% 83o _ ti% CC% 81tulos _ verdes _ ING – 2. pdf. , 2016.

［4］Sustainable Stock Exchanges Initiative. 2016 Report on Progress. http：//www. unepfi. org/fileadmin/documents/SSE _ RoP _ 2016. pdf. , 2016.

［5］Sustainable Stock Exchanges Initiative. Fact Sheet：Bolsa Mexicana de Valores. http：//www. sseinitiative. org/fact – sheet/bmv/. , 2016.

［6］法博齐：《固定收益证券手册》，麦克劳希尔出版社，2012。

第五章　绿色债券的外部审核和评估

对绿色债券或相关框架的外部审核和评估，在评判与债券绿色程度有关的信息方面发挥着关键作用。《绿色债券原则》（2017）推荐把外部审核用于项目评估、选择及资金管理。绿色债券的审核评估包括咨询核查（第二方意见）、验证或审计、认证、评级。其中，咨询核查（第二方意见）、验证或审计、认证是确定债券为绿色债券的关键步骤，评级是确定绿色债券的市场价值的关键。

本章主要介绍了绿色债券外部审核评估的类型，主要审核评估方式，以及国际、国内的审核评估情况。本章的结构安排如下：第一节介绍了外部审核的类型，以及外部审核对于绿色债券发行的价值；第二节是绿色债券的咨询核查和验证，主要对第二方审核的流程、机构及方法、评估面临的限制与挑战，以及第三方认证的概况进行了简要介绍；第三节是绿色债券的第三方认证，主要内容包括第三方认证的含义、国际标准和国内标准下的第三方认证；第四节是评级机构，主要介绍了绿色债券评级的思路和国内外主要的评级机构概况。

第一节　外部审核的类型和价值

绿色债券的外部审核是确认债券是否具有绿色资质的关键步骤。目前，全球已发行的绿色债券中约有 80% 都采取了各种不同形式的外部审核。绿色债券外部审核最常见的形式是咨询核查（第二方意见），约 70% 的已审查绿色债券采取了咨询核查（第二方意见）的审查形式；约 20% 的已审查绿色债券使用了其他的认证形式，如审计等①。为了节省额外的外部审核成本，只有少数发行人选择寻求两种或两种以上的外部审核。但是，投资者更欢迎经过多种外部审核的债券，因为多角度、多方面的审查能够帮助投资者更多地获得发行前后有关债券绿色程度和影响的项目信息。②

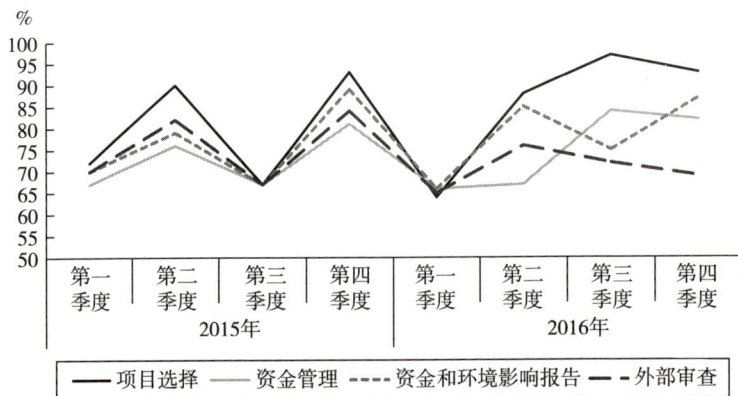

资料来源：彭博新能源财经。

图 5.1　彭博公司列出的披露附加信息的绿色贴标债券的百分比

一、外部审核的类型

绿色债券的国际标准和国内标准中，关于外部审核的类型划分基本一致。其中，国际普遍接受的《绿色债券原则》（2017）将外部审核划分为四种类型：（1）咨询核查（第二方意见）；（2）验证/审计；（3）认证；（4）评级。其中，咨询核查（第二方意见）即为本书所指的第二方评估，验证/审计、认证为本书所指第三方认证，评级即指对于绿色债券的评级行为。

---

① 气候债券倡议组织与汇丰银行（2015），截至 2015 年 10 月。

② 外部审核成本大约在 10000 至 100000 美元之间。OECD.（2016）. Green Bonds：Country Experiences，Barriers and Options，input report prepared for G20 GFSG.

咨询核查（第二方意见）：发行人在发行绿色债券时，可以寻求具有环境气候融资专业知识的顾问或咨询公司的支持服务，通常包括开发和审查发行人的绿色债券框架，结果常以第二方意见的形式呈现。

验证/审计：发行人可以将其绿色债券、相关框架或个别部分交由合格的第三方（通常为审计事务所），根据某些内部或外部参考标准进行独立验证或保证。

认证：发行人可以将其绿色债券、相关框架或个别部分交由合格的第三方（通常是被认可的认证机构），根据外部标准进行认证。

评级：发行人可以聘请评级机构或专业咨询公司等合格的第三方对其绿色债券或相关框架进行评级。

不同类型的外部审核满足发行人和投资者的不同目的和利益，下文将对此详细讨论。

二、外部审核的价值

在大多数司法管辖区，绿色债券与普通债券受到相同的法律监管和监督。但除了中国和印度之外，尚无其他国家的监管机构是从法律角度确保这些债券的绿色程度的。在监管缺乏、惯例和标准不统一的情况下，环境咨询公司、审计公司和评级公司在保护绿色债券市场的环保特性方面发挥了重要作用。具体而言，外部审核增强了绿色债券信息披露的透明度，促进了绿色债券市场的健康发展，对减少市场的"漂绿"现象、降低绿色债券未能达到所声明环境效益而导致的风险至关重要。

此外，外部审核可以督促发行人提供更多有关债券绿色程度的信息，提高绿色债券信息的透明度，降低投资者的交易成本，这对那些缺乏内部评估技术和财务能力有限的投资人而言尤为重要。因此，外部审核可以鼓励更多的投资者进入绿色债券市场，促进投资者增加在不同国家和地区对于绿色债券的投资。

第二节　咨询核查和验证

一、咨询核查（第二方意见）

绿色债券的咨询核查即指第二方对于绿色债券的评估意见，即本书前文所指的第二方评估。目前，绿色债券的国内标准并没有区分第二方评估和第三方认证，但绿色债券的国际标准（如GBP）对第二方评估作出了较为详细的说明。

（一）第二方评估流程

第二方评估是绿色债券咨询核查的常见形式，是指发行人安排的第二方机构（即具有环境方面专长的外部机构）负责核查其债券发行框架和债券绿色资质。第二方评估是绿色债券及其相关框架的发行前评估。通常，第二方机构应发行人要求，帮助发行人初步制定绿色债券发行框架，随后对这一发行框架进行评估。在初始决策阶段，第二方机构能够为投资者（和公众）提供有关债券绿色程度和治理流程的相关信息，以便投资者能够进行初始投资决策；在发行过程中，第二方机构利用自身具有的环境和气候专业知识，为发行方提供编制和修订绿色债券框架方面的咨询帮助；在审查阶段，第二方机构审查相关文件并与发行人进行对话、沟通，提供第二方意见。

绿色债券框架是发行人的第一方意见，同时也是第二方机构审查使用的最为核心的要件。第二方机构在审查中需要的其他相关文件或信息通常还包括：发行人的可持续发展报告（如果有）、发行人的绿色程度、发行人一般业务概况，以及其他信息。根据这些信息，第二方机构对绿色债券框架中建立的程序和实践的稳健性、可信性和透明度进行定量评估，然后以报告形式对发行人和债券特征进行简要描述，并对其评估过程中使用的基础评估方法以及审查的文件清单等进行说明。

（二）第二方评估机构及方法对比

目前，国际上大多数第二方机构按照《绿色债券原则》（2017），以描述性方式呈现调查结果。但是，已有一些第二方机构利用更具分析性的方法评估项目的优缺点，评估项目的绿色资质是否充足，如奥斯陆国际气候与环境研究中心（CICERO）会将项目的发行流程、管理结构以及其他定量指标纳入考虑。同时，不同第二方机构的评估意见在信息披露的细化程度（例如 Sustainalytics 和 Oekom 会提供相对全面的评估）方面、使用定量指标或评级方法方面（例如 CICERO 和 Oekom 会使用定量方法）及发布后是否进行审查更新等方面都有所不同。此外，一些第二方机构（例如 Oekom）将评估使用绿色债券所筹资金的具体项目纳入评估范围，而其他第二方机构（例如 CICERO）则考虑评估内部流程和管理结构，如发行人如何定义合格项目类别、如何选择项目以及如何跟踪资金的使用。

《绿色债券原则》和中国的监管机构不要求但建议发行人取得第二方意见，以便为投资者提供超越国家标准和地区特殊性的透明且可靠的信息，保证绿色债券市场的环保功能和程序的完整性。目前，约70%有外部审核的绿色债券采用的审查方式是第二方意见。在国际范围内，最具影响力的第二方评估机构包括 CICERO（截至 2017 年 1 月已提供超过 60 份第二方意见）、DNV GL、Sustainalytics、Vigeo、Oekom 和毕马威会计师事务所。由于不同的提供方及特定的交易基础不同，第二方评估机构的收费也存在差别。

（三）第二方评估的限制和挑战

就目前已发行且有外部审核的债券发行状况来看，第二方评估是大多数公司采用的主要审核方式。第二方机构参与发行过程，能够与发行方进行充分的沟通交流，但是第二方评估仍存在一些限制和挑战，主要有以下几个方面：

第一，在第二方评估中，第二方机构受到发行人直接委托，为发行人建立绿色债券框架提供建议，但第二方机构随后也对自身建立的框架进行评估，这导致第二方意见的形成过程可能存在利益关联。尽管发行方和第二方机构双方共同工作有利于建立和完善绿色债券框架、以适当的方式提供投资者所需的信息、保证发行人在发行前纠正框架的不足，但第二方机构对最终项目评估的独立性却可能遭受质疑。在这种潜在的利益冲突中，非营利单位和专业咨询公司可能面临声誉风险，特别是会遭遇外界对其忽视尽职调查义务的指控。

第二，由于缺乏标准化的评估方法，不同第二方机构提供的意见可能会存在差异，从而降低市场对其意见的信心，增加投资者和发行人的交易成本。随着《绿色债券原则》（2017）出台并获得广泛认可，第二方意见提供方采取的方法正趋于一致，但差异仍然存在，例如评估的深度和广度、使用的定量措施不同等。这些差异限制了第二方意见对项目透明度的提升，限制了投资者对项目的比较。为了加强外部审核的标准化，绿色债券原则研究中心在其网站上提供了可供参考的标准化评估模板。

第三，虽然第二方意见会考虑债券发行后的结构变化，如募集资金使用管理和环境影响等信息披露是否到位等问题，但在债券发行后，第二方意见提供方已经不再对包括环境影响评估在内的问题进行审核，发行人也缺乏雇佣审查单位进行发行后审查的动力。

二、验证或审计

验证是指对整个绿色债券流程或其部分流程在发行前后的（定期）审计，通常由被认可的审计公司（例如毕马威、普华永道、安永和德勤）进行，主要包括对资金分配的审计。根据国家或国际专业标准，例如鉴证业务国际标准 3000 ［International Standard on Assurance Engagements（ISAE）3000］，第三方验证可能是对投资者而言最具独立性的保证形式，即审计结果向投资者说明了发行人的流程是否符合其声明。然而，审计方可能更加注重债券发行的程序和管理特点，而不一定重视对债券环境目标的保证。

第三节　第三方认证

第三方认证是指发行人安排的第三方认证机构负责根据另一独立机构（标准提供方）制定的标准对绿色债券进行核查。在大多数绿色债券市场没有国家监管和监督的情况下，由独立的第三方发布的绿色债券认证，不仅可以给予投资者更大的信赖感和安全感，也可以提高债券及其发行人的知名度和声誉。

一、绿色债券第三方认证的含义

绿色债券的募集资金必须按规定投向可以产生环境效益的绿色项目，例如节能、污染防治、资源节约与循环利用、清洁交通、清洁能源和生态保护等领域。为使得债券的"绿色"特征对于投资者来说具有可信度和说服力，发行人可以引入"第三方认证"。

具体而言，第三方认证是指发行人聘请独立的专业机构，通过专业的评估方法和流程，对绿色债券的募集资金用途、项目筛选和评估、资金追踪管理和项目运作以及环境可持续影响等进行专业评估认证，对债券的绿色属性乃至绿色程度进行评定，从而增加绿色债券披露的透明度，吸引更多投资者。

此外，第三方认证还具有倒逼企业强化环境信息披露、推广绿色金融理念等效应，也可以为政府针对绿色债券制定相应激励机制提供参考。

目前，第三方认证并非我国绿色债券发行的强制性环节，但是相关政策性文件和具体的绿色债券发行实践，都表明了对第三方认证的鼓励和认可，希望其发挥债券"绿色"特征外部保障的作用。

二、国际标准下的绿色债券第三方认证

在国际标准下，为了获得绿色债券认证，发行人需要聘请有资质的第三方认证机构根据《气候债券标准》进行债券发行前的准备性评估。截至2017年6月底，气候债券倡议组织（CBI）于2015年12月发布的第二版《气候债券标准》（CBS）是唯一获得国际认可的绿色或气候债券认证计划。截至2017年6月，由气候债券倡议组织董事会批准的第三方认证机构有22家，包括：Carbon Trust、DNV－GL、Ernst ＆ Young、KPMG、Oekom、PwC、Sustainalytis、中财绿融、商道融绿、Trucost、Vigeo Eiris等。在第三方认证中，债券发行后一年内，发行人仍需要确认债券项目持续合格，以维持债券的认证状态，为投资者和公众提供持续保障。发行后认证关注的重点在于募集资金和未分配资金的实际使用，因此发行后认证能够在一定程度上督促募集资金流向符合要求的绿色项目。此外，发行人需基于《绿色债券原则》建议的标准，必须至少每年向投资者和公众披露一次资金的后续使用和管理，以及环境目标和环境效益情况。

三、国内标准下的绿色债券第三方认证

2016 年，我国共发行了 49 只绿色债券（不包括资产支持债券），其中有 41 只债券进行了第三方认证。这些认证一部分出自国际机构，如安永会计师事务所、DNV GL 集团等，一部分出自本土的第三方认证机构，如中财绿融咨询有限公司、中节能咨询有限公司等。

（一）我国主要绿色债券第三方认证机构

目前，我国已有九家机构成功为绿色债券提供了第三方认证的服务，这些机构主要包括会计师事务所、绿色行业咨询公司等。

1. 安永会计师事务所（以下简称"安永"）

安永作为国际四大会计师事务所之一，在我国目前已经发行的绿色债券中，其服务的发行人包括浦发银行、青岛银行、江西银行、新开发银行、中节能集团、三峡集团等。

安永出具的第三方认证称为"绿色债券发行前独立有限认证报告"，认证内容包括债券发行中涉及的资金使用及管理政策和程序、项目评估和筛选的标准与提名项目的合规性，以及信息披露、报告机制的流程。针对金融债，其主要认证标准是《中国人民银行公告〔2015〕第 39 号》及配套的《绿色债券支持项目目录》；当涉及境外主体或境外发行时，还会增加 GBP 作为认证遵循的标准。

2. DNV GL 集团

DNV GL 集团由挪威船级社（Det Norske Veritas）和德国劳氏船级社（GL）于 2013 年 9 月 12 日合并而成。DNV GL 集团为海事、石油天然气和能源行业提供入级和技术保障服务，以及软件和独立的专家咨询服务；此外，DNV GL 集团还为各行业的客户提供认证服务。

DNV GL 为中国金风科技在 2015 年 7 月发行的境外绿色债券、2016 年
5 月发行的绿色中期票据以及 2016 年 8 月发行的绿色资产支持证券等提供
了绿色认证服务。DNV GL 出具的第三方认证称为"独立评估报告",采用
的审验标准与安永类似,认证内容包含 GBP 的四个核心要求。

3. 北京中财绿融咨询有限公司

北京中财绿融咨询有限公司(以下简称"中财绿融")设立于 2006
年,依托于中央财经大学绿色金融国际研究院(绿金院)研究团队,开展
经济、金融领域政策研究咨询实践,大力开拓绿色债券第三方评估服务。
中央财经大学绿色金融国际研究院是中国金融学会绿色金融专业委员会的
常务理事单位和国际资本市场协会(ICMA)GBP 原则的中国观察员机构,
为中财绿融提供学术支持。

中财绿融出具的第三方认证称为"第三方专业评估意见书",对发行
主体绿色债券的募集资金使用(募集资金使用计划、资金管理制度、专门
账户或专项台账情况)、项目筛选与决策(项目决策程序、项目筛选标
准)、环境效益目标和信息披露进行审查。其为 2016 年 1 月 28 日兴业银行
发行的国内首批绿色金融债和 2016 年 7 月 14 日兴业银行发行的第二期绿
色金融债等提供了第三方认证评估服务。

4. 中节能咨询有限公司

中节能咨询有限公司是中国节能环保集团公司所属专门从事咨询服务
的全资子公司,专注于节能减排政策、技术咨询等业务,是国家绿色产业
领域智库之一。

中节能咨询有限公司采用的审验标准包括《关于开展绿色公司债券试
点的通知》《绿色债券支持项目目录》以及国家颁布的其他相关法律和标
准,对债券的募集资金使用及管理、绿色项目评估及筛选、信息披露和环
境效益等方面进行审查。

中节能咨询有限公司参与了中国节能环保集团发行的 30 亿元绿色公司
债等债券的第三方绿色认证。

5. 北京商道融绿咨询有限公司(以下简称"商道融绿")

商道融绿是国际资本市场协会《绿色债券原则》(GBP)原则的观察
员机构、CBI 标准认可的首家中国审核机构、联合国负责任投资原则

（UNPRI）的签署机构。商道融绿致力于为绿色债券发行人提供发行前评估、发行后持续信息披露及评估、绿色金融能力建设等专业服务。

商道融绿出具的第三方认证称为"绿色项目第三方评估意见"，对绿色项目决策流程、资金管理、环境和社会影响以及募集资金投向进行审核评估。商道融绿为北控水务集团 2016 年 8 月 1 日发行的 7 亿元绿色熊猫债提供了第三方认证。

6. 毕马威会计师事务所（以下简称"毕马威"）

毕马威作为国际四大会计师事务所之一，是一个由专业服务成员所组成的全球网络，成员遍布全球 152 个国家和地区，拥有专业人员 189000 名，提供审计、税务和咨询等专业服务。

毕马威为 2016 年 4 月 6 日发行的协合风电投资有限公司 2016 年度第一期中期票据提供了第三方认证服务，其出具的第三方认证报告称为"发行前独立有限鉴证报告"，主要采用《中国人民银行公告〔2015〕第 39 号》及配套的《绿色债券支持项目目录》作为鉴证标准，对债券资金使用及管理政策和程序、项目评估及筛选的标准和提名项目的合规性、信息披露及报告机制和流程及以上方面相关的内部控制制度进行了鉴证声明。

7. 普华永道会计师事务所（以下简称"普华永道"）

普华永道是四大国际会计师事务所之一，主要服务领域包括审计、税务、人力资源、交易、危机管理等。普华永道作为绿色债券原则（GBP）的观察员、气候债券倡议（CBI）气候债券准则鉴证委员会成员，拥有绿色低碳环保领域的丰富知识和绿色债券方面的专业服务经验。

普华永道为 2016 年 5 月 23 日发行的浙江嘉化能源化工股份有限公司 2016 年绿色公司债券（第一期）出具了独立鉴证报告。

8. 中债资信评估有限责任公司（以下简称"中债资信"）

中债资信评估有限责任公司成立于 2010 年 8 月，由中国银行间市场交易商协会代表全体会员出资设立，是国内首家以采用投资人付费运营模式为主的新型信用评级公司。中债资信针对轨道交通类、污水处理类和绿色建筑类等多个项目领域开展了绿色认证及标准的专题研究，且参与了多家金融机构和实体企业的绿色债认证评估项目，在绿色非金融企业债务融资工具和绿色金融债等领域均具有丰富的项目实践经验。

中债资信为云南省能源投资集团有限公司 2016 年度绿色非公开定向债务融资工具等提供了第三方认证。

9. 德勤会计师事务所（以下简称"德勤"）

德勤是国际四大会计师事务所之一，主要提供审计及鉴证、管理咨询、财务咨询、风险咨询、税务及相关服务。德勤作为《绿色债券原则》（GBP）的制定方，国际资本市场协会（ICMA）的观察员，中国金融学会绿色金融专业委员会的理事单位成员，为各类发行人提供境内、境外发行绿色债券评估相关服务，包括绿色债券管理体系建设咨询和绿色债券发行前、债券存续期内的评估服务。

德勤为交通银行股份有限公司 2016 年绿色金融债券等提供了第三方认证服务。

总结目前我国绿色债券第三方认证机构的情况，国际认证机构仍然是绿色债券认证市场的主力军，但本土绿色认证机构也陆续参与开展认证业务。本土绿色认证机构的发展，可以有效防止国际垄断、保持我国绿色债券市场第三方认证机构的竞争力和独立性，也成为国内咨询公司、评级公司开拓的业务增长点。

（二）绿色债券第三方认证面临的问题[①]

目前，我国的绿色债券第三方认证面临着绿色项目的判定标准不一和资金流向不易管理两大难题。

1. 绿色项目判定问题

目前，国内共有 9 家机构参与了绿色债券的第三方认证。但在具体的认证方法上，各家机构的处理方式各有不同，且市场上目前尚无统一公认的绿色认证规范。当下，各认证机构均根据我国已有的相关法律法规和绿色项目支持目录等，对发行人对募集资金的投向是否符合绿色项目类别进行认证，但这一做法尚有进一步细化的必要。

一方面，认证机构应该对项目的绿色程度（"深绿"或是"浅绿"等）进行划分。划分项目的绿色程度有利于进一步明确债券的绿色属性，

---

① 本部分参考了证券时报网：《第三方认证能否为中国绿色债券的"绿色程度"背书？》，载《证券时报》，2016 年 4 月。http://kuaixun.stcn.com/2016/0413/12666360.shtml。

助力投资者对绿色债券的投资选择，倒逼企业强化相关信息披露。目前，安永、中债资信等绿色评估系统已实现类似的功能。

另一方面，对于债券绿色属性的认证不应仅限于对项目的分类，而应进一步揭示其所投向项目的预计或实际环境效益，以避免"漂绿"的嫌疑。目前我国尚未形成成熟的机制，这要求第三方机构建立更加专业和量化的评估模型。

2. 资金流向管理问题

目前，我国绿色债券市场尚不成熟，在进行发行认证时，认证机构很难确保资金流向和项目效果。此外，部分企业受一定因素限制，难以重新开设账户，或倾向于账户混用。这些现象都使得动态追踪其绿色债券所募集资金是否流向绿色项目成为难题，并可能削弱第三方认证的可靠性，使得整个绿色债券市场面临声誉风险。

（三）绿色债券第三方认证发展前景探讨[①]

由于第二方评估对所发行债券绿色资质的核查并非完全独立，因此第三方认证相较第二方评估有明显的优势，第三方认证将有助于实现外部评估流程的标准化。目前，我国正在积极发展基于绿色债券标准开展的第三方认证。

1. 鼓励专业认证机构发展，培育扶持本土认证机构

目前，有关绿色债券第三方认证机构的准入条件和资质，我国监管部门尚未作出具体规定和要求。鉴于绿色债券认证的专业性要求和认证对于绿色债券发行与投资的重要意义，对第三方认证机构进行规范，有利于保证绿色债券的绿色属性，有利于绿色金融的发展。根据国际经验，从主动依照 GBP 进行认证的机构和 CBI 委员会认定的认证机构来看，认证机构可以是学术机构、审计机构、评级机构或环境领域咨询机构，包括环境社会治理（ESG）和企业社会责任（CSR）咨询机构。

为推动我国绿色债券市场的成熟发展，防止少数大机构垄断，我国应大力培育有专业能力、国际化的本土第三方绿色认证机构，保证我国绿色

---

① 本部分参考了王遥、曹畅：《中国绿色债券第三方认证的现状与前景》，载《环境保护》，2016（19）。

债券第三方认证市场的有序竞争和健康发展。

2. 出台绿色债券第三方认证行业性标准文件

目前，我国绿色债券第三方认证尚无统一的规范标准，不同认证机构采取的认证方式有所差异。统一的标准能够提升第三方认证的专业性、可信性和可靠性，从而有利于绿色债券的推广和发展。

需要注意的是，中国本土的绿色认证机构在开展认证业务时，应在严格遵循国内监管部门的公告指引的同时，兼顾国际市场的普遍共识准则（例如 GBP 或 CBI），从而使我国绿色债券认证业务既尊重中国国情，又具有国际化的特点。但目前国内标准和国际标准可能仍存在一定的矛盾，有待监管部门制定统一的行业性标准文件，提高认证评估结果的可比性，促进我国绿色债券市场与国际市场接轨。

在国内绿色债券日趋活跃的市场氛围下，绿色债券的第三方认证尚在发展、成熟的过程中。为确保第三方认证有效维护绿色信用，彰显绿色债券的价值，从而真正降低绿色融资的资金成本，需要监管部门对第三方认证进行进一步的规范和管理。

第四节　评级机构

评级机构是对绿色债券进行评级的中介性机构，是绿色金融体系的重要主体。信用评级主要评估发行人对绿色债券的偿债能力大小，通过评级的高低反映债券的违约风险高低，是债券发行定价的重要参考因素之一。但由于绿色债券是具有绿色属性的特殊债券，在传统评级体系之外，评级机构还需要深入分析绿色属性和绿色程度对债券违约风险的影响，比如针对项目的实际或预期的环境影响、管理结构以及与绿色债券发行相关的透明度方面定性或定量地进行评估。

一、绿色债券信用评级思路

（一）评级思路

1. 募投项目是否为绿色，绿色程度如何，是否涉及政策性因素。

　　绿色项目通常会受到政策支持，绿色债券发行人获得政府财政和监管支持的可能性及获得支持的力度如何，与项目的绿色程度息息相关，这将会对项目未来的盈利能力及现金流产生影响。具体到评级工作中，应该对以下因素进行分析：（1）项目是否在政府划定的绿色领域内；（2）政府是否能给予相应的政策，保障项目的顺利推进，确保按进度完成项目建设并进入项目运营期；（3）政府是否对绿色项目给予专项的财政补贴；（4）项目建设和运营存在困难时，政府是否能给予救助或者制定稳妥的移交方案等。

　　2. 发行人及相关参与方在环保、能源等方面的绿色意识和绿色投资意愿，也是对绿色债券评级的关注点。

　　如果发行人及相关参与方在绿色方面具有良好的征信记录，那么其在投资绿色项目方面的道德风险就相对较低，对项目资金的专项使用就更为规范。在评级工作中，评级机构应对发行人及相关参与方实施广泛的尽职调查，以确定其绿色信用状况。

　　对绿色债券进行评级时，还应在债券存续期内关注债券募集资金投向及使用情况、绿色承诺的实现程度等风险因素。此外，与普通债券一样，绿色债券如有保证担保、土地抵押、质押等增信措施时，在评级中还应评估其增信效果，以确定绿色债券的最终级别。

　　（二）各类绿色债券的评级主要关注点

　　根据绿色债券交易结构设计的不同，可以将其评级分为三大类：基于发行人的绿色债券评级、基于项目的绿色债券评级、基于地方政府的绿色债券评级，各类型评级中的主要关注点有所不同。

　　1. 基于发行人的绿色债券评级主要关注点

　　基于发行人的绿色债券评级包含绿色金融债券评级和一般绿色公司债券评级，这类绿色债券与发行人发行的非绿色债券无异。评级中主要关注发行人的偿债意愿、偿债能力、绿色意识、募集资金管理等因素，当然也需考察绿色项目的审批及可行性、政府支持的力度等。对于城投公司发行的绿色债券，鉴于城投公司以往对财政补贴有较强的依赖性，用较大规模的财政补贴作为偿债来源依然不可避免，因此，还应关注地方政府财政收入下滑的风险等。

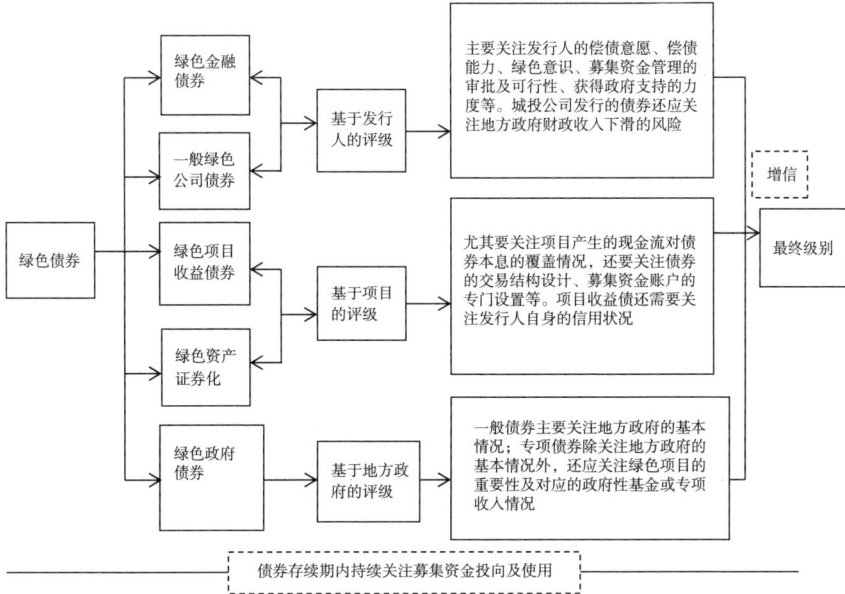

图5.2 绿色债券评级要点

2. 基于项目的绿色债券评级主要关注点

基于项目的绿色债券评级包括绿色项目收益债评级、绿色资产证券化评级。对于此类绿色债券，评级中尤其要关注绿色项目产生的现金流对债券本息的覆盖情况，其中由项目的绿色程度决定的政府支持力度分析是非常重要的关注点，因为政府支持力度极大影响着项目的现金流情况。当然，此类债券在评级中还需要关注债券的交易结构设计、募集资金账户的专门设置特性以及普通债券评级中需关注的要点。此外，对于项目收益债，由于存在差额补偿机制，所以严格来讲，其风险并未与发行人完全隔离，因此，还需关注发行人自身的信用状况。

3. 基于地方政府的绿色债券评级主要关注点

地方政府发行的绿色债券可以是一般债券也可以是专项债券。对于没有收益的绿色项目，地方政府可以发行一般债券，其评级与其发行的其他一般债券无异，主要关注地方政府的经济基础、财政实力与灵活性、债务负担与流动性、管理与治理能力等；对于有收益的绿色项目，地方政府可以发行专项债券，评级中除关注地方政府的基本情况外，还应关注绿色项目对政府的重要性及对应的政府性基金或专项收入情况。

（三）评级方法

绿色评级是绿色金融体系的基础性内容之一。绿色债券的审核和认证主要解决的是绿色债券是否"绿"的问题，信用评级则主要是评估发行人对绿色债券的偿债能力大小，评级级别的高低直接反映了企业发行债券的违约风险高低，是债券发行定价的重要参考因素之一。如果信用评级机构能深入分析绿色程度与债券违约风险之间的关系，并能评估绿色因素对债券违约风险的影响，就可以把对"绿色"的评估推进到可量化，使之成为债券定价的依据。本部分将以穆迪（Moody's）最近发布的绿色债券评估系列方法为例，简要介绍绿色债券评级方法。

穆迪的绿色债券评估方法使用计分表作为绿色债券发行的评估工具，考虑到了绿色债券评估中最重要的一些指标。具体而言，穆迪根据五大因素及其子因素对绿色债券进行评估，分配相应权重以反映其相对重要性，并由此得出综合等级。穆迪的绿色债券评估考虑的五大因素分别为：组织、募集资金用途、募集资金使用披露、募集资金管理和持续报告与披露。上述五个因素除了"募集资金用途"因素以外，其他四个因素均由 5 个子因素构成，各个因素从高到低按照从 1 到 5 分给予评分。五个因素被赋予的权重分别是：组织（15%）、募集资金用途（40%）、募集资金使用披露（10%）、收益管理（15%）和持续报告与披露（20%）。"募集资金用途"因素需要根据定性和定量的等级来进行评估，其他因素则根据其满足子因素标准的个数进行评分（满足五个子因素获得 1 分，满足其中四个获得 2 分，依此类推）。

每个因素最后的得分乘以该因素的权重可以得出综合加权系数分。综合加权系数分对应表 5.1 中相应区间分给出的评级符号。表 5.2 对评级符号进行了说明。

表 5.1　权重说明

GB1	GB2	GB3	GB4	GB5
≤1.5	1.5~2.5	2.5~3.5	3.5~4.5	>4.5

表5.2　评级符号及定义

等级	评价	说明
GB1	完美	绿色债券发行者采取了一个极好的方法去经营、管理发行债券筹集的资金，使之投入到环保项目中去，并能持续发布报告。预期能实现极好的环保效果。
GB2	很好	绿色债券发行者采取了一个很好的方法去经营、管理发行债券筹集的资金，使之投入到环保项目中去，并能持续发布报告。预期能实现很好的环保效果。
GB3	好	绿色债券发行者采取了一个好的方法去经营、管理发行债券筹集的资金，使之投入到环保项目中去，并能持续发布报告。预期能实现好的环保效果。
GB4	一般	绿色债券发行者采取了一个一般的方法去经营、管理发行债券筹集的资金，使之投入到环保项目中去，并能持续发布报告。预期能实现一般的环保效果。
GB5	差	绿色债券发行者采取了一个差的方法去经营、管理发行债券筹集的资金，使之投入到环保项目中去，并能持续发布报告。预期能实现较差的环保效果。

穆迪的绿色债券评估考虑的五大因素及相关各个子因素的具体说明如下。

因素1：组织（15%）

大多数绿色债券发行者有一个管理组织，该组织依靠其专业性，指派专门人员制定投资策略，评估、选择、批准和监督环境项目和活动。该组织必须具备国内外的专业管理知识。

穆迪对该组织在目标、对绿色债券资金使用的策略规划、对项目的选择和审核这几个环节上进行评估。评估包括了该组织的结构和决策流程、筛选项目的标准。穆迪也会考察该组织是否拥有一些国内外环境领域的专家资源。

表5.3中列出了评估"组织"因素的子因素。在评分中，根据满足因素个数的不同，给予对应的分数。当所有以下5条标准都满足，则评1分，如果满足以下三条标准，则评3分。

表5.3 "组织"的子因素及评分表

评分	1	2	3	4	5
满足子因素个数	所有子因素	4个子因素	3个子因素	2个子因素	1个子因素
（1）环境治理和组织架构是有效的					
（2）政策和程序的制定经过严格的决策流程和审查					
（3）拥有领域内有经验的专业人士或者可以依赖的第三方机构					
（4）为投资标的的选择制定明确而综合的标准，包括可衡量影响结果					
（5）决策的外部评估与项目特征相一致					

因素2：资金用途（40%）

绿色债券资金的使用将依照绿色债券原则——"旨在处理地区气候变暖、自然资源衰竭、生物多样性减弱等令人关注的问题"所要求的8个潜在合格的项目范畴。由于各种分类标准会不断地更新，目前还不存在一个统一的被大众广泛接受的合理绿色债券范畴。在评估资金用途的时候，穆迪使用了绿色债券原则的分类，也使用了其他的适用领域和机构的分类标准。比如能源与环境设计领导（LEED）、建筑研究机构环境测评方法（BREEAM），全球房地产可持续发展指标（GRESB）、绿色之星和能源之星等方法。

表5.4 绿色债券原则的分类

可再生能源
能源效率（包括有效率的建筑物）
可持续废物管理
可持续土地使用（包括可持续林业和农业）
生物多样性保护
清洁交通
可持续用水管理
适应气候变化
其他

　　穆迪采用绿色债券原则分类标准和其他适用的分类标准，根据资金投资合格项目的比例，采用定性和定量的方法来对发行债券的资金用途进行评分。穆迪目前的评分以现有准则为基础，随着未来新的科学定义的提出以及新技术的发展，绿色债券项目的分类标准可能会发生改变，用于评估影响资金用途的参数和定义也将会随之变化。

　　如表 5.5 所示，为了获得 1 级，超过 95% 的资金需要投入到合格的项目分类之中，这些项目分类是根据绿色债券原则建立的，并被一个或多个权威的绿色债券框架或分类规则（包括任何适用的监管指导方针）所认可。类似地，80%~90% 的资金用于合格的项目为等级 3。

表 5.5　资金用途评分等级所对应的相关要求

Score	Sub – factor
1	95%~100% 的资金投入到合格项目范围内
2	90%~95% 的资金投入到合格项目范围内
3	80%~90% 的资金投入到合格项目范围内
4	50%~80% 的资金投入到合格项目范围内
5	0~50% 的资金投入到合格项目范围内

因素 3：资金使用的披露（10%）

　　穆迪除了对债券所投资项目是否合格进行评估之外，也会对资金的实际使用情况进行评估。其评估参考因素也会考虑发行人信息披露的质量和透明度。具体子因素如表 5.6 所示。

表 5.6　资金使用评估的子因素及评分表

评分	1	2	3	4	5
满足子因素个数	5 个子因素	4 个子因素	3 个子因素	2 个子因素	1 个子因素
（1）描述绿色项目，包括投资组合的描述及确切的投资意向					
（2）拥有足够的资金和人才来完成项目					
（3）对目标结果进行定量或者定性的描述					

评分	1	2	3	4	5
（4）采用定性或者定量的方法和标准来计算项目的环保效益					
（5）发行人聘请第三方（第三方审查、审计或第三方认证）					

因素4：收益管理（15%）

投资人需要清晰地了解项目收益的管理情况。穆迪认为，项目收益的分配和管理情况必须由内部的一个独立组织，或者通过外部的第三方组织，进行评估和审计。具体评分子因素如表5.7所示：

表5.7 收益管理评估的子因素及评分表

评分	1	2	3	4	5
满足子因素个数	5个子因素	4个子因素	3个子因素	2个子因素	1个子因素
（1）债券收益在同一个会计标准下或者通过同一个指定收益的方法进行追踪					
（2）资金的用途依据环境范畴和项目类型进行划分					
（3）针对实际的资金分配，在计划内进行稳健的投资					
（4）清晰合理的现金余额投资计划					
（5）有外部组织审计或者内部有独立的审计单元					

因素5：持续报告与披露（20%）

债券发行以后，发行人会定期更新投资到具体项目中的资本情况，投资者可以通过简报、网站更新或者财务报表来获取这些信息。穆迪就此评估发行人更新报告的质量和频率。另外，穆迪会关注发行人对项目环境效益的披露，包括采用客观指标（如果存在）或者定性描述来衡量环境影响。关注点如表5.8所示：

表 5.8　持续报告与披露的子因素及评分表

评分	1	2	3	4	5
满足子因素个数	5 个子因素	4 个子因素	3 个子因素	2 个子因素	1 个子因素
（1）报告发行后，对项目的进展情况进行及时的更新					
（2）整个债券周期中持续发布预期的年报					
（3）信息披露中提供了投资项目的细节及其预期环境影响					
（4）根据项目进展情况，报告提供了定量和定性的环境影响评估					
（5）报告定性和定量地解释了债券的发行如何实现对环境的影响					

除以上因素外，穆迪还会在评级时考虑以下事项，包括：发行人所在国家的信用评级、发行人的公司治理和财务控制、事件风险（可能包括合并或其他事件对发行人环境可持续性投资策略造成的突然改变）和市场力量的改变或者规则对投资和回报产生的实质性影响。穆迪的评估还包含了对未来业绩的预期，例如，发行者是否按照计划去配置绿色债券；在某些情况下，穆迪对未来业绩的预期可能依据一些很机密的、未公布的信息；在其他情况下，穆迪会参照同行的公司，基于过去的业绩和趋势来评估未来的结果。

但是穆迪计分表所考虑的评估方法是一种简化的评估方法，计分表中的五个影响因素也不能代表所有绿色债券评估所需的重要因素。此外，绿色债券是一种新兴的融资手段，正经历着快速发展。绿色债券的特点在某些环境下比较独特，计分表可能无法充分掌握其特点；科学研究或者其他的发展可能会导致绿色债券的分类标准发生变化，但是计分表不会立即作出响应。这些因素都会导致绿色债券评级方法和计分表的结构存在差异。

穆迪的绿色债券信用评级方法既对发行人进行了具体（信用）评级，也对绿色债券的绿色成分做了相应的评估，对国内信用评级机构研究绿色债券评级具有借鉴意义。

（四）信用评级情况

国内外现存贴标绿色债券中，43%的债券具有 AAA 评级，其发行人主要为大型开发银行，如世界银行、国际金融公司（IFC）及欧洲投资银行。从图 5.3 中可以看到，贴标绿色债券的评级基本都在 BBB 级及以上评级（投资级），占债券存量的 82%。[①]

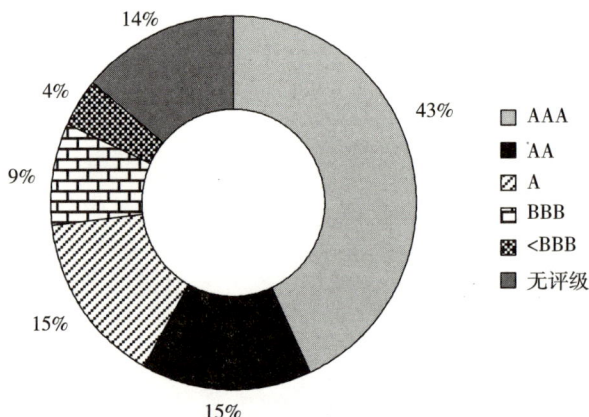

资料来源：气候债券倡议组织：《债券与气候变化：市场现状报告2016》。

图 5.3　贴标绿色债券信用评级分布情况

（五）国内绿色债券信用评级发展展望

第一，政府应主导建立一个由环境监管部门、金融机构、中介和评级机构等多方参与的绿色认证体系，对所有投资的绿色项目的环境效益提供可以描述、量化及评定的方案。该机构应具有出具"第二意见"的权威，审查现有和未来的绿色债券标准和法规，加强绿色债券的款项跟踪管理，实现资金去向可追溯的资格。此外，在第三方认证方面，除了引进国际的独立机构外，还应鼓励发展中国的第三方独立认证机构。

第二，加强绿色债券的环境信息披露。绿色债券发行前，发行主体可以聘请专业第三方机构提供绿色债券的认证。发行后，第三方机构可以提供对资金用途和节能减排效益的评估，以此判断项目的绿色程度。只有提供了充

---

① 气候债券倡议组织（CBI）：《债券与气候变化：市场现状报告2016》。

分的企业环境信息，投资者才得以判断企业的绿色程度，资本市场才能用脚投票，将更多的资金投入到绿色企业，减少对污染性企业的投资。

第三，鼓励和支持信用评级公司的环境与绿色评级业务。环境与绿色评级可由第三方评级公司在评估债券信用风险的基础上，增加环境影响的分析，为投资者提供较为清晰、全面的信息。初期可以采取双评级制度，即保留传统的评级，同时推出单独的绿色评级，后者考虑了发债企业的环境影响信息，对环境友好企业予以较高评分，对环境不友好企业予以较低评分，使评级高低直接同融资成本挂钩。未来可发展为一体化的评级制度，将环境评级内化到总体评级中。对环境表现不好及披露不足的公司予以揭示，降低其评级等级，对其形成一定的监督和约束作用。

二、国内绿色债券评级机构

（一）国内绿色债券评级机构业务概览

对 2016 年贴标绿色债券的统计结果显示，目前大多数绿色债券主要由中诚信证券评估有限公司、联合资信评估有限公司、大公国际资信评估有限公司和上海新世纪资信评估投资服务有限公司等进行评级工作。

表 5.9　2016 年贴标绿色债券评级统计

评级机构	评估数量	债券名称
上海新世纪资信评估投资服务有限公司	17	16 浦发绿色金融债 01、16 兴业绿色金融债 01、16 青岛银行绿色金融债 01、16 青岛银行绿色金融债 02、16 浦发绿色金融债 02、16 兴业绿色金融债 02、16 浦发绿色金融债 03、G16 北 Y1、G16 北控 1 等
大公国际资信评估有限公司	7	G16 节能 1、G16 节能 2、G16 节能 3、G16 节能 4、G16 京汽 1、G16 国网 1、G16 国网 2
联合资信评估有限公司	18	16 江西银行绿色金融 01、16 江西银行绿色金融 02、16 江西银行绿色金融 03、16 江西银行绿色金融 04 等
中诚信证券评估有限公司	3	G16 嘉化 1、G16 三峡 1、G16 三峡 2
联合信用评级有限公司	1	G16 能新 1
中诚信国际信用评级有限责任公司	1	16 新开发绿色金融债 01

资料来源：根据 Wind 资讯整理。

（二）国内主要绿色债券评级方法简介

目前，我国绿色债券市场的主要四家评级机构均已推出各自的绿色债券评级方法。不同评级机构的方法略有不同，但主要思路保持了一定程度的一致性。

1. 中诚信国际绿色债券评估方法①

中诚信国际绿色债券评估体系采用打分卡模式，针对 4 项一级指标、21 项二级指标进行打分，将各一级指标得分与相应权重相乘并加总，以获得综合得分，并根据综合得分确认绿色债券最终等级。

评估体系主要涵盖四个方面：募集资金投向评估、募集资金使用评估、环境效益实现可能性评估和信息披露评估。绿色债券评估考量的因素包括但不限于相关监管文件、债券发行文件、访谈记录及其他公开或来源可靠的非公开信息。

该体系使用区别于普通债券评级的独立符号及定义。评级共分为五级，分别为 G-1 至 G-5，从高到低表明了绿色债券在募集资金投向、使用及配置于绿色项目过程中所采取措施的有效性，以及由此实现既定环境目标的可能性。

2. 联合资信评估有限公司绿色债券信用评级方法②

联合资信评估有限公司的信用评级体系主要包括三部分内容：评估环境风险对行业评级的影响、评估绿色债券的合规性、评估绿色属性对绿色债券信用风险的影响。

在评估环境风险对行业评级的影响方面，联合资信将环境风险纳入"行业周期性与竞争力"的评价要素之一。考虑到环境外部性的量化尚存在困难，因此联合资信主要参考我国环保部和各行业污染物排放的相关资料，将环境风险评价结果分为"很高、高、一般、低、很低"五个等级。

在合规性方面，联合资信主要根据绿色债券相关规定和标准、评级机构掌握的资料以及第三方中介机构的评估结果，对绿色债券的募集资金使

---

① 中诚信国际：《中诚信国际绿色债券评估方法》，中诚信国际信用评级有限责任公司，2016 年 8 月。http：//www. ccxi. com. cn/RedirectDown. do？cid＝286d&id＝9717.

② 联合资信：《绿色债券信用评级方法》，联合资信评估有限公司，2016 年 12 月。http：//www. lhratings. com/file/47c5bf74－4cdf－436c－a1a0－a65c9d8add1f. pdf.

用和管理、项目评估与筛选、信息披露和报告等方面进行披露和简要评价，但该评价不作为对其绿色属性或绿色程度的鉴定/评估结果。资料来源包括但不限于发行文件、监管文件、发行人相关报告以及说明材料（如有）和其他公开可用信息。

在评估绿色属性对绿色债券信用风险的影响时，评估人员考量的因素包括但不限于：绿色债券标准，针对绿色债券的政府补贴、税收等优惠政策，碳交易、环保激励或处罚政策，环境风险、法律风险和声誉风险等，技术提升对于资金成本的影响，绿色担保，绿色保险，绿色基金和社会责任投资等。

3. 大公绿色债券认证评估方法[①]

大公国际资信评估有限公司的评估体系以确保募集资金通过绿色募投项目产生最大程度的绿色效益为核心目标，通过内外部两方面的影响因素全面展开认证评估，既考虑绿色债券募投项目自身因素，又考虑影响募集资金绿色用途等外部因素。

对绿色债券内外部影响因素的全面考察可具体分解为三大层面：一是识别募投项目是否具有绿色属性；二是评价绿色项目的绿色效益程度；三是考察募集资金实现绿色效益的保障机制。这三大层面具有层层递进的关系。如果前一方面被认定为缺乏证据或无法评估，则可直接认定为未通过绿色债券认证评估。

三大层面更进一步地归结为四个要素：募集资金投向、募集资金使用与管理、信息披露和治理架构，权重分别为 40%、30%、15%、15%。募集资金投向主要从募投项目的绿色属性和社会环境效益的角度进行分析，后三个要素主要从保障因素的角度进行分析。通过对这四个要素的评估分析，最终可判断绿色债券的绿色属性和绿色程度。

该评估体系对绿色债券的认证评估采用打分卡形式，对四大要素构建指标打分体系，进而量化打分，然后按照各要素权重加权计算综合得分，并最终映射为深绿、中绿、较绿、浅绿（标示为 G1 – G4）或非绿（NG）等级。评级级别反映了发行人在募集资金投向、使用及管理过程中采取的

---

①　大公资信：《大公绿色债券认证评估方法》，大公国际资信评估有限公司，2017 年 4 月。http：//www. dagongcredit. com/uploadfile/2017/0428/20170428043533195. pdf.

措施的规范性和有效性，以及可以保证项目产生显著绿色效益的程度。

4. 新世纪评级绿色债券评估认证方法①

新世纪资信评估投资服务有限公司的评级体系主要从绿色债券募集资金用途、项目环境效益、发行人绿色项目投资机制和信息披露与报告情况四个方面展开评估认证，最终确定债券的绿色等级。其中，募集资金用途共包含两个子因素，其余三个方面包含三个子因素，共十一个因素。

该评估体系对绿色债券的评级共分为深绿、绿、中绿、浅绿（标示为G1 - G4）或非绿（NG）等级。评级级别反映了债券发行人的募集资金使用及管理、项目筛选等的有效性，是否能确保筹集资金投入到绿色项目中，信息披露的质量，以及预期实现环境效益的程度。

绿色债券仍处于起步阶段，有关绿色债券的评级工作同样如此，如何结合中国国情，制定出比较完善和统一的绿色债券评级规则，确保评级的有效性、可信性和专业性，需要在实践中不断讨论和改进。从信用评级角度推动国内绿色债券发展来看，需要尽快明确绿色评级的权威性，要求企业加强后续环境信息披露，在实践操作中加强对绿色项目全生命周期的绿色评价和认证，将社会、环境与治理全方位地纳入到评级体系中，全方位提高绿色债券评估效率。

三、国际绿色债券评级机构

（一）国际绿色债券评级机构业务概览

目前国际市场尚未建立面向绿色债券的绿色评级体系，只是引入了第三方认证。第三方绿色债券的审核和认证主要解决的是绿色债券是否"绿"的问题，信用评级则主要是评估发行人对绿色债券的偿债能力大小，两者存在一定差异。但是国际上现有的绿色债券第三方认证也能在一定程度上说明债券的绿色程度，具有一定参考意义。

（二）国际主要绿色债券评级方法简介

1. CICERO 的债券绿色度评分方法

---

① 新世纪评级：《绿色债券评估认证方法》，上海新世纪资信评估投资服务有限公司，2017年4月。http：//www.shxsj.com/uploadfile/kanwu/20170419 - 1.pdf.

CICERO 作为一个独立非营利气候研究所，在出具第二方意见时，基于低碳、气候适应经济的要求，对特定绿色债券项目按短、中、长期三类划分，分别对他们预期影响环境的效果进行评估。其在评估中采用绿色阴影法（Shades of Green Methodology），基于最新的气候和环境科学的方法，利用浅绿、中绿或深绿色阴影对债券的绿色程度进行标示。[1] 利用这种动态评估方法，CICERO 旨在阻止回弹效应、锁定效应[2]或其他外部效应。

2. Oekom 的可持续发展债券评级

Oekom 是世界领先的可持续投资领域评级机构之一，同时作为一个第二方意见提供方，其评级工作也是其第二方意见的一部分。[3] Oekom 的可持续性债券评级基于对绿色债券及其发行人详细的环境、社会和治理分析（后者以 Oekom 的"公司可持续性评级"表示），利用标准化的条件和定量指标，通过可持续性债券评级，评估由绿色债券融资的项目所带来的可持续性价值和绩效的增加。与 CICERO 不同，Oekom 在项目层面评估绿色债券。

3. 穆迪的绿色债券评估

穆迪的绿色债券评估（GBA），代表了穆迪对发行人在管理和分配募集资金、披露融资项目信息等方面的程序和做法的前瞻性意见。[4] 评估从组织情况、募集资金用途、募集资金使用披露、收益管理[5]，以及持续报告与披露等五个关键因素进行加权评分，最终评估结果分为五级，从优秀至较差为 GB1 至 GB5，给出绿色债券的绿色程度评价。

4. 标准普尔绿色债券评估工具

2016 年 9 月，评级机构标准普尔提出一套绿色债券的评估框架和评分方法，旨在对债券融资的项目和资产的环境影响提供定性和定量的全项目

---

① CICERO. (2016). Framework for CICERO's Second Opinions on Green Bond Investments.

② 回弹效应，指能源效率提高所带来的能源成本降低等结果，可能引起更多的能源消费，反而不利于减缓温室效应；锁定效应，指一旦某项新的技术制度系统被确定采用，便会趋于稳定，扩展规模并占据市场，从而阻碍了更进一步的创新，因此，短期有益于气候的技术可能在长期带来牵制。

③ http：//oekom – research. com/index _ en. php？content = second _ party _ opinion.

④ Moody's. (2016). Green Bonds Assessment（GBA），Moody's Investor Service.

⑤ 例如，为了在权重占 40％ 的募集资金使用一项中最终得分达到 GB1（优秀），根据发行人的定义以及绿色债券原则和其他适用的分类法，95％ 的资金需要分配到合格项目类别。

周期评估。① 该评估在相关的常规基准情景下进行，计算净环境影响，并以气候压力缓解得分进行表示，即在债筹资金用于气候适应项目的情况下，该评估根据气候压力（例如极端天气）下因项目获得的气候效益（即项目投入后因气候压力导致的预期社会、环境和财政的损失，与不投入项目而采取应对措施的开支进行比较，得出结果），来计算该项目的气候压力缓解得分。同时，最终的分数还要考虑到透明度分数（重点关注发行人的信息披露、报告和资金管理的质量等内容）和治理分数（重点关注发行人的认证情况、影响评估、风险监测和内部管理等内容）等因素。

---

① S&P. (2016). Proposal for A Green Bond Evaluation Tool.

第六章　中国绿色债券市场分析

2016 年是中国贴标绿色债券①市场元年。自 2016 年 1 月浦发银行发行首单绿色金融债以来，众多金融机构与企业积极参与到绿色债券这个新兴市场中。中国债券市场的快速发展为绿色债券的发展提供了更为广阔的空间。同时，随着经济转型和绿色发展理念的深入推进，更多的投资机会也进一步推动了我国绿色债券的发展。

本章从多角度对中国绿色债券发行市场进行了详细的介绍和分析，主要选取中国境内发行的绿色债券作为分析对象，不包括在境外发行的绿色债券。第一节分别从发行市场、期限与评级以及发行方式等对中国绿色债券市场的发行情况进行论述；第二节在第一节的基础上，进一步探讨了发行主体、资金用途以及发行利率；第三节对中国绿色债券二级市场进行分析，内容包括市场交易规模、月度交易情况、市场活跃程度以及债券信用水平；第四节主要介绍绿色债券承销商以及验证机构等市场服务机构。

第一节　发行情况分析

一、发行情况概述

根据 Wind 数据库公开数据，2016 年中国债券市场上的贴标绿色债券发行规模达 2052.31 亿元（约合 297.17 亿美元），包括了 33 个发行主体发行的金融债、企业债、公司债、中期票据、国际机构债和资产支持证券等

---

① 获得相关债券发行审批部门的认可，允许名称中带有绿色字样的债券。

各类债券共53只，其中有29个主体发行了49只①共计1985.3亿元的绿色信用债券；4个主体②发行了4只共计67.01亿元的绿色资产支持债券。

表6.1 绿色债券按照债券种类分类

类别	绿债发行额（亿元）	绿债发行只数（只）	平均单笔融资规模（亿元）
金融债	1550.00	21	73.81
企业债	140.90	5	28.18
公司债	182.40	14	13.03
中期票据	82.00	8	10.25
国际机构债	30.00	1	30.00
资产支持证券	67.01	4	16.75
合计	2052.31	53	38.72

数据来源：Wind 数据库，中央财经大学绿色金融国际研究院。

截至2016年，中国绿色债券市场主要涉及6个债券种类，其中绿色金融债发行21只，共计1550亿元，无论是发行额、发行只数还是平均单笔融资规模都是最高的。这一方面说明金融企业有为支持绿色信贷而产生的融资需求，另一方面也体现出以商业银行为代表的金融机构履行社会责任的意愿较强。例如，兴业银行是我国最早成立环境金融事业部的商业银行，而工商银行不仅在传统业务领域处于龙头地位，在绿色债券承销领域也当仁不让，这都反映出商业银行无论现在或是未来都是中国绿色发展的重要力量。

发行额和发行只数位列第二的是绿色公司债，考虑到公司债主要是在交易所发行，因此交易所是绿色债券获得绿色项目融资的最直接场所。上海证券交易所于2016年3月试水绿色公司债券业务，一个月后，深圳证券交易所发布了关于开展绿色公司债券业务试点的通知，截至2016年末，仅

---

① 鉴于资产支持证券的一些特殊性，接下来的内容我们将着重对这49只绿色信用债进行详细剖析。

② 绿色资产支持证券的发行主体此处指的是资产的原始所有人，而非作为 SPV 管理人的中介金融机构。故本年度绿色资产证券的发行主体有：兴业银行股份有限公司、新疆金风科技股份有限公司、无锡交通产业集团以及中国葛洲坝集团股份有限公司。其中兴业银行和金风科技还参与了绿色信用债券的发行。

仅经历了9个月的时间就可以获得如此的发展也得益于交易所的积极推广和政策激励。

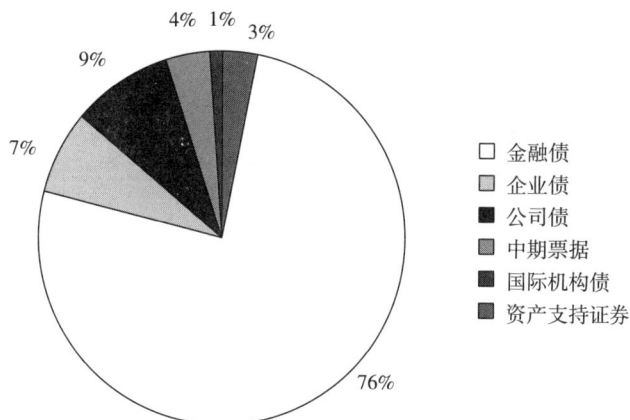

图6.1 各类绿色债券按照债券金额占比

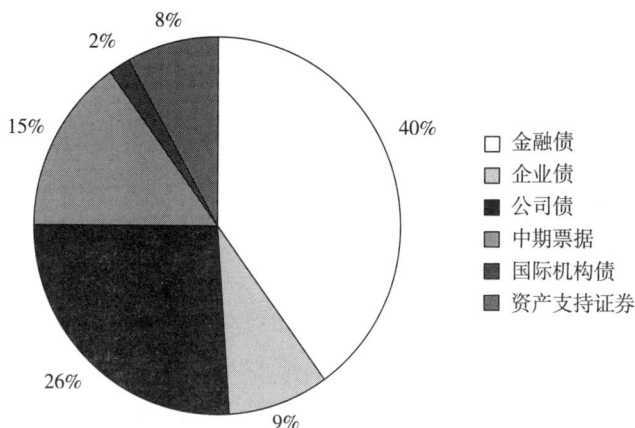

图6.2 各类绿色债券按照债券只数占比

图6.1和图6.2分别是绿色债券按照债券种类划分的金额、只数比例图，清晰地描述了各债券种类的比例关系。绿色金融债的发债金额占总体

金额的76%，但是从发行只数来看，绿色金融债的占比虽然依旧最高，但是与其他各类债券的差距有所减小。公司债、企业债、中期票据的发行只数占到了全部绿色债券发行只数的58%，它们的资金募集主体是有实际需求的绿色企业或是进行绿色项目建设的企业，这说明绿色企业或者建设绿色项目的企业参与度较高，中国绿色债券市场已初步实现了对绿色发展的支持。

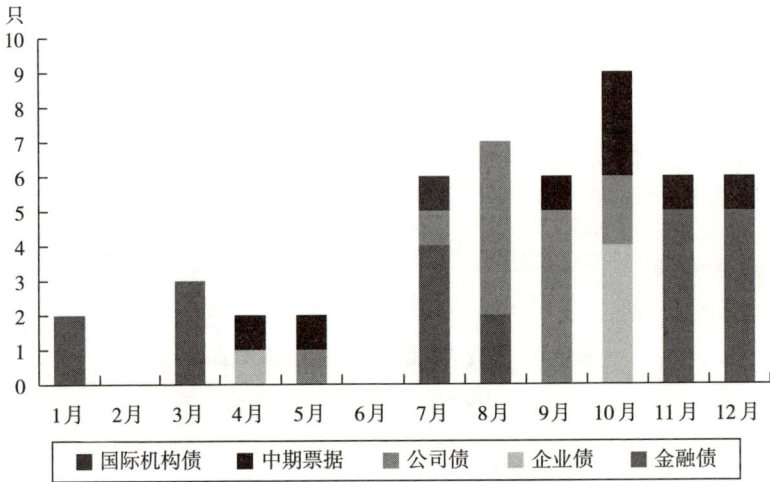

数据来源：Wind 数据库，中央财经大学绿色金融国际研究院。

图 6.3　2016 年月度各债种发行只数

从图 6.3 以及图 6.4 的 2016 年月度发行情况可以看出，绿色债券的发行波动很大，无论是发行只数还是发行额都很不稳定，一些月份发行很集中，而一些月份则没有发行。这主要是由于绿色债券这一概念还比较新，处于推广阶段，发行量较少，所以从数据上体现出集中度高的情况。这就需要各方力量注入更多的活力来改变这一现状。表 6.2 是不同类别绿色债券与债券市场总体的对比关系。从中可以看出，除绿色中期票据外，其他种类绿色债券的平均单只融资规模均大于普通债券，因此绿色债券平均单笔融资规模都比较大。图 6.5 直观地展示了不同类别绿色债券占相应类别债券总发行量的比例。

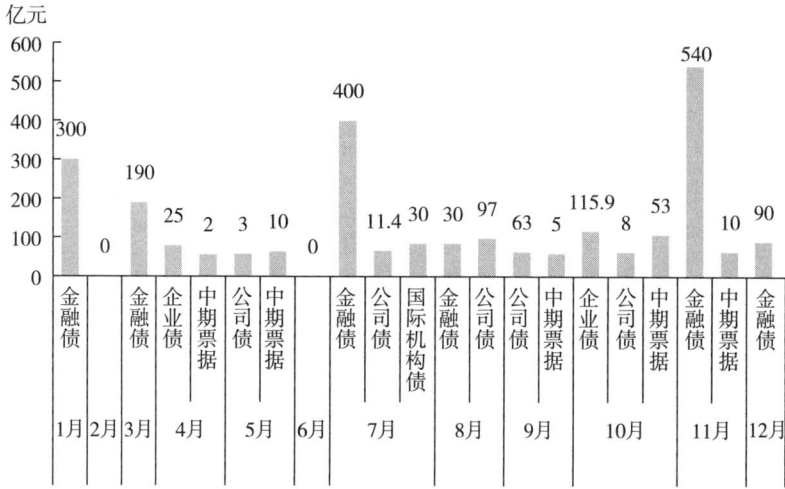

数据来源：Wind 数据库，中央财经大学绿色金融国际研究院。

图 6.4 2016 年月度各债种发行金额

表 6.2 绿色债券与债券市场总体对比

类别	绿债发行额（亿元）	绿债发行只数	平均单笔融资规模	发行额（亿元）	发行只数	平均单笔融资规模
国债	—	—	—	30665.80	148	207.20
地方政府债	—	—	—	60458.40	1159	52.16
同业存单	—	—	—	130221.60	16780	7.76
金融债	1550	21	73.81	46277.00	1042	44.41
企业债	140.9	5	28.18	5925.70	498	11.90
公司债	182.4	14	13.03	27779.24	2839	9.78
中期票据	82	8	10.25	11446.10	908	12.61
短期融资券	—	—	—	33675.85	2636	12.78
定向工具	—	—	—	6024.15	741	8.13
国际机构债	30	1	30.00	130	5	26.00
政府支持机构债	—	—	—	1400.00	14	100.00
资产支持证券	67.01	4	16.75	8639.32	2224	3.88
可转债	—	—	—	212.52	11	19.32
可交换债	—	—	—	671.19	70	9.59
合计	2052.31	53	38.72	363526.87	29075	12.50

数据来源：Wind 数据库，中央财经大学绿色金融国际研究院。

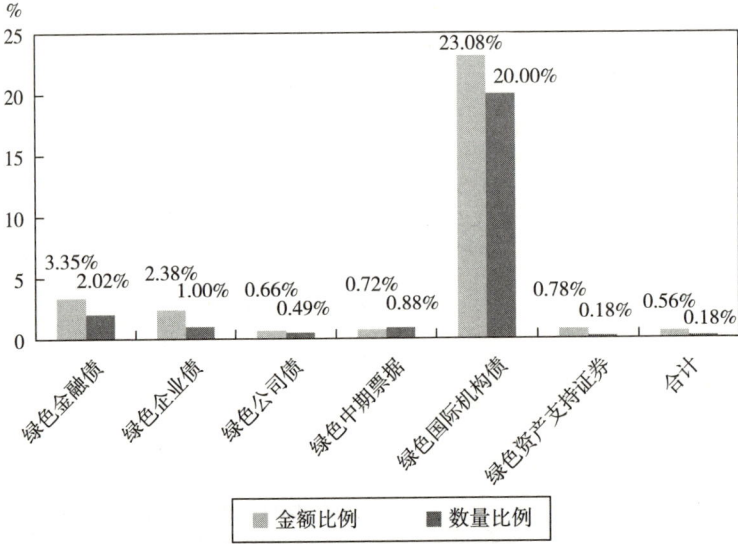

数据来源：Wind 数据库，中央财经大学绿色金融国际研究院。

图6.5 绿色债券占债券总发行量比例

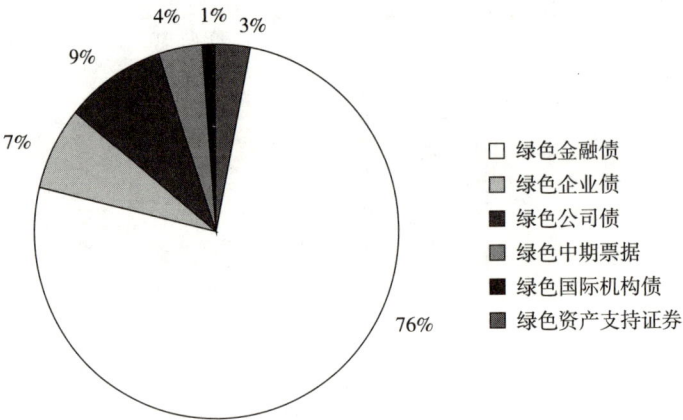

数据来源：Wind 数据库，中央财经大学绿色金融国际研究院。

图6.6 不同类别绿色债券发行额度占所有绿色债券总发行额的比重

从图6.6中可以看出，除绿色国际机构债外（其整体市场规模较小），绿色金融债在同类债券市场中的金额占比仍然是最大的。目前绿色金融债的主要用途是为绿色信贷融资。从短期来看，由于我国绿色信贷业务已初具规模，通过银行作为中介对绿色项目进行审核可以增强绿色债券的信誉，确保资金用于绿色项目，推动整个绿色债券市场的快速发展；但是从长期来看，我们还是建议绿色企业或绿色项目建设可以通过绿色债券直接融资，一方面可以使绿色项目的信息更方便地被市场获取，增强绿色项目的信息透明度，提高绿色债券市场的公信力；另一方面也可以降低企业融资成本，更有利于环境友好型企业的长效发展。

二、发行市场分析

表6.3　绿色债券不同发行市场分布比例

地点	发行金额（亿元）	比例（%）	市场总体比例（%）	发行只数（只）	比例（%）	市场总体比例（%）
跨市场	140.90	7.10	4.69	5	10.20	4.61
上海	182.40	9.19	10.49	14	28.57	10.43
深圳	0.00	0.00	3.80	0	0.00	3.70
银行间	1662.00	83.71	81.02	30	61.23	81.26
总计	1985.30	100.00	100.00	49	100.00	100.00

数据来源：Wind 数据库，中央财经大学绿色金融国际研究院。

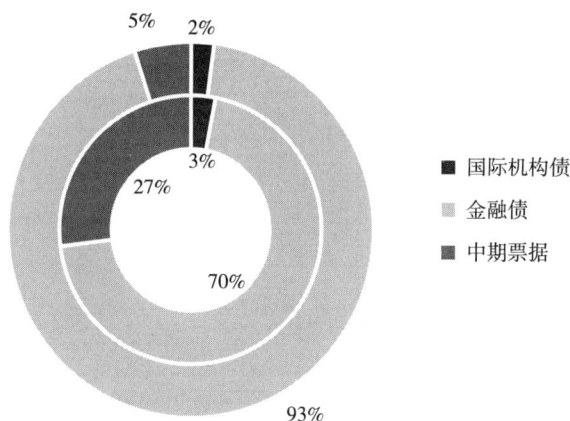

数据来源：Wind 数据库，中央财经大学绿色金融国际研究院。

图6.7　银行间债券市场各债券比例

从表6.3中不难看出，银行间债券市场是绿色债券的主要发行场所，其发行金额占比高达83.71%。从发行只数来看，银行间市场也是发行最多的市场，其占比超过六成。综合以上信息还可以看出，银行间市场发行的绿色债券平均单只融资规模也是最高的。通过图6.7我们可以发现，银行间债券市场发行金额的93%和发行数量的70%来自于绿色金融债，这也解释了为何银行间债券市场的绿色债券平均单只融资规模较大。

表6.3中还有一个现象值得注意，上海证券交易所绿债的发行只数占绿债市场整体比例为28.57%，而上海证券交易所普通债券的发行只数占市场的整体比例仅为10.43%，绿债比例是后者的近三倍，这也印证了上海证券交易所在绿色债券市场上的参与度很高，对绿债市场的发展有着积极的推动作用。

三、期限及评级分析

2016年度发行的49只绿色债券中共有4只没有债项评级：分别为G16唐新1（非公开发行）、16云能投GN001（非公开发行）、16农发绿债22和16进出绿色债01。作为替代，两只非公开发行债券的债项评级在统计中使用其主体评级替代，两只政策性银行债的债项评级给予最高评级AAA级。

表6.4 绿色债券期限评级分布①

期限 ＼ 只数 ＼ 评级	AA	AA +	AAA	总计
3	3	5	7	15
5	3	5	18	26
7	1	—	3	4
8	—	—	1	1
10	—	—	2	2
15	—	—	1	1
总计	7	10	32	49

数据来源：Wind数据库，中央财经大学绿色金融国际研究院。

----

① 永续债券的期限按照第一次续期的时间计算。

从表 6.4 中不难发现，2016 年新发行的绿色债券以高评级、中短期债券为主，期限超过 10 年的长期债券和评级低于 AA + 级的债券都比较少，可见当前的绿色债券资质相对较好。

表 6.5 绿色债券种类期限分布

期限 \ 只数 \ 种类	国际机构债	金融债	公司债	企业债	中期票据	总计
3	—	11	1	1	2	15
5	1	10	8	2	5	26
7	—	—	2	2	—	4
8	—	—	1	—	—	1
10	—	—	2	—	—	2
15	—	—	—	—	1	1
总计	1	21	14	5	8	49

数据来源：Wind 数据库，中央财经大学绿色金融国际研究院。

从表 6.5 可以看出，绿色金融债的发行期限主要集中在 3 年和 5 年，更长期限的绿色金融债没有发行；绿色公司债以 5 年期为主，其他期限分布较为均衡。

表 6.6 绿色债券种类评级分布

评级 \ 只数 \ 种类	国际机构债	金融债	公司债	企业债	中期票据	总计
AA	—	3	1	2	1	7
AA +	—	8	—	—	2	10
AAA	1	10	13	3	5	32
总计	1	21	14	5	8	49

数据来源：Wind 数据库，中央财经大学绿色金融国际研究院。

通过表 6.6 可以看出，AA + 级及以上的高评级债券在绿色债券中占比超过了八成，其他绿色债券的评级也都高于 AA 级，因此绿色债券的信用评级都比较高。企业债中 AA 评级的两只（占绿色企业债的 40%），其发行主体均为民营企业，说明发改委在对绿色债券的审批过程中落实了为民营绿色企业融资的初衷。

四、发行方式分析

表 6.7　绿色债券发行方式分布

发行方式	绿债发行额（亿元）	绿债发行只数
公募	1970.30	47
私募	15.00	2
总计	1985.30	49

数据来源：Wind 数据库，中央财经大学绿色金融国际研究院。

公募发行是绿色债券的主要发行方式，2016 年共有 47 只债券以公募方式发行，2 只私募发行的债券中，一只在银行间债券市场以中期票据形式发行，另一只在上海证券交易所以公司债的形式发行，其发行主体的业务均涉及清洁能源，且都是取得 AAA 评级的国有企业。

第二节　发行主体和利率分析

一、发行主体分析

从行业分类来看，2016 年参与发行绿色债券（信用类债券）的 29 个主体涉及金融业、采矿业、电力能源类、水务类、制造业、交通基础业、商业服务及物品类、综合类等 8 类行业[①]。

表 6.8　发行企业所属行业情况

行业	发行人	绿债发行额（亿元）	绿债发行只数
材料Ⅱ	格林美股份有限公司	5	1
	浙江嘉化能源化工股份有限公司	3	1
	行业总计	8	2
多元金融	云南省能源投资集团有限公司	5	1

---

① 采用 Wind 行业二级分类。

行业	发行人	绿债发行额（亿元）	绿债发行只数
公用事业Ⅱ	中国大唐集团新能源股份有限公司	20	3
	中国长江三峡集团公司	60	2
	国家电网公司	100	2
	北控水务（中国）投资有限公司	56	2
	北控水务集团有限公司	7	1
	华能新能源股份有限公司	11.4	1
	协合风电投资有限公司	2	1
	行业总计	256.4	12
汽车与汽车零部件	北京汽车股份有限公司	25	1
商业和专业服务	北京清新环境技术股份有限公司	10.9	1
	博天环境集团股份有限公司	3	1
	行业总计	13.9	2
银行	青岛银行股份有限公司	80	4
	江西银行股份有限公司	80	4
	上海浦东发展银行股份有限公司	500	3
	兴业银行股份有限公司	500	3
	交通银行股份有限公司	300	2
	广东华兴银行股份有限公司	10	1
	江苏南通农村商业银行股份有限公司	5	1
	乌鲁木齐银行股份有限公司	5	1
	新开发银行	30	1
	中国进出口银行	10	1
	中国农业发展银行	60	1
	行业总计	1580.00	22
运输	武汉地铁集团有限公司	20	1
资本货物	中国节能环保集团公司	50	4
	新疆金风科技股份有限公司	15	2
	盾安控股集团有限公司	10	1
	江苏省国信资产管理集团有限公司	2	1
	行业总计	77	8
总计		1985.30	49

数据来源：Wind 数据库，中央财经大学绿色金融国际研究院。

正如前文所说，商业银行往往有着更高的意愿履行社会责任，八个行业中银行业参与度最高，共有 11 家银行参与绿色债券的发行。

通过表 6.9 可以看出，发行绿色债券的 11 家银行中涉及两家政策性银行——中国进出口银行与中国农业发展银行，各发行了 1 只绿色债券。虽然国有五大行①在海外发行绿色债券的热情方兴未艾，但在境内的发行情况却不容乐观，只有中国交通银行在境内发行了 2 只人民币绿色债券，且此次发行的债券利率创下了 3 年期金融债券利率的历史新低。

在国内债券市场发行绿色债券的银行还包括新开发银行，由该银行发行的绿色债券是国际金融机构首次在中国银行间债券市场发行的人民币绿色金融债，也是由金砖国家发起建立的新开发银行首次亮相资本市场。此次债券发行顺应了我国对外开放区域结构转型的需要，对促进金砖国家及其他新兴经济体和发展中国家的经济金融合作具有重要战略意义。

其他绿色金融债的发行者为 7 家股份制商业银行，其中兴业银行和浦发银行是国内绿色债券市场总发行规模最大的企业，均达到 500 亿元人民币，其单只发行规模（200 亿元）也是国内最大。银行业中，发行绿色债券数量最多的是青岛银行和江西银行，均发行了 4 只绿色债券。

表 6.9　发行主体企业性质分类

企业性质②	主体个数（家）	债券只数（只）	发行额（亿元）
国有企业	17	28	526.4
公众企业	5	14	1395
民营企业	6	6	33.9

数据来源：Wind 数据库，中央财经大学绿色金融国际研究院。

从企业性质来看，2016 年绿色债券发行主体主要是国有企业，共有 17 家中央或地方国有企业参与绿色债券的发行；民营企业虽有参与，但无论是参与企业个数或是发行的绿色债券只数、规模都相对较小，在未来应更多鼓励能够活跃市场氛围的绿色民营企业参与到绿色债券的发行市场中。

非银行企业中，国家电网公司的绿色债券总发行规模最大，达到 100 亿元，且其单笔融资规模也是最大，达到 50 亿元。发行数量最多的企业则

---

① 中国工商银行、中国农业银行、中国银行、中国建设银行和交通银行。
② 企业性质按照 Wind 数据库分类标准进行分类。

是中国节能环保集团公司，总计发行了 4 只绿色债券。

民营企业中，除新疆金风科技股份有限公司外，其他企业均只发行过 1 只绿色债券，其中北京清新环境技术股份有限公司的绿色债券总发行规模最大，达到 10.9 亿元。

表 6.10　发行企业所在地情况

发行人	绿债发行额（亿元）	绿债发行只数
北京	415.3	21
北京汽车股份有限公司	25	1
北京清新环境技术股份有限公司	10.9	1
北控水务（中国）投资有限公司	56	2
北控水务集团有限公司	7	1
博天环境集团股份有限公司	3	1
国家电网公司	100	2
华能新能源股份有限公司	11.4	1
协合风电投资有限公司	2	1
中国大唐集团新能源股份有限公司	20	3
中国节能环保集团公司	50	4
中国进出口银行	10	1
中国农业发展银行	60	1
中国长江三峡集团公司	60	2
福建省	500	3
兴业银行股份有限公司	500	3
广东省	15	2
格林美股份有限公司	5	1
广东华兴银行股份有限公司	10	1
湖北省	20	1
武汉地铁集团有限公司	20	1
江苏省	7	2
江苏南通农村商业银行股份有限公司	5	1
江苏省国信资产管理集团有限公司	2	1
江西省	80	4
江西银行股份有限公司	80	4

发行人	绿债发行额（亿元）	绿债发行只数
山东省	80	4
青岛银行股份有限公司	80	4
上海	800	5
交通银行股份有限公司	300	2
上海浦东发展银行股份有限公司	500	3
新疆维吾尔自治区	20	3
乌鲁木齐银行股份有限公司	5	1
新疆金风科技股份有限公司	15	2
云南省	5	1
云南省能源投资集团有限公司	5	1
浙江省	13	2
盾安控股集团有限公司	10	1
浙江嘉化能源化工股份有限公司	3	1
其他	30	1
新开发银行	30	1
总计	1985.3	49

数据来源：Wind 数据库，中央财经大学绿色金融国际研究院。

数据来源：Wind 数据库，中央财经大学绿色金融国际研究院。

图 6.8　发行绿色债券企业所属省份（深色区域）

　　从发行人所在地来看，我国 34 个省份中有 11 个发行过绿色债券，其中北京市是绿色债券发行企业最集中和发行绿色债券最多的地区，共有 13 家企业发行了 21 只绿色债券，占发行总数的 42%。这一方面是由于北京是大国企、央企的总部所在地，另一方面也是由于北京集中了很多绿色债券的研究机构，绿色债券的信息传播更快捷，企业对绿色债券的了解更加深入，发行意愿更强。由此可见，宣传推广是绿色债券发展过程中不可缺少的环节，也是未来需要重点关注的环节。绿色债券发行总额最高的是上海市，发行总规模达到 830 亿元，这主要是由于两个发行大户——浦发银行以及交通银行地处上海。

　　图 6.8 深色区域为当前发行绿色债券企业所属的 11 个省份及直辖市，它们或地处沿海经济较发达地区如江浙沪与福建、广东，或地处高校密集、科研能力较强地区如北京、武汉等。浅色区域对应的省份暂时无发行绿色债券的企业，但这并不说明这些地区没有绿色项目可以投资，只是由于这些地区经济欠发达或是教育水平相对落后，因此绿色债券的信息还未普及。这需要研究机构与有关部门通力合作去走访相关地区，对绿色债券进行有效的宣传和推广，相信不远的未来，绿色债券的发展也会如中国经济一样，由沿海向广阔的内陆快速推进。

二、资金用途分析

　　绿色债券与传统债券的最大区别是"绿色"二字。而"绿色"二字则主要由债券的资金募集用途所体现，所以债券资金的投向是普通债券与绿色债券的根本区别。根据中国人民银行发布的《绿色债券支持项目目录（2015 年版）》，绿色债券共划分为六大类，分别为节能（GB1）、污染防治（GB2）、资源节约与循环利用（GB3）、清洁交通（GB4）、清洁能源（GB5）以及生态保护和适应气候变化（GB6）。

表 6.11　绿色债券资金用途分类情况

类别	绿债发行额（亿元）	绿债发行只数
未明确特定用途	1572.00	26
GB1：节能	113.90	4

类别	绿债发行额（亿元）	绿债发行只数
GB2：污染防治	66.00	4
GB4：清洁交通	50.00	3
GB5：清洁能源	123.40	11
GB6：生态保护和适应气候变化	60.00	1
总计	1985.30	49

数据来源：Wind 数据库，中央财经大学绿色金融国际研究院。

对 2016 年发行的绿色债券进行统计发现，有超过一半的债券资金募集用途并未明确，这主要是由于大多数绿色债券是银行发行的绿色金融债，主要以贷款形式投放资金，故说明书中并未明确其募集用途。

在可以判断用途的 23 只债券中，近一半绿色债券的资金投向为清洁能源项目，这和近些年国务院、国家发改委和国家能源局在清洁能源领域的战略部署与政策支持有很大关系。如 2015 年发布的《中共中央、国务院关于进一步深化电力体制改革的若干意见》（中发〔2015〕9 号）与《关于有序放开发用电计划的实施意见》中对水电、风电、生物质电等种类的清洁能源建设及电力上网给予了诸多支持，这使得 2016 年在清洁能源领域有诸多项目建设及较多资金需求，从而促使绿色债券获得较大的发展。

用于节能、污染防治和清洁交通三个领域资金的债券只数较为平均，而生态保护和适应气候变化领域目前只有一只由中国农业发展银行发行的绿色债券，资源节约与循环利用领域目前还没有债券。

三、发行利率分析

表 6.12　绿色债券发行利率区间分布

利率区间	绿债发行额（亿元）	绿债发行只数
2.8～3.3	1238.40	20
3.3～3.8	683.90	18
3.8～4.3	30.00	5
4.3～4.8	21.00	4

利率区间	绿债发行额（亿元）	绿债发行只数
4.8~5.3	10.00	1
5.8~6.3	2.00	1
总计	1985.30	49

数据来源：Wind 数据库，中央财经大学绿色金融国际研究院。

从绿色债券发行利率的分布区间看，较多的绿债利率在 2.8% ~ 3.8%，这一方面是由于 2016 年市场整体利率下行，利率水平较低，另一方面也反映出绿色债券的信用等级较高，受市场追捧，使得发行利率普遍较低。

由于 2016 年绿色金融债在绿色债券市场中占比较大，故通过对比绿色金融债与普通金融债的利率水平，可以大致反映出绿色债券市场资金成本的基本情况。

表 6.13　绿色金融债利率与中债利率对比

发行时间	中债商业银行普通债到期收益率（AAA）：3 年（%）	3 年期绿色金融债（%）	中债商业银行普通债到期收益率（AAA）：5 年（%）	5 年期绿色金融债（%）
2016－01－27	3.1789	2.9500	3.2859	—
2016－01－28	3.1802	2.9500	3.3186	—
2016－03－25	3.0662	—	3.1981	3.2000
2016－07－14	3.0573	3.2000	3.3064	3.4000
2016－11－15	3.1653	—	3.2727	3.4000
2016－11－18	3.2279	2.9400	3.3681	3.2500
2016－12－05	3.6669	—	3.6958	3.2800
2016－12－21	4.3165	3.7900	4.3752	—

数据来源：Wind 数据库，中央财经大学绿色金融国际研究院。

由绿色金融债利率与中债利率曲线的对比不难看出，大多数绿色金融债的发行利率低于同时期的中债商业银行业普通债到期收益率，这也反映出绿色金融债受市场追捧程度较高，贴标能够给绿色债券降低成本。

实体企业方面，受制于其发行的绿色债券数量较少等原因，暂时无法

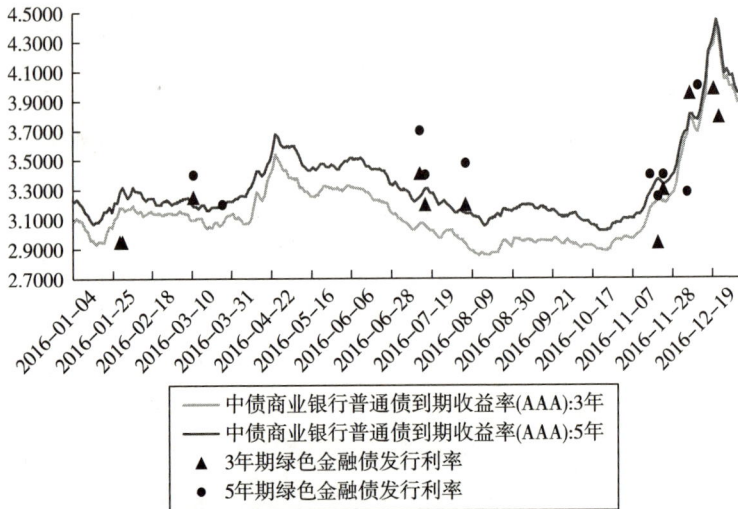

数据来源：Wind 数据库，中央财经大学绿色金融国际研究院。

图 6.9 绿色金融债利率与中债利率曲线对比

用比较规范的曲线或公式进行比较，但是可以从一些债券案例中得到与绿色金融债相似的结论——总体来说，绿色债券在融资成本上还是具有一定的优势。

表 6.14 具有代表性绿色债券发行情况比较

贴标绿色债券	普通债券		
AAA 评级			
G16 节能 01 发行金额：10 亿元 发行期限 5 年 票面利率：2.89%	16 皖投 02 发行金额：10 亿元 发行期限 5 年 票面利率：2.92%	16 融创 06 发行金额：12 亿元 发行期限 5 年 票面利率：3.44%	16 电投 04 发行金额：40 亿元 发行期限 5 年 票面利率：2.94%
AA + 评级			
16 盾安 GN002 发行金额：10 亿元 发行期限 3 年 票面利率：4.56%	16 连云港 MTN004 发行金额：5 亿元 发行期限 3 年 票面利率：4.80%	16 吉林高速 MTN004 发行金额：20 亿元 发行期限 3 年 票面利率：4.99%	16 凯盛科技 MTN001 发行金额：11 亿元 发行期限 3 年 票面利率：6.30%

贴标绿色债券	普通债券		
	AA 评级		
16 格林绿色债	16 盘锦水务专项债	16 牡城投债 02	16 辽宁冠隆债
发行金额：5 亿元	发行金额：11 亿元	发行金额：9 亿元	发行金额：10 亿元
发行期限 7 年	发行期限 7 年	发行期限 7 年	发行期限 7 年
票面利率：4.47%	票面利率：5.18%	票面利率：5.34%	票面利率：4.70%

数据来源：Wind 数据库，中央财经大学绿色金融国际研究院。

从这几只比较典型的绿色债券不难看出，无论是国企或是民营企业，高评级或是低评级，企业债、公司债或是中期票据，绿色债券的发行成本都比普通债券更有优势，这一点对未来绿色债券的发展十分有帮助，更低的发行成本可以吸引更多的绿色企业通过发行绿色债券进行项目融资，进而实现中国绿色发展的伟大愿景。

第三节　绿色债券二级市场分析

2016 年我国债券市场保持快速增长，全年现券成交总额超过 120 万亿元，相比 2015 年增长超过 50%。随着绿色债券市场正式启动，绿色债券作为新型债务融资工具参与二级市场交易，对丰富债券市场投资品种、提高二级市场流动性具有重要意义。

一、市场交易规模

表 6.15　绿色债券二级市场现券交易情况

种类	绿色债券交易规模（亿元）	市场交易规模（亿元）	占比（%）
金融债	1370.97	76147.86	1.80
公司债	1.52	5524.28	0.03
企业债	142.21	74413.09	0.19
中期票据	100.64	110541.25	0.09
总计	1615.34	266326.48	0.61

数据来源：Wind 数据库，中央财经大学绿色金融国际研究院。

截至 2016 年末，绿色债券二级市场累计现券交易规模为 1615.34 亿元，其中绿色金融债交易规模达到 1370.97 亿元，占比达到 85%，占 2016 年金融债（包含非政策性和政策性金融债）整体交易规模的 1.8%。绿色企业债和中期票据现券交易自下半年开始活跃，其年度总交易规模分别为 142.21 亿元和 100.64 亿元；绿色公司债现券交易较少，二级市场参与度较低。尽管绿色债券现券交易保持活跃，但其在相应券种二级市场现券交易规模中的占比仅为 0.61%，未来发展空间广阔。

二、月度交易情况

2016 年以来，伴随绿色债券一级市场的稳步扩容以及二级市场的平稳发展，月度成交额走势与整个债券市场的走势展现出较强的相关性。从月度交易规模情况看：2 月二级市场正式启动，多只绿色金融债参与现券交易，为市场发展奠定了良好基础；3 月底开始，信用风险持续发酵、违约事件频发，尤其受中铁物资暂停 168 亿元债券交易影响，二级市场交易持续转冷，第二季度绿债月度现券交易规模连续下降；6 月下旬英国脱欧事件导致市场避险情绪升温，8 月央行重启 21 天期逆回购增强流动性支持，二级市场整体向好，第三季度整体交易规模明显回升，其中 7 月单月交易规模达到 263.78 亿元，为年内最高值；11 月起，央行拉长资金期限、降低投资杠杆态度明显，资金面趋向紧张，叠加强势美元因素和人民币贬值压力，债券收益率大幅上行，第四季度绿色债券交投稳中趋降，月度成交规模高于全年平均水平，二级市场年末平稳收官。未来，伴随绿色债券市场的深入发展以及配套政策机制的日益成熟，二级市场将延续扩容态势。

三、市场活跃程度

2016 年，共有 33 只绿色债券参与二级市场交易，在 2016 年发行的绿债中占比达到 67%。这 33 只绿色债券包含绿色金融债 20 只、绿色公司债 3 只、绿色企业债和绿色中期票据各 5 只。具体来看，金融债方面，目前已发行的 22 只绿色金融债中有 20 只参与二级市场，累计交易规模达到

1370.97 亿元，占绿色债券二级市场交易规模的 85%；企业债方面，目前已发行的 5 只绿色企业债均在银行间、交易所"双市场"进行现券交易，表现较为活跃；中期票据方面，目前已发行的 7 只绿色中期票据中有 5 只参与二级市场交易，其中"16 北控水务 GN001"表现最为活跃；公司债方面，虽然绿色公司债发行规模和发行数量仅次于金融债，但其二级市场现券交易活跃度较低，已发行的 14 只绿色公司债中，仅 3 只参与交投，全年交易规模合计不超过 2 亿元。

四、最活跃十只绿色债券分析

2016 年累计现券交易规模排名前十的绿色债券交易规模合计 1346.29 亿元，在绿色债券整体现券交易规模中占比 83%，具有一定市场代表性。

表 6.16　2016 年绿色债券市场交投活跃个券

债券简称	债券种类	发行市场	交易额（亿元）
16 青岛银行绿色金融债 01	金融债	银行间	450.07
16 浦发绿色金融债 01	金融债	银行间	269.52
16 浦发绿色金融债 03	金融债	银行间	178.44
16 兴业绿色金融债 02	金融债	银行间	163.63
16 新开发绿色金融债 01	金融债	银行间	60.9
16 国网债 02	企业债	跨市场	52.4
16 兴业绿色金融债 03	金融债	银行间	50.26
16 北控水务 GN001	中期票据	银行间	45.03
16 国网债 01	企业债	跨市场	40.48
16 江西银行绿色金融 02	金融债	银行间	35.56

数据来源：Wind 数据库，中央财经大学绿色金融国际研究院。

对表 6.16 进行分析可以发现：从债券种类来看，仍然以金融债为主（7 只）；从发行主体来看，以大型商业银行、国际多边金融机构、大型央企、城商行为主；从信用等级来看，发行人信用水平均较高，除 1 家香港上市公司和 2 家城商行信用级别为 AA + 级外，其余主体信用等级均为 AAA 级，较高的信用水平进一步提升了绿色债券市场认可度及其流动性；从交易场所来看，10 只债券均在银行间市场发行，其中包括 2 只跨市场发行的企业债，银行间市场仍是绿债现券交易的主要场所。

总体来看，绿色债券作为新型投资工具，其市场认可度逐步提升，二级市场活跃度较为稳定。未来，随着绿色债券一级市场的稳步扩容、绿色投资者的日益成熟，绿色债券二级市场发展潜力将被进一步开发。

第四节　市场服务机构分析

一、承销商分析

（一）绿色债券承销商概况

截至 2016 年 12 月 31 日，我国共有 37 家机构参与了 48 只绿色债券[①]的承销，以证券公司为主，商业银行为辅。

表 6.17　参与绿色债券承销的机构

机构类型		数量	机构简称
商业银行	国有控股大型商业银行	4	中国工商银行、中国建设银行、中国农业银行、中国银行
	全国性股份制商业银行	3	上海浦东发展银行、兴业银行、招商银行
	城市商业银行	4	北京银行、江苏银行、洛阳银行、南京银行
	外商独资银行	2	汇丰银行（中国）、渣打银行（中国）
政策性银行		1	国家开发银行
证券公司		23	安信证券、东海证券、光大证券、广发证券、国开证券、国泰君安证券、海通证券、华泰联合证券、华泰证券、平安证券、瑞信方正证券、申万宏源证券、天风证券、西部证券、银河证券、英大证券、招商证券、浙商证券、中金公司、中泰证券、中信建投证券、中信证券、中银国际证券

资料来源：根据 Wind 数据库整理。

---

① 16 农发绿债 22 的承销商不明，下文中的分析均将其排除在外。

如表 6.17 所示，在承销商中，券商有 23 家，占承销商总数的 62.16%；商业银行 13 家（国有控股大型银行 4 家，全国性股份制商业银行 3 家，城市商业银行 4 家，外商独资银行 2 家），占承销商总数的 35.14%；政策性银行 1 家，占承销商总数的 2.7%。

表 6.18　承销绿色债券笔数排名前五的机构

排名	机构简称	承销笔数
1	国泰君安证券	11
2	中信建投证券	10
3	工商银行	8
3	中信证券	8
5	中金公司	7

资料来源：根据 Wind 数据库整理。

绿色债券多数（34 只）由多家承销商共同主承。其中参与笔数最多的机构为国泰君安证券，共参与承销 11 只，占总承销债券数的 22.92%；其次为中信建投证券、中国工商银行、中信证券和中金公司。

表 6.19　承销绿色债券金额排名前五的机构

排名	机构简称	市场份额（%）	承销金额（亿元）
1	国泰君安证券	18.33	353
2	工商银行	13.13	252.8
3	建设银行	7.00	134.8
4	海通证券	6.75	130
5	中信证券	6.67	128.336

资料来源：根据 Wind 数据库整理。

承销绿色债券金额最高的机构为国泰君安证券[1]，共承销 353 亿元，占总承销金额的 18.33%；其次分别为工商银行、建设银行、海通证券和中信证券。承销金额的分布较为集中，承销金额排名前五的机构合计承销 998.94 亿元，占总承销金额的 51.88%。

---

[1]　各个机构承销金额的数据来源于 Wind 数据库。对于主承金额分摊不明的部分，Wind 数据库假设各主承销商平均分摊该部分金额。

表 6.20　承销绿色债券金额排名前五的商业银行

排名	机构简称	市场份额（%）	承销金额（亿元）
1	工商银行	13.13	252.8
2	建设银行	7.00	134.8
3	中国银行	5.70	109.8
4	农业银行	5.32	102.5
5	招商银行	1.56	30

资料来源：根据 Wind 数据库整理。

表 6.21　承销绿色债券金额排名前五的证券公司

排名	机构简称	市场份额（%）	承销金额（亿元）
1	国泰君安证券	18.33	353
2	海通证券	6.75	130
3	中信证券	6.67	128.336
4	中金公司	5.45	105
5	中信建投证券	4.41	85

资料来源：根据 Wind 数据库整理。

目前绿色债券的主承销商以大型金融机构为主。商业银行中，承销绿色债券金额前三甲分别为工商银行、建设银行、中国银行，均为国有控股大型商业银行；证券公司中，承销绿色债券金额前三甲分别为国泰君安证券、海通证券、中信证券，均为知名大型券商（2015 年证券公司总资产排名分列第 4 名、第 1 名和第 2 名，债券主承销金额排名分列第 2 名、第 6 名和第 3 名[①]）。

（二）承销商对比分析

1. 不同种类绿色债券的承销商对比分析

表 6.22　承销绿色商业银行债笔数排名前五的机构

排名	机构简称	承销笔数
1	国泰君安证券	11

[①]　资料来源：中国证券业协会《2015 年度证券公司经营业绩排名情况》。http：//www.sac.net.cn/hysj/zqgsyjpm/201606/P020160606393430408284.pdf.

排名	机构简称	承销笔数
2	工商银行	5
2	海通证券	5
2	建设银行	5
5	中国银行	4
5	中泰证券	4
5	中信证券	4

资料来源：根据 Wind 数据库整理。

表 6.23　承销绿色商业银行债金额排名前五的机构

排名	机构简称	承销金额（亿元）
1	国泰君安证券	353
2	工商银行	230
3	建设银行	130
4	海通证券	105
5	中国银行	105

资料来源：根据 Wind 数据库整理。

第一只绿色商业银行债（16 浦发绿色金融债 01）由国泰君安证券、海通证券、华泰证券、中金公司主承。在现有绿色债券中，主承商业银行债最多的机构为国泰君安证券（11 只），其次为工商银行和海通证券；主承商业银行债总额最高的机构为国泰君安证券（353 亿元），其次为工商银行和建设银行。

表 6.24　承销绿色公司债笔数排名前五的机构

排名	机构简称	承销笔数
1	中信建投证券	8
2	中金公司	4
3	华泰联合证券	2
3	瑞信方正证券	2
3	中信证券	2

资料来源：根据 Wind 数据库整理。

表 6.25　承销绿色公司债金额排名前五的机构

排名	机构简称	承销金额（亿元）
1	中信建投证券	55
2	中信证券	30
3	中金公司	30
4	中银国际证券	14
5	平安证券	14

资料来源：根据 Wind 数据库整理。

第一只绿色公司债（G16 嘉化 1）由浙商证券主承。在现有绿色债券中，主承公司债最多和总额最高的机构均为中信建投证券（8 只，共计 55 亿元），承销机构分布较为集中。

表 6.26　承销绿色企业债的机构

排名	机构简称	承销金额（亿元）	承销笔数
1	海通证券	25	1
2	光大证券	18.336	2
2	申万宏源证券	18.336	2
2	银河证券	18.336	2
2	英大证券	18.336	2
2	中信证券	18.336	2
7	天风证券	10.9	1
8	招商证券	8.32	2
9	国开证券	5	1

资料来源：根据 Wind 数据库整理。

第一只绿色企业债（16 京汽绿色债 01）由海通证券和工商银行主承。在现有绿色企业债中，中信证券等 6 家机构各承销 2 只，工商银行等 4 家机构各承销 1 只，承销机构分布较为平均；主承企业债总额最高的机构为海通证券（25 亿元）。

表 6.27 承销绿色中期票据的机构

排名	机构简称	承销金额（亿元）	承销笔数
1	国家开发银行	38	5
2	工商银行	16.8	1
3	北京银行	11.2	1
4	兴业银行	9	3
5	上海浦东发展银行	5	1
6	江苏银行	2	1

资料来源：根据 Wind 数据库整理。

第一只绿色中期票据（16 协合风电 MTN001）由国家开发银行主承。在现有绿色债券中，主承中期票据最多和总额最高的机构均为国家开发银行（5 只，共计 38 亿元）。

此外，现有绿色债券包括国际机构债、私募债、政策银行债各 1 只，主承销商情况如下。

表 6.28 承销绿色国际机构债、私募债、政策银行债的机构

债券类型	机构简称
国际机构债	工商银行、国家开发银行、汇丰银行（中国）、建设银行、渣打银行（中国）、中国银行
私募债	华泰联合证券、瑞信方正证券
政策银行债	东海证券、洛阳银行、南京银行、农业银行

资料来源：根据 Wind 数据库整理。

2. 不同评级绿色债券的承销商对比分析

表 6.29 承销 AAA 级绿色债券笔数排名前五的机构

排名	机构简称	承销笔数
1	中信建投证券	10
2	工商银行	7
2	中金公司	7
3	海通证券	6
3	建设银行	6

资料来源：根据 Wind 数据库整理。

表 6.30　承销 AAA 级绿色债券金额排名前五的机构

排名	机构简称	承销金额（亿元）
1	国泰君安证券	305
2	工商银行	236
3	建设银行	134.8
4	海通证券	130
5	中金公司	105

资料来源：根据 Wind 数据库整理。

对于评级为 AAA 级的绿色债券，主承笔数最多的机构为中信建投证券（10 只），其次为工商银行和中金公司；主承金额最高的机构为国泰君安证券（305 亿元），其次为工商银行和建设银行。

表 6.31　承销 AA + 级绿色债券的机构

排名	机构简称	承销金额（亿元）	承销笔数
1	中信证券	80	4
2	国泰君安证券	40	4
2	中泰证券	40	4
4	工商银行	16.8	1
5	北京银行	11.2	1
6	兴业银行	6	1
7	国家开发银行	4	1

资料来源：根据 Wind 数据库整理。

对于评级为 AA + 级的绿色债券，主承笔数和金额排名靠前的机构均为国泰君安证券、中信证券和中泰证券。

表 6.32　承销 AA 级绿色债券的机构

排名	机构简称	承销金额（亿元）	承销笔数
1	天风证券	10.9	1
2	国泰君安证券	8	2
3	南京银行	7	1
4	国开证券	5	1
4	中国银行	5	1
6	浙商证券	3	1
7	国家开发银行	2	1

资料来源：根据 Wind 数据库整理。

对于评级为 AA 级的绿色债券，各机构承销数量比较平均；主承销金额最高的机构为天风证券（10.9 亿元），其次为国泰君安证券和南京银行。

表 6.33　不同债券信用评级绿色债券的主承销商类型构成

机构类型	AAA 级	AA + 级	AA 级
国有控股大型商业银行	34.28%	8.48%	12.22%
全国性股份制商业银行	2.25%	3.03%	0.00%
城市商业银行	0.42%	5.66%	17.11%
政策性银行	2.18%	2.02%	4.89%
外商独资银行	0.57%	0.00%	0.00%
证券公司	60.30%	80.81%	65.77%

资料来源：根据 Wind 数据库整理。

从不同类型机构所承销绿色债券的债项评级来看，证券公司在所有级别债券的承销上均占有更大的份额，分别承销了 AAA、AA + 和 AA 级债券 60.30%、80.81% 和 65.77% 的金额。国有控股大型商业银行也占据了重要地位，分别承销了 AAA、AA + 和 AA 级债券 34.28%、8.48% 和 12.22% 的金额。城市商业银行在 AA 级债券的承销方面较为突出，共承销了 17.11% 的 AA 级绿色债券。由此可见，国有控股大型商业银行和证券公司基本垄断了 AAA 级绿色债券的销售；而在较低级别（AA 级）的销售中，城市商业银行和政策性银行都可以分一杯羹。

二、第三方认证机构分析

（一）第三方认证概况

截至 2016 年 12 月 31 日，我国共发行了 49 只绿色债券（不包括资产支持债券），其中有 41 只采用了第三方认证，认证数量占比为 83.67%。由于绿色企业债由国家发改委下设的三司会审，不采用第三方认证的形式，所以除去 5 只绿色企业债后，第三方认证数量占比为 93.18%。因此几乎全部绿色债券都采用了第三方认证。

表 6.34 第三方机构认证笔数排名

排名	机构简称	认证笔数	占比（%）
1	安永	24	58.54
2	中节能咨询	7	17.07
3	中债资信	4	9.76
4	中财绿融	2	4.88
5	德勤	2	4.88
6	商道融绿	2	4.88
7	DNV GL	2	4.88
8	普华永道	1	2.44
9	毕马威	1	2.44

资料来源：根据公开资料整理。

参与第三方认证的机构共有 9 家，除 G16 节能 1/2/3/4 采取了安永与中节能咨询双重认证外，其他绿色债券均由一家机构认证。[①] 参与认证笔数最多的机构为安永，共参与认证 24 只绿色债券，占认证债券总数的58.54%；其次为中节能咨询、中债资信。

表 6.35 第三方机构认证金额排名

排名	机构简称	认证金额（亿元）	占比（%）
1	安永	833	51.23
2	中财绿融	300	18.45
3	德勤	300	18.45
4	中节能咨询	130	8.00
5	商道融绿	56	3.44
6	中债资信	37	2.28
7	DNV GL	15	0.92
8	普华永道	3	0.18
9	毕马威	2	0.12

资料来源：根据公开资料整理。

认证绿色债券金额最高的机构仍为安永，认证金额共 833 亿元，占总

---

① 以下数据统计均将 G16 节能 1/2/3/4 计入安永与中节能咨询。

认证金额的 51.23%；其次分别为中财绿融、德勤和中节能咨询。认证金额排名前三的机构总计认证 1433 亿元，占总认证金额的 88.13%。可见现阶段绿色债券的认证机构比较集中，第三方认证机构自身的风险是认证的主要考量因素。随着绿色债券市场的发展，会有越来越多的第三方机构参与到认证工作中，这也可以降低了某几家认证机构集中认证带来的风险。

（二）第三方认证机构对比分析

表 6.36 第三方机构认证绿色商业银行债笔数排名

排名	机构简称	认证笔数
1	安永	13
2	中财绿融	2
2	德勤	2
3	中节能咨询	1

资料来源：根据公开资料整理。

表 6.37 第三方机构认证绿色商业银行债金额排名

排名	机构简称	认证金额（亿元）
1	安永	670
2	中财绿融	300
2	德勤	300
3	中节能咨询	10

资料来源：根据公开资料整理。

第一只绿色商业银行债（16 浦发绿色金融债 01）由安永进行第三方认证。在现有绿色债券中，无论从数量还是金额来看，安永都占有较大比重。

表 6.38 第三方机构认证绿色公司债笔数排名

排名	机构简称	认证笔数
1	安永	9
2	中节能咨询	4
3	商道融绿	1
3	普华永道	1

资料来源：根据公开资料整理。

表 6.39　第三方机构认证绿色公司债金额排名

排名	机构简称	认证金额（亿元）
1	安永	123
2	中节能咨询	50
3	商道融绿	28
4	普华永道	3

资料来源：根据公开资料整理。

第一只绿色公司债（G16 嘉化1）由普华永道进行第三方认证。在现有绿色债券中，与绿色商业债一样，安永仍然占有较大比重。

表 6.40　第三方机构认证绿色中期票据笔数排名

排名	机构简称	认证笔数
1	中债资信	4
2	DNV GL	2
3	商道融绿	1
3	毕马威	1

资料来源：根据公开资料整理。

表 6.41　第三方机构认证绿色中期票据金额排名

排名	机构简称	认证金额（亿元）
1	中债资信	37
2	商道融绿	28
3	DNV GL	15
4	毕马威	2

资料来源：根据公开资料整理。

第一只绿色中期票据（16 协合风电 MTN001）由毕马威进行第三方认证。在现有绿色债券中，认证中期票据笔数最多和金额最高的机构为中债资信（4 只，共计 37 亿元）。

此外，现有绿色债券包括国际机构债、私募债各 1 只，政策银行债 2 只，第三方认证机构情况如下。

表 6.42　绿色国际机构债、私募债、政策银行债的第三方认证机构

债券类型	机构简称
国际机构债	安永
私募债	安永
政策银行债	中节能咨询

资料来源：根据公开资料整理。

第七章　绿色债券市场监管

本章介绍了绿色债券的市场监管，从债券市场的监管体系入手，重点介绍了绿色债券市场的监管主体和登记托管机构，以及相关机构出台的绿色债券市场监管政策，并就国内外绿色债券的市场监管进行比较。本章的主要安排如下：第一节主要概述中国债券市场的监管体系，第二节主要介绍各个监管主体出台的政策文件，第三节是对国际和国内绿色债券市场监管进行比较，最后一节介绍了中国债券市场的登记托管机构，这是中国债券市场多头监管体系的重要组成部分。

第一节　中国债券市场监管体系

一、债券市场监管体系概述

中国金融市场实行以"一行三会"为主体的分业监管模式，债券市场的现有格局也体现了多头监管的特色。目前中国债券市场主要分为银行间市场、交易所市场，此外还有机构间私募报价系统和柜台债券市场，前两者为主要的债券交易场所。

债券监管机构方面，我国债券市场的主要监管机构为中国人民银行、银监会、证监会、保监会、发改委和财政部。①人民银行对银行间市场进行监管，同时负责金融债、资产支持证券等债券品种的监管；②银监会对商业银行发行的债券及财务公司、金融资产管理公司等发行的金融债券进行监管；③证监会对交易所市场进行监管，同时负责公司债、可转债等债券品种的监管；④保监会负责保险公司债、保险公司次级债等债券品种的监管；⑤发改委负责企业债的监管；⑥财政部负责国债和地方政府债的监管。

二、主要监管主体

我国债券市场的主要监管主体包括中国人民银行、银监会、证监会、保监会、国家发改委和财政部。这些机构主要履行规范市场、发行审批和监督管理等职责。

（一）中国人民银行

中国人民银行是我国的中央银行，国务院组成部门，承担着包括拟订金融业改革和发展战略规划、完善有关金融机构运行规则、制定和执行货币政策、完善金融宏观调控体系等在内的众多职责。人民银行是我国银行间债券市场和银行柜台市场的监管部门，主要监管职能如下：

1. 规范市场职能

通过制定、修订和发布法规，人民银行从法律层面对银行间债券市场的各个方面进行约束，旨在规范银行间债券市场，提高市场效率和透明度，防范风险，切实保护各方合法权益，推动市场健康发展。

法规所涵盖的内容主要包括：规范债券要素的合格条件；规范银行间市场债券发行、流通、退出等流程；为权责范围内的债券注册登记、交易、信息披露、托管、结算等环节指定管理机构，并对其履行职能作出要求；规范交易者准入制度等。

2. 发行审批职能

人民银行负责对金融债券（含次级债券、混合资本债券等）的发行进行审批，并对银行间债券市场结算代理人和做市商进行审批。此外，人民银行授权中国银行间市场交易商协会对非金融企业债务融资工具的发行实行注册制管理。

3. 监督管理职能

根据相关法律法规，人民银行对银行间债券市场中的各主体和债券流通进行监管。其主要职能包括督促信息披露工作，授权相关机构监测、汇报和处理市场异常情况，对合格投资者业务开展情况进行检查等。对于违规者，人民银行有权作出相应处理。

此外，人民银行还主导银行间债券市场基础设施的建设，以降低操作风险，提高市场效率。

（二）中国银行业监督管理委员会

中国银行业监督管理委员会（银监会）是我国银行业主管机构，具有制定银行业金融机构及其业务活动监督管理的规章规则、审查批准银行业金融机构的设立变更、对银行业金融机构进行现场检查和非现场监管等众多职能。银监会在债券市场发挥的监管职能如下：

1. 发行审批职能

银监会（及其下设的银监局和银监分局）作为法定的银行业监管机构，主要负责对商业银行和部分非银行金融机构（如财务公司、金融资产管理公司、金融租赁公司、汽车金融公司、消费金融公司等）的债券进行发行审批。

对于银监会管辖范围内的金融机构在银行间市场发行的金融债券，银监会的发行审批环节先于人民银行。机构需首先向银监会进行申请，得到批准后，再根据有关规定报由人民银行进行发行审批。

2. 监督管理职能

作为银行业监管主体，银监会在债券市场的监管职能集中在对于银行业金融机构的监管，具体表现为两个方面：

一是对银行业金融机构的债券业务资格进行审批，银行类金融机构需首先经银监会审定相关资格，才能在债券市场上从事债券业务。

二是对银行业金融机构内控机制和风险管理进行监管，指导和监督金融机构对各类风险进行识别、评估、管理，建立完善的业务操作规程、风险控制体系以及信息披露制度，强调风险管理，防范资金运用风险，从而将债券业务的风险控制在合理的范围之内。

（三）中国证券监督管理委员会

中国证券监督管理委员会（证监会）为国务院直属正部级事业单位，依照法律、法规规定和国务院授权，统一监督管理全国证券期货市场，维护证券期货市场秩序，保障其合法运行。证监会是交易所市场的主要监管者，在债券市场中的监管职能主要如下：

1. 规范市场职能

作为交易所债券市场的主管部门，证监会通过制定制度法规进行规范，对管辖范围内的债券发行、交易、结算等各个环节，以及相应的参与主体进行管理约束。证监会的这一职能旨在维护市场秩序、保护投资者合法权益，防范风险，保障市场安全高效运行。

同时，证监会负责领导上海证券交易所（上交所）和深圳证券交易所（深交所）。上交所和深交所同样对交易所债券市场具有规范职能，二者通过发布业务规则对相关业务进行规范和指导。此外，证监会还负责审核债券市场的自律管理规则。

2. 发行核准职能

证监会主要负责依据相关法律法规，对公开发行的公司债、可转换债券等债券的条款、发行人资信状况等方面进行发行核准。获得证监会核准后，发行人方可一次或分期进行债券发行。

此外，对于非公开发行的公司债，证监会要求承销人或发行人向中国证券业协会备案。

3. 监督管理职能

依据相关法律法规，证监会对于责任范围内的债券发行上市、非公开发行和转让、债券市场运行、债券市场风险等进行监测、管理和处置，协调债券市场展开"统一执法"。同时，证监会还负责审核证券资信评级机构从事债券评级业务的资格，审核管理监管证券中介和服务机构的债券业务活动（如内部控制和风险管理）等。

此外，证监会组织领导证券交易所、中国证券登记结算有限责任公司等机构，对交易所日常交易进行具体监管。

（四）中国保险监督管理委员会

中国保险监督管理委员会（保监会）是我国保险业的监管机构，负责维护保险业的合法、稳健运行。保监会在债券市场中的主要职责如下：

1. 发行审批职能

作为保险业监管机构，保监会依据其相关法律法规，负责对保险公司次级定期债、次级可转换债券、资本补充债券等的发行进行审批，审批标准主要涉及发行人的偿债能力、资产和经营状况等，从而保证保险公司的偿付能力。

2. 监督管理职能

保监会对于保险公司次级债等债券的募集、管理、还本付息和信息披露等，作出了相应规定，并实施监督管理。对于违反规定的保险公司，保监会有权采取责令限期改正、时限内拒绝受理新的债券发行申请等措施。对于违反规定的从业人员，保监会也有相应的处罚措施。

此外，保监会对保险资金投资债券同样负有监督管理职责，旨在改善保险公司资产配置，维护保险当事人合法权益。保监会制定发布了相关法规，对参与投资债券的保险公司资质、可投资债券品种及资质、投资数额和风险控制等进行了规定。

（五）中华人民共和国国家发展和改革委员会

中华人民共和国国家发展和改革委员会（以下简称发改委）是我国综合研究拟订经济和社会发展政策，进行总量平衡，指导总体经济体制改革的宏观调控部门。其在债券市场中的主要职责包括：

1. 发行核准职能

发改委主要负责企业债的发行核准，对企业债券的发行要求和规范等作出了相应规定和限制，旨在加强对企业债券的管理，引导资金的合理流向，有效利用社会闲散资金，保护投资者的合法权益。对于违反规定者，发改委有权实施相应的处罚措施。

2. 监督管理职能

发改委注重对于企业债事中事后的责任监管。具体而言，发改委通过在企业债存续期进行"双随机"抽查等方式，对募集资金投资项目的建设进度进行监督检查，动态监控发现可能影响企业偿债能力或影响债券价格的重大事件。

同时，发改委制定了相应法规，强调了发行人和中介机构的相关责任，并完善了信息披露等相关规则。此外，发改委通过建立企业债券信用信息平台系统、实施守信激励和失信惩戒等措施强化信用体系建设，防控企业债券信用风险。

（六）财政部

财政部作为国务院的组成部门，主要负责财政事务。其在债券市场的监管职责主要包括国债和地方政府债的发行规范和管理工作，例如对地方政府债务规模实行限额管理，限定地方政府举债不得突破批准的限额等。同时，财政部负责对政府债券进行监测防控，完善市场制度，规范信用评级和信息公开，防控和化解风险，对违法违规行为进行彻查和处置，并督促有关机构做好发行系统维护、现场管理、登记托管等工作。

第二节　中国绿色债券市场监管政策

一、监管政策文件概述

目前，我国绿色债券相关监管政策文件主要有五部，分别由人民银行、发改委、上交所、深交所、银行间市场交易商协会等监管机构出台。其中，《关于构建绿色金融体系的指导意见》是关于绿色金融体系发展的总体意见，涉及了对我国绿色债券发展的整体设计；其他文件则对不同绿色债券品种进行了相关规范。

（一）《中国人民银行公告》（［2015］第39号）

中国人民银行于2015年12月就银行间债券市场发行绿色金融债券有关事宜的规定进行了公告。公告规定，发行人可以选择招标发行或者簿记建档方式发行绿色金融债券，可以采取一次足额发行或在限额内分期发行的方式。同时，公告还规定了金融机构法人发行绿色金融债券的资质、所需材料、资金投向要求以及信息披露、登记结算等相关事项。

在绿色债券认证方面，公告提出参考《绿色债券支持项目目录》，并鼓励申请发行绿色金融债券的金融机构法人提交独立的专业评估或认证机构出具的评估或认证意见；鼓励发行人按年度向市场披露由独立的专业评估或认证机构出具的评估报告，对绿色金融债券支持的绿色产业项目发展及其环境效益影响等实施持续跟踪评估。

在激励措施方面，公告规定，绿色金融债券可以按照规定纳入中国人民银行相关货币政策操作的抵（质）押品范围，从而增加了绿色金融债券的市场流动性。同时，公告鼓励中央政府相关部门和地方政府出台优惠政策措施支持绿色金融债券发展，鼓励各类金融机构和证券投资基金及其他投资性计划、社会保障基金、企业年金、社会公益基金等机构投资者投资绿色金融债券。

（二）《绿色债券发行指引》（发改办财金［2015］3504号）

国家发展改革委办公厅于2015年12月发布了《绿色债券发行指引》，旨在积极发挥企业债券融资对促进绿色发展、推动节能减排、解决突出的环境问题、应对气候变化、发展节能环保产业等方面的支持作用，引导和鼓励社会将资金投入绿色领域，助力经济结构优化升级，加快发展方式调整转变。

该文件规定了节能减排技术改造、绿色城镇化、能源清洁高效利用等十二类支持项目，债券募集资金用于这十二类项目的企业债券将享受文件所规定的审核便利和政策鼓励。

在审核方面，文件设计了一系列便利措施，例如：绿色企业债券的审核可比照"加快和简化审核类"债券审核程序，以提高审核效率，放宽了审核政策和准入条件；绿色债券发行主体可利用债券资金优化债务结构；在偿债保障措施完善的情况下，允许企业使用不超过50%的债券募集资金用于偿还银行贷款和补充营运资金；主体信用评级AA＋级且运营情况较好的发行主体，可使用募集资金置换由在建绿色项目产生的高成本债务等。

在政策方面，发改委提出多种鼓励措施，例如：指导地方政府积极引导社会资本参与绿色项目建设；鼓励地方政府通过投资补助、担保补贴、债券贴息、基金注资等多种方式，支持绿色债券发行和绿色项目实施；通过鼓励地方政府设立地方绿色债券担保基金等方式，拓宽担保增信渠道；推动绿色项目采取"债贷组合"增信方式等。

（三）《关于开展绿色公司债券试点的通知》

上海证券交易所于2016年3月发布了《关于开展绿色公司债券试点的通知》，对于绿色公司债券的支持范围、规范要求和鼓励措施等作出了规定。

《通知》规定绿色公司债券以《绿色债券支持项目目录》为认定依据，

并针对发行报送材料、专项账户、信息披露等事项提出了要求；同时，《通知》鼓励发行人提交由独立的专业机构就募集资金拟投资项目是否属于绿色产业项目所出具的评估意见或认证报告。

同时，上交所针对绿色公司债券提出了一系列激励措施，例如：设立绿色公司债券申报受理及审核的绿色通道；对绿色公司债券进行统一标识；鼓励相关部门和地方政府出台相关政策；鼓励机构投资者投资绿色公司债券等。

深交所于 2016 年 4 月发布了《关于开展绿色公司债券业务试点的通知》，内容与上交所的《通知》基本相同。

（四）《关于构建绿色金融体系的指导意见》

中国人民银行、财政部、发改委、环境保护部、银监会、证监会、保监会七部委于 2016 年 8 月 31 日发布《关于构建绿色金融体系的指导意见》（以下简称《指导意见》），该文件是全球首个政府主导的较为全面的绿色金融政策框架。

《指导意见》对绿色金融、绿色金融体系的概念给出了明确定义，并提出了发展绿色金融的具体意见，包括：大力发展绿色信贷，推动证券市场支持绿色投资，设立绿色发展基金及通过政府和社会资本合作（PPP）模式动员社会资本，发展绿色保险，完善环境权益交易市场，丰富融资工具，支持地方政府发展绿色金融，推动开展绿色金融国际合作等。《指导意见》同时强调要防范金融风险，强化绿色金融体系构建的组织落实。

具体到绿色债券方面，《指导意见》提出要完善绿色债券的相关规章制度，统一绿色债券界定标准；强调要完善环境信息披露制度，规范第三方评估和评级标准，强化了独立第三方机构的作用；采取措施降低绿色债券的融资成本，引导各类机构投资者投资绿色金融产品，鼓励绿色债券市场的发展；支持我国金融机构和企业到境外发行绿色债券等。

（五）《非金融企业绿色债务融资工具业务指引》

中国银行间市场交易商协会于 2017 年 3 月发布了《非金融企业绿色债务融资工具业务指引》，以规范非金融企业发行绿色债务融资工具的行为，推动绿色金融体系建设，动员和引导更多社会资本投资于绿色产业，支持非金融企业绿色、循环、低碳发展。

该文件对绿色债券的认定依照《绿色债券支持项目目录》，对申请报送、资金用途、专项账户、信息披露等事项进行了规范，并提出鼓励第三方认证机构对企业发行的绿色债务融资工具进行评估，出具评估意见并披露相关信息。

此外，文件鼓励养老基金、保险资金等各类资金投资绿色债务融资工具，发布绿色投资责任报告，支持在国内建立绿色投资者联盟，形成发展绿色金融的共识。

二、监管政策总结和评价

表 7.1 总结了目前我国债券市场监管主体出台的绿色债券相关政策。

表 7.1　我国目前主要的绿色债券政策文件

发布时间	发布者	规范名称	内容要点
2015/12/22	中国人民银行	《中国人民银行公告》（［2015］第39号）	1. 主要规范银行间债券市场中金融机构绿色债券的发行 2. 发行人需开立专门账户或建立专项台账，保证资金专款专用 3. 发行人应当按季度向市场披露募集资金使用情况 4. 绿色金融债券规定纳入中国人民银行相关货币政策操作的抵（质）押品范围 5. 发布《绿色债券支持项目目录》
2015/12/31	发改委	《绿色债券发行指引》	1. 主要规范企业债发行主体发行绿色债券的行为，界定了十二类绿色项目 2. 简化审核程序，放宽企业债券部分准入条件
2016/3/16	上交所	《关于开展绿色公司债券试点的通知》	1. 对发行的报送材料作出明确要求 2. 设立绿色公司债券申报受理及审核绿色通道 3. 对绿色公司债券进行统一标识

发布时间	发布者	规范名称	内容要点
2016/4/22	深交所	《关于开展绿色公司债券业务试点的通知》	内容与上交所的通知基本相同
2016/8/31	人民银行、财政部、发改委、环保部、银监会、证监会、保监会	《关于构建绿色金融体系的指导意见》	1. 大力发展绿色信贷 2. 推动证券市场支持绿色投资 3. 设立绿色发展基金，通过政府和社会资本合作（PPP）模式动员社会资本 4. 发展绿色保险 5. 完善环境权益交易市场、丰富融资工具 6. 支持地方发展绿色金融 7. 推动开展绿色金融国际合作 8. 防范金融风险，强化组织落实
2017/3/22	中国银行间市场交易商协会	《非金融企业绿色债务融资工具业务指引》	1. 规范非金融企业绿色债务融资工具发行申请报送、资金用途、专项账户、信息披露等事项 2. 鼓励第三方认证机构对绿色债务融资工具进行评估和披露 3. 鼓励养老基金、保险资金等各类资金投资绿色债务融资工具

资料来源：根据公开资料整理。

　　绿色债券作为近年来绿色金融领域大力发展的融资工具，其重要性不言而喻。虽然我国绿色金融实践起步较国外落后，但在逐步探索的渐进过程中，政策推动决心和意志非常强，中国是全球第一个从官方角度给出了绿色债券的指导意见，并积极推动具体措施落地的国家。我国绿色债券相关政策文件的不断出台，对绿色债券的监管有着重要现实意义。

　　第一，对绿色债券种类与项目范围作出分类界定，在尽可能与国际接轨的前提下，根据我国实际情况，作出符合国情和实际需求的标准，使绿色债券的分类和适用范围明晰化。

　　第二，对资金管理方面作出要求，无论是《中国人民银行公告》

（［2015］第39号）还是《关于开展绿色公司债券试点的通知》，均要求发行人开立专门账户或建立专项台账对绿色债券募集资金的接收、存储、划转与本息偿付进行专户管理，使对资金使用的跟踪和管理的效果和效率大大提高。

第三，对信息披露作出要求，《关于开展绿色公司债券试点的通知》中规定，除普通债券信息披露要求外，绿色债券还需披露绿色公司债券募集资金使用情况、绿色产业项目进展情况和环境效益等内容，确保了资金的使用符合相关规定。《中国人民银行公告》（［2015］第39号）中也作出了相关规定，降低了资金使用风险。

第四，对环境影响评估要求，鼓励发行人接受独立第三方评估，为关联者所接收的信息提供更高程度的保证水平。

目前，监管主体对于绿色债券市场的监管规则仍有不完善之处，具体体现为：

第一，整体上缺乏统筹部门，协调机制缺失。这一问题的典型表现为人民银行和发改委分别出台了不同的绿色债券界定标准。两种标准的不同容易引发概念混淆和监管套利；此外，二者在资金管理、信息披露等方面也存在差异。

第二，对于独立专业机构评估和债券环境效益影响的披露仅为鼓励性建议，而不强制执行。更严格的第三方评估和环境效益披露有利于确保债券的绿色性质，维护绿色债券投资者权益，促进绿色债券发挥对于建设生态文明的作用。

第三，激励措施有限，主要集中在审批环节。尽管发改委、上交所、深交所等监管主体设立了绿色债券审核绿色通道，放宽了绿色债券准入条件，以鼓励绿色债券的发行，但参考国际经验，我国有待开发更加多元化的绿色债券激励举措，如税收激励、政府增信、财政补贴等。

第三节　中外绿色债券市场监管比较

在国际绿色债券市场中，绿色债券原则（GBP）和气候债券倡议组织

（Climate Bond Initiative，CBI）所开发的标准是通行的绿色债券规范性准则。本部分将从募集资金管理、信息披露、第三方认证和激励措施等方面，比较其与我国监管政策①的异同。

一、募集资金管理要求各有异同

GBP 要求发行人以分账户的方式对募集资金进行管理，绿色债券募集资金的净资金存入子账户、转入次投资组合，或由发行人追踪其使用；CBI 标准以明确绿色项目范围和制定环境效益量化判定标准为主，因此未涉及募集资金管理等债券发行及管理环节。

《中国人民银行公告》（［2015］第 39 号）中的相关要求与 GBP 的准则保持了高度一致，甚至有更为严格的趋势，要求发行人开立专门账户或建立专项台账，以便于跟踪募集资金投向；发改委《绿色债券发行指引》则未对募集资金管理在内的绿色债券专项属性作出要求。

二、信息披露要求各有异同

GBP 要求除公布募集资金的使用方向、闲置资金的短期投资用途外，还要求发行人应至少每年提供一次项目清单，内容包括项目基本信息的描述、资金分配额度以及预计或实际的环境影响；CBI 标准未涉及发行人自主信息披露的相关限定，但 CBI 开展的一系列核准认证业务及其专项标准在实践中的应用，均需以发行人的自主信息披露为基础。

《中国人民银行公告》（［2015］第 39 号）与 GBP 的准则保持了高度一致，明确了信息披露的频率要求；发改委《绿色债券发行指引》没有对包括信息披露在内的绿色债券专项属性作出要求。

三、多数标准鼓励第三方认证

GBP 建议发行人使用外部核查，来确认其债券特征与绿色债券的关键

---

① 除激励措施有所不同，《非金融企业绿色债务融资工具业务指引》与《中国人民银行公告》（［2015］第 39 号）的相关政策类似，本部分于两者中分析后者。

特征是否一致。提供方包括专业咨询机构、会计师事务所、环境、社会和治理（ESG）分析师，以及学术机构等，形式包括第二意见、审计或第三方认证等；CBI 则与其指定的认证机构合作，进行认证程序监督。

《中国人民银行公告》（［2015］第 39 号）鼓励发行人提交独立第三方机构出具的认证评估报告，并鼓励在债券存续期间按年度出具第三方认证评估意见；发改委《绿色债券发行指引》则未提及认证事项。

四、国内标准规定了明确的激励措施

GBP 和 CBI 等国际绿色债券标准，属于市场主体的自愿性准则，因此未涉及激励措施。

相比之下，中国的绿色债券监管具有鲜明的"顶层设计"的特点，以政策目标为导向出台激励措施。《中国人民银行公告》（［2015］第 39 号）的激励重点包括发行人发行的绿色金融债券，可以按照规定纳入中国人民银行相关货币政策操作的抵（质）押品范围，以及对绿色投资者群体的鼓励等。发改委《绿色债券发行指引》主要针对企业的发行准入环节和结构设计，提出了一系列明确的激励措施。

表 7.2 对上述中外监管的比较进行了总结。

表 7.2　国际和国内绿色债券监管标准的比较

标准体系	绿色债券原则（GBP）	气候债券标准（CBI）	绿色金融债发行公告	绿色债券准入指引
资金管理	分账户对募集资金进行管理	未有相关规定	要求开立专门账户或建立专项台账	未有相关规定
信息披露	至少每年提供一次项目清单	未有相关规定	每年 4 月 30 日前披露相关报告以及资金使用情况	未有相关规定
第三方认证	鼓励第二意见、审计或第三方认证	与其指定的认证机构合作，进行认证程序监督	鼓励发行人提交独立第三方机构提供的认证评估报告，并鼓励在债券存续期间按年度出具第三方认证评估意见	未有相关规定

标准体系	绿色债券原则（GBP）	气候债券标准（CBI）	绿色金融债发行公告	绿色债券准入指引
激励措施	未有相关规定	未有相关规定	发行人发行的绿色金融债可按规定纳入中国人民银行相关货币政策操作的抵（质）押品范围	加快和简化审核程序，调整企业债券部分准入条件

资料来源：根据公开资料整理。

第四节　中国债券市场的登记结算体系

我国债券市场的登记托管机构主要包括中央结算公司、上海清算所、中国证券登记结算有限责任公司（以下简称中证登）等，分别负责不同交易市场、不同债券品种的登记结算服务。

一、中央国债登记结算有限责任公司

中央国债登记结算有限责任公司（以下简称中央结算公司）是经国务院批准设立的中央登记托管结算机构，属于国有独资的中央金融企业。

在银行间债券市场，中央结算公司主要负责对在银行间债券市场发行和流通的国债、金融债、企业债、资产支持证券等券种进行登记与托管。

在交易所债券市场，根据券种的不同，实行不同的托管体制。国债由中证登在中央结算公司开立名义托管账户，交易所投资者在中证登开立托管账户，此时，中央结算公司实际上是国债的总托管人，而中证登则承担了国债的分托管人的角色。

在商业银行的柜台市场，中央结算公司作为一级托管人，为柜台承办银行开立自营和代理总账户，分账记载柜台承办银行自有债券和其托管的二级托管客户所持有的债券总额。中央结算公司对一级托管账户真实性、准确性、完整性和安全性负责。

二、银行间市场清算所股份有限公司

银行间市场清算所股份有限公司（以下简称上海清算所）是经人民银行批准、由人民银行主管的我国金融市场基础设施，对于经济活动起到至关重要的作用。它是经人民银行认可的合格中央对手方机构，也是我国金融市场中央证券存管机构之一。

上海清算所经人民银行授权，为多种银行间市场债券提供登记托管和清算结算服务，包括超短期融资券、短期融资券、非公开定向债务融资工具、中期票据等。

三、中国证券登记结算有限责任公司

中国证券登记结算有限责任公司于2001年设立，上海、深圳证券交易所分别持有公司50%的股份，承担上海、深圳证券交易所的全部证券登记结算业务。

中证登负责交易所债券市场除国债外的债券登记托管。在交易所市场"中央登记、二级托管"的制度下，市场中所有的证券在中证登登记，记录所有权的转移过程。同时，中证登向证券公司提供证券存管服务，受托集中保管证券公司交存的客户证券和自有证券，并提供权益维护服务的行为（根据规定，投资者需要先与证券公司建立托管关系）。

表7.3　中国债券市场多头监管体系一览

债券交易场所	监管机构和债券类型	登记结算和托管机构
银行间市场	人民银行、银监会主管发行的债券； 财政部发行国债和地方政府债； 发改委批准发行的企业债	中央结算公司和上海清算所
交易所（沪深两市、新三板）	证监会审核的公开发行债券； 证监会审核的非公开发行债券； 财政部主管的国债和地方政府债； 发改委批准发行的企业债； 保监会核准发行的保险公司债（上交所）	中证登

债券交易场所	监管机构和债券类型	登记结算和托管机构
机构间私募产品报价与服务系统	证监会审核的非公开发行债券	中证登及证监会认可的其他机构
券商柜台	证监会审核的非公开发行债券	中证登及证监会认可的其他机构
银行柜台	财政部主管的部分国债	中央结算公司

资料来源：根据公开资料整理。

第八章　绿色债券市场指数

本章主要讨论绿色债券指数。绿色债券指数作为必不可少的市场工具，是绿色债券市场体系的重要组成部分，对于绿色债券的投资、发行和市场良好运行具有重要意义。本章将重点讨论绿色债券指数的作用、现状、编制和应用。其中，第一节对绿色债券指数及其作用进行了简介；第二、第三节分别讨论了国际国内的绿色债券指数现状，并对我国绿色债券指数的发展提出了建议；第四节讨论了绿色债券指数的编制要点及应用。

第一节　绿色债券指数及其作用

一、绿色债券指数简介

绿色债券指数，是指样本券仅包括具有绿色属性的债券的债券指数，反映和跟踪了绿色债券市场整体的行情变化，并为绿色债券投资提供了业绩基准和产品设计基础。

目前，国际上已有的绿色债券指数主要包括 Solactive 绿色债券指数、标准普尔绿色债券指数、巴克莱—明晟绿色债券指数、美林绿色债券指数四只指数。我国已有的绿色债券指数包括中债—中国绿色债券系列指数、中债—中国气候相关债券指数、中债—兴业绿色债券指数、中财—国证绿色债券系列指数、上证绿色债券指数系列、中证交易所绿色债券指数等共十只指数。

我国对绿色债券指数的发展持积极鼓励的态度，《关于构建绿色金融体系的指导意见》明确提出支持开发绿色债券指数，鼓励相关金融机构以此为基础开发绿色金融产品。绿色债券指数在反映市场行情，支持相关产品设计的同时，有助于深化市场对绿色债券的认识，完善绿色债券体系，提高绿色债券市场效率，进而扩大绿色投资，完善绿色金融体系建设。

二、绿色债券指数的意义和作用

（一）反映和跟踪了绿色债券市场的走势

绿色债券作为新兴的绿色金融体系的重要组成部分，正处于快速的发展进程中。债券发行主体推出了众多不同资金用途、期限的绿色债券，使得市场需要能够及时反映绿色债券整体行情的工具，以便认识绿色债券市场的发展现状和前景。

绿色债券指数对市场上所有绿色债券的行情进行了综合反映和动态跟踪，从而便于市场主体了解和关注绿色债券市场的整体走势。具有不同层次和特点的绿色债券指数从不同角度反映了绿色债券市场状况，投资者等可以根据个人偏好把握市场的发展动向。

在客观准确的基础上编制多层次的绿色债券指数，有助于加深市场对绿色债券的理解，满足市场跟踪的需要，启发研究工作的开展，进而促进绿色债券投资活动，提高市场流动性。此外，这也有利于监管者有针对性地推出相关鼓励政策，推动市场整体发展。

（二）为投资者提供业绩比较基准和投资标的

绿色债券指数反映了绿色债券的市场收益率。对于以绿色债券为标的的投资者，绿色债券指数为其投资策略的收益率提供了参考标准。投资者以此可以评价自己的绿色债券投资组合，并根据收益和风险加以调整完善。

同时，绿色债券指数本身也可以作为投资标的，为绿色债券 ETF 等创新投资工具的创设提供了可能。由于绿色债券指数通过具体标准选择样本券，较好地代表了绿色债券市场的整体情况，因此这些新产品可以帮助投资者实现跟踪绿色债券市场整体发展、在获得良好收益的情况下分散风险的目的。

绿色债券指数便利了绿色债券投资的开展，有利于培育绿色投资人，促进绿色金融体系建设。

(三) 督促绿色债券发行人注重合规性，提升市场透明度

绿色债券指数的编制，要求样本券必须符合绿色债券的相关准则。被纳入绿色债券指数，可视为对债券绿色属性的又一重保证。同时，在指数逐渐被市场主体接纳和运用的过程中，其样本券将成为绿色债券投资者首要的投资对象。因此，绿色债券发行人将争取满足指数编制主体的相关规则，争取使所发行债券被纳为指数样本券，同时树立良好的社会形象。

对于信息披露不满足要求，或是募集资金用途失去绿色性的债券，指数编制主体会将其从样本券中移除。这将督促已发行绿色债券的发行人提升环境风险管理意识，遵守绿色债券相关政策规定，积极进行合格的信息披露，从而提升了市场透明度。

(四) 对绿色债券市场发展产生示范效应

在绿色债券市场不断扩大的过程中，投资者对于绿色债券的不熟悉是阻碍其发展的重要因素。绿色债券指数在投资者、发行者和监管者中的应用前景，决定了其在编制中所体现的特点和原则，对绿色债券市场的发展方向具有重要的影响和指导作用。借由自身的影响力，绿色债券指数向市场阐明了绿色项目的内涵、绿色债券的认定、环境效益的披露等重要问题，加深了市场对绿色债券的认知。

第二节　国际绿色债券指数发展现状

目前，国际市场上主要有四只绿色债券指数，分别为 Solactive 绿色债券指数、标准普尔绿色债券指数、巴克莱—明晟绿色债券指数和美林绿色债券指数。四只指数为响应绿色债券投资者的需求而推出，部分已在绿色债券市场中形成一定的影响力。

一、Solactive 绿色债券指数

Solactive 绿色债券指数由德国金融指数公司 Solactive 编制，于 2014 年

3 月 12 日首次发布，按照以美元标价的全收益指数进行计算。进入 Solactive 绿色债券指数债券池的债券须符合四个条件：①应当被 CBI 认定为绿色债券；②债券未清偿额度需在 1 亿美元及以上；③距离到期日至少还有 6 个月；④不属于可转换债券、通胀挂钩债券和市政债券①。

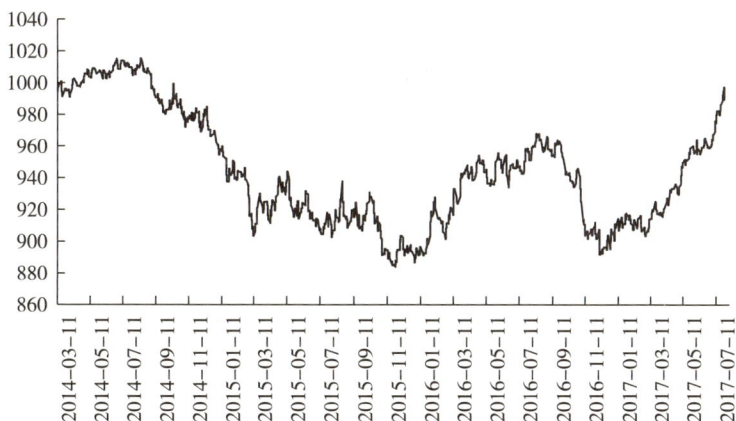

数据来源：Solactive 网站。

图 8.1　Solactive 绿色债券指数走势

Solactive 绿色债券指数在推出 5 个月后呈下降趋势，在 2016 年年初达到 900 点左右的低值。2016 年，指数表现回暖，但在第四季度出现了迅速的下跌。2017 年，指数走势扭转，持续走高，截至 2017 年 8 月底，已回到 1000 点附近，指数包含的样本券数量达 238 只。

Solactive 推出的其他绿色债券指数包括 Solactive 高流动性绿色债券指数和 Solactive 投资级美元欧元绿色债券指数，二者与 Solactive 绿色债券指数在样本券选择条件上有所不同。Solactive 高流动性绿色债券指数在 Solactive 绿色债券指数样本券的基础上，对标价货币、发行规模、剩余期限、交易量、流动性等方面作出了更严格的要求②；Solactive 投资级美元欧元绿

---

① 参见 Solactive 绿色债券指数编制规则文件：https：//www. solactive. com/wp－content/uploads/2017/07/Guideline _ Solactive－Green－Bonds－Index _ Update _ 20170704－2. pdf.

② 参见 Solactive 高流动性绿色债券指数编制规则文件：https：//www. solactive. com/wp－content/uploads/2017/07/Guideline _ Solactive－Liquid－Green－Bond－Index－EUR _ final－20170704－2. pdf.

色债券指数则在标价货币、发行规模、剩余期限、债券评级等方面加强了限制①。

Solactive 高流动性绿色债券指数基点为 1000 点，截至 2017 年 8 月，共有样本券 21 只；Solactive 投资级美元欧元绿色债券指数基点为 100 点，截至 2017 年 8 月，共有样本券 140 只。

数据来源：Solactive 网站。

图 8.2 Solactive 高流动性绿色债券指数和投资级美元欧元绿色债券指数走势

Solactive 高流动性绿色债券指数在发布后经历了持续上升阶段，自 2016 年第四季度起开始逐渐下调；Solactive 投资级美元欧元绿色债券指数的走势与同时间的高流动性绿色债券指数类似。

二、标准普尔绿色债券指数

标准普尔绿色债券指数（标普绿债指数）于 2014 年 7 月首次发布，由标准普尔道琼斯指数和另一家美国公司 Infrastructure Credit Alpha Group LLC. 联合开发，由标准普尔道琼斯指数独立计算和管理，算法上考虑债券

---

① 参见 Solactive 投资级美元欧元绿色债券指数编制规则文件：https：//www. solactive. com/wp - content/uploads/2017/07/Guideline _ Solactive - Green - Bond - EUR - USD - IG - Index - v3 - 20170704 - 3. pdf.

的利息但不考虑利息再投资收益，类似于中债的全价指数。

标普绿债指数的样本债券须至少符合以下条件：①应当被 CBI 认定为绿色债券，且发行人披露了相关信息以表明债券的绿色属性；②距离到期日至少 1 个月及以上；③不属于票据、通胀挂钩债券和资产剥离证券（STRIPS）。

标准普尔绿色债券精选指数（标普绿债精选指数）是标普绿债指数的子指数，在该指数的基础上增加了对样本券的属性限制：①排除在非 G10 国家以本国货币发行的债券；②排除浮动利率债券、伊斯兰债券、可转债等多个债券品种；③含权债券的有关限制；④债券期限大于 24 个月；⑤债券评级的有关限制[①]。

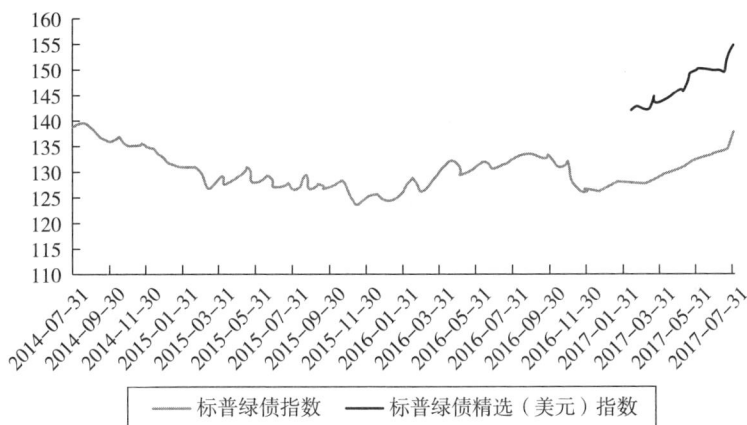

数据来源：标准普尔道琼斯指数。

图 8.3　标准普尔绿色债券指数与精选指数走势

标普绿债指数的走势[②]与 Solactive 绿色债券指数相似，在发行后处于波动调整行情，指数在 120 点至 140 点之间浮动；标普绿债精选指数的走

---

① 参见标普绿债指数及精选指数编制规则文件：http：//us. spindices. com/documents/method-ologies/methodology－sp－green－bond－indices. pdf.

② 标普绿债指数和标普绿债精选指数以 2008 年 11 月 28 日作为基准日期，并计算了指数发布之前的历史走势。此处的走势分析不包括该历史走势，仅针对指数发布之后的走势。后文的走势分析亦同。

势与之类似，但点位高于标普绿债指数。截至 2017 年 8 月 5 日，标普绿债指数所包含样本券数量为 2321 只，标普绿债精选指数为 213 只。

三、巴克莱—明晟绿色债券指数

巴克莱—明晟绿色债券指数于 2014 年 11 月 13 日发布，由英国巴克莱银行和美国指数编制公司明晟（MSCI）共同编制。该指数是巴克莱—明晟环境、社会与治理（Environmental, Social and Governance, ESG）固定收益指数家族的一员。

对于样本券的选择，巴克莱—明晟绿色债券指数从债券要素和绿色属性两方面进行了限制①。

①在债券要素方面，债券需满足币种、评级、发行规模、息票类型、税负、债券品种等方面的一系列要求。例如，债券币种须为规定的 24 种货币之一，评级须为投资级，美元标价的债券发行规模需达到 3 亿美元等。

②在绿色属性方面，巴克莱—明晟绿色债券指数将对债券的募集资金用途、绿色项目评级与选择流程、资金管理流程和持续披露承诺等进行独立调研，从自主标签为绿色债券的产品中进一步筛选出符合明晟 ESG 标准的绿色债券。

考虑到指数的细分程度和覆盖范围，巴克莱—明晟绿色债券指数还从不同维度提供了更细分的子指数，如对样本券限制、债券品种占比、加权方式等方面进行调整后的指数。

巴克莱—明晟绿色债券指数的走势与同时段 Solactive 绿色债券指数相似，在发行初期经历过向下调整，并在 2016 年前三季度和 2017 年经历了上升趋势。

---

① 参见巴克莱—明晟绿色债券指数编制规则文件：https://www.msci.com/documents/10199/242721/Barclays _ MSCI _ Green _ Bond _ Index.pdf/6e4d942a－0ce4－4e70－9aff－d7643e1bde96。

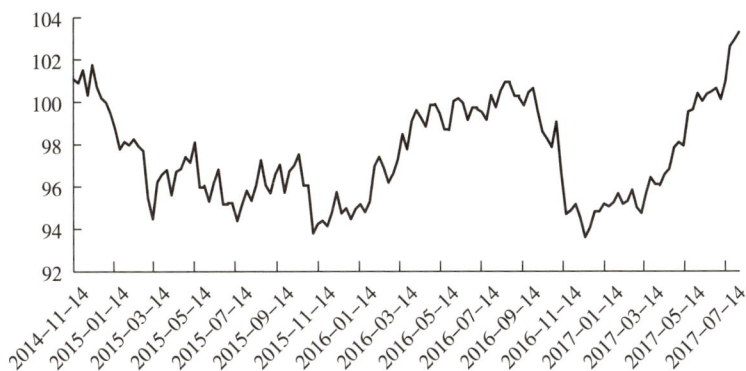

数据来源：Bloomberg.

图 8.4　巴克莱—明晟绿色债券指数走势

四、美林绿色债券指数

美林绿色债券指数由美国银行美林公司于 2014 年 11 月首次发布。该指数的样本债券须符合以下条件：①必须明确将资金收益用于推进气候减缓与适应或其他环保、可持续目的；②由企业和准政府组织发行，不包括证券化债券和抵押证券；③定息债券；④距离到期日至少 1 个月及以上；⑤以 28 种新兴市场货币和 7 种发达市场货币（包括澳元、加拿大元、欧元、英镑、日元、瑞典克朗和美元）标价。需要注意的是，发行人企业属于绿色行业，但是资金用途为非绿色的债券，同样不被纳入指数①。

美林绿色债券指数在发行之初经历了波动，从 2015 年年中起经历了较长的上升趋势。在 2016 年第四季度经历了较快的下挫之后，指数于 2017 年重回上涨行情，与其他绿色债券指数相比，在收益方面优势比较明显。

---

① 美国银行发布该指数的官方报道：http：//newsroom. bankofamerica. com/press - releases/e-economic - and - industry - outlooks/bofa - merrill - lynch - global - research - launches - green - bond.

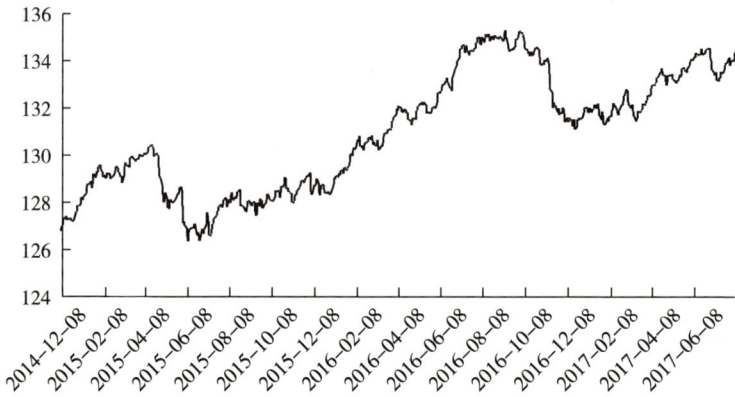

数据来源：美银美林全球指数系统。

图 8.5　美林绿色债券指数走势

五、国际绿色债券指数的比较

目前，国际上已有的四只绿色债券指数对样本券的选取标准各有异同，其具体区别如下。

表 8.1　国外绿色债券指数样本选取标准对比

名称	Solactive 绿色债券指数	标准普尔 绿色债券指数	巴克莱—明晟 绿色债券指数	美林绿色 债券指数
成立时间	2014 年 3 月	2014 年 7 月	2014 年 11 月	2014 年 11 月
债券种类	不包括：可转换债券、通胀挂钩债券和地方政府债券	不包括：票据、通胀挂钩债券和资产剥离证券	包括：公司债券、政府债券、准政府债券、资产证券化债券	包括：公司债券、准政府债券；不包括：资产证券化债券和抵押证券
参考标准	被 CBI 认定为绿色债券	被 CBI 认定为绿色债券	满足 MSCI 评估的环境标准（替代能源、能源效率、污染防治、水源供给及水质改善、绿色建筑）	必须明确资金用于气候环境改善目的

190

续表

名称	Solactive 绿色债券指数	标准普尔 绿色债券指数	巴克莱—明晟 绿色债券指数	美林绿色 债券指数
最小规模	1 亿美元	无限制	根据不同货币分别规定	根据不同货币分别规定
债券剩余期限	6 个月以上	1 个月以上	无限制	发行期限 18 个月以上，剩余期限 1 个月以上
信用评级	无限制	无限制	被标普、穆迪和惠誉评为投资级别	被标普、穆迪和惠誉评为投资级别
票面利率	无限制	固定、零息、递增、固定—浮动、浮动	固定、利率不变期间的固定—浮动、事先约定利率变化的累进利率债券	无限制

资料来源：根据公开资料整理。

第三节　中国绿色债券指数发展现状

　　我国金融监管部门对绿色债券指数持鼓励态度。2016 年 3 月和 4 月，上交所、深交所分别发布的《上海证券交易所关于开展绿色公司债券试点的通知》、《深圳证券交易所关于开展绿色公司债券业务试点的通知》，便提出适时与证券指数编制机构合作发布绿色债券指数；2016 年 8 月 31 日，中国人民银行、财政部等国家七部委发布的《关于构建绿色金融体系的指导意见》提出，支持开发绿色债券指数、绿色股票指数以及相关产品，鼓励相关金融机构以绿色指数为基础开发公募、私募基金等绿色金融产品，满足投资者需要；2017 年 3 月 2 日，证监会发布《中国证监会关于支持绿色债券发展的指导意见》，提出由证券交易所研究发布绿色公司债券指数，并重申对以绿色指数为基础的绿色金融产品的支持。

　　在此背景下，为适应我国绿色债券市场的飞速发展，基于我国市场的各种绿色债券指数相继推出。目前我国共有中债绿色债券系列指数（包括：中债—中国绿色债券系列指数、中债—中国绿色债券精选指数、中

债—中国气候相关债券指数和中债—兴业绿色债券指数)、中财—国证绿
色债券系列指数、上证绿色债券指数系列、中证交易所绿色债券指数等共
十只指数。

表8.2　国内绿色债券指数基本信息

债券名称	发布日期	发布机构
中债—中国绿色债券指数	2016/04/15	中央国债登记结算有限责任公司
中债—中国绿色债券精选指数	2016/04/15	中央国债登记结算有限责任公司
中债—中国气候相关债券指数	2016/09/02	中央国债登记结算有限责任公司
中债—兴业绿色债券指数	2017/01/06	中央国债登记结算有限责任公司
中财—国证高等级绿色债券指数	2017/03/20	深圳证券信息公司和中央财经大学绿色金融国际研究院联合推出
中财—国证高等级贴标绿色债券指数	2017/03/20	深圳证券信息公司和中央财经大学绿色金融国际研究院联合推出
中财—国证高等级非贴标绿色债券指数	2017/03/20	深圳证券信息公司和中央财经大学绿色金融国际研究院联合推出
上证绿色公司债指数	2017/06/19	上海证券交易所和中证指数有限公司
上证绿色债券指数	2017/06/19	上海证券交易所和中证指数有限公司
中证交易所绿色债券指数	2017/06/19	上海证券交易所和中证指数有限公司

资料来源：根据公开资料整理。

一、中债绿色系列债券指数

中央结算公司所参与开发的绿色债券指数，是我国首批反映国内绿色
债券市场的指数产品，具体包括：①中央结算公司与中节能咨询公司合作
编制的中债—中国绿色债券系列指数，包括"中债—中国绿色债券指数"
和"中债—中国绿色债券精选指数"，于2016年4月15日发布；②中央结
算公司与气候债券倡议组织（CBI）、中节能咨询公司合作编制的"中债—
中国气候相关债券指数"，于2016年9月2日发布；③中央结算公司和兴
业银行合作编制的"中债—兴业绿色债券指数"，于2017年1月6日
发布。

中债—中国绿色债券指数、中债—中国绿色债券精选指数、中债—中国气候相关债券指数的基期均为 2009 年 12 月 31 日,中债—兴业绿色债券指数基准日为 2012 年 12 月 31 日,基点值均为 100。截至 2017 年 8 月 7 日,上述四只指数的样本券只数分别为 849 只、668 只、320 只、100 只。

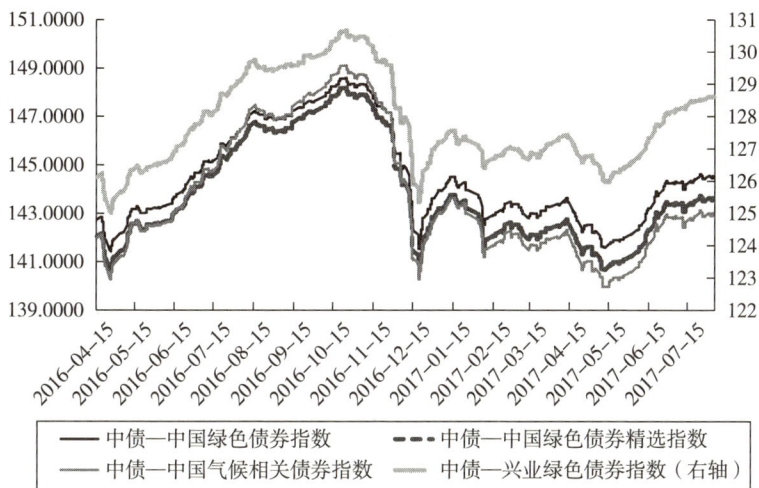

数据来源：Wind 数据库。

图 8.6 中债绿色系列债券指数走势

中债—中国绿色债券指数自发布以后,经历了持续的上升趋势,直至 2016 年 11 月出现调整,回落至 143 点附近,目前仍处于波动阶段。中债—中国绿色债券精选指数、中债—中国气候相关债券指数、中债—兴业绿色债券指数的走势与同时期中债—中国绿色债券指数类似。

中债绿色系列四种指数的主要区别在于样本券选择时所依据的绿色债券标准不同,识别流程不同,以及在发行人、信用评级等方面存在差异。表 8.3 总结了四种指数的异同。[①]

---

① 四只指数的编制规则参见中央国债登记结算有限责任公司《关于进一步披露中债绿色系列债券指数样本券识别工作与最新情况的公告》：http：//www.chinabond.com.cn/Info/146671387。

表8.3 中债绿色债券指数样本券选择标准对比

	中债—中国绿色债券指数	中债—中国绿色债券精选指数	中债—中国气候相关债券指数	中债—兴业绿色债券指数
参考标准	满足以下任一标准：《绿色债券支持项目目录》《绿色债券发行指引》《绿色债券原则》《气候债券标准》	同时满足以下标准：《绿色债券支持项目目录》《绿色债券发行指引》《绿色债券原则》《气候债券标准》	同时满足以下标准：《绿色债券支持项目目录》《气候债券分类方案》	同中债—中国绿色债券指数样本券，并由兴业银行认定符合《兴业银行绿色金融业务属性认定标准（2016年版)》
发行人	无限制	无限制	无限制	经兴业银行认定符合《兴业银行绿色金融业务属性认定标准（2016年版)》的绿色发行人
债券剩余期限	一个月以上（包含一个月），含权债剩余期限按计算日中债估值推荐方向选取	一个月以上（包含一个月），含权债剩余期限按计算日中债估值推荐方向选取	一个月以上（包含一个月），含权债剩余期限按计算日中债估值推荐方向选取	三个月以上（包含三个月）
信用评级	无限制	无限制	无限制	主体信用评级AA级及以上
付息方式	无限制	无限制	无限制	固定利率付息和到期一次性还本付息
是否含含权债	是	是	是	否

	中债—中国绿色债券指数	中债—中国绿色债券精选指数	中债—中国气候相关债券指数	中债—兴业绿色债券指数
识别流程	①募集资金中，投向绿色产业项目的比重应不低于50%；②募集资金用途信息不足时，发行人来源于绿色产业的主营收入占比应不低于50%	①募集资金中，投向绿色产业项目的比重应不低于50%；②募集资金用途信息不足时，发行人来源于绿色产业的主营收入占比应不低于50%	①若募集资金全部用于项目投资，应全部投向绿色和气候相关项目；②若募集资金全部用于偿还贷款或补充营运资金，发行人来源于绿色产业和气候相关项目的主营收入占比应不低于95%；③若两种用途均有，发行人95%及以上主营业务收入应来自绿色产业和气候相关项目，且项目投资应全部为绿色和气候相关项目	①募集资金中，投向绿色产业项目的比重应不低于50%；②募集资金用途信息不足时，发行人来源于绿色产业的主营收入占比应不低于50%

资料来源：根据指数编制规则文件整理。

总体而言，中债绿色系列债券指数的发布，填补了我国绿色债券市场的空白，较好地反映了我国绿色债券市场的变化，为国内外投资者提供了绿色投资业绩的比较基准，促进了我国绿色债券市场的发展。

二、中财—国证绿色债券系列指数

中财—国证绿色债券系列指数于 2017 年 3 月 20 日发布，由深圳证券信息公司和中央财经大学绿色金融国际研究院联合推出，是首批实现在深圳证券交易所和卢森堡证券交易所之间跨境同步展示的中国绿色债券指数。系列共包括三个指数，分别为中财—国证高等级绿色债券指数、高等级非贴标绿色债券指数、高等级贴标绿色债券指数。

中财—国证绿色债券系列指数的样本券需满足以下条件①：

①绿色标准：依据《绿色债券支持项目目录》，经第三方认证或中央财经大学绿色金融国际研究院识别为绿色债券；若资金用途信息不足，或用于偿还银行贷款、补充营运资金等用途，则发行人主营业务收入来自于绿色业务的比例应超过90%。

②债券类别：包括政府债券、政策性金融债、政府支持机构债权、主体评级为 AAA 级的信用债；排除零息债券、浮动利率债券、股权连接债券、资产证券化产品、定向发行或其他非公开发行债券；

③发行期限与剩余期限：期限不少于 1 年，不超过 10 年；剩余期限超过 91 天。

④付息方式：固定利率付息和一次还本付息。

高等级绿色债券指数和高等级非贴标绿色债券指数以 2011 年 12 月 30 日为基准日期，高等级贴标绿色债券指数以 2016 年 12 月 30 日为基准日期，基点为 100 点。截至 2017 年 7 月 31 日，指数共有样本券 558 只。

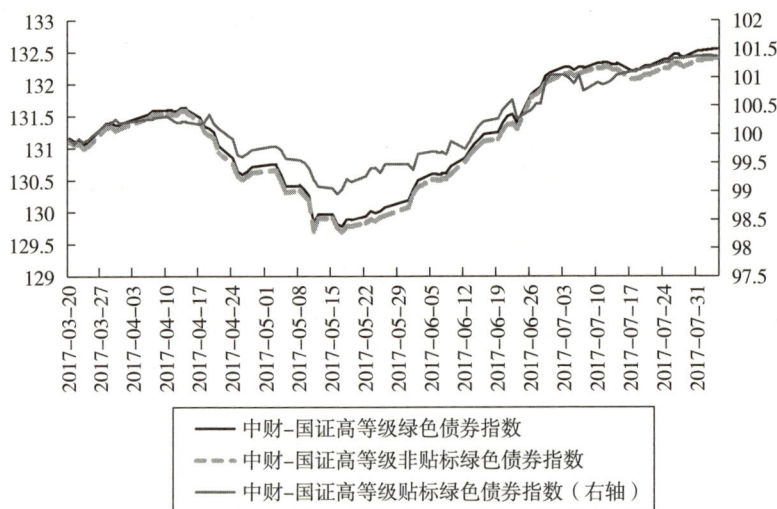

数据来源：Wind 数据库。

图 8.7　中财—国证绿色债券系列指数走势

---

① 国证指数发布的指数编制规则文件：http：//www.cnindex.com.cn/docs/gz _ CNB00013.pdf。

指数系列在发布后走势与同时段中债—中国绿色债券指数类似，较为平稳，在初期的波动下行后，在 2017 年 6 月后开始进入上升趋势，目前高等级绿色债券指数和非贴标绿色债券指数在 132.5 点附近波动，高等级贴标绿色债券指数在 101.5 点附近波动。

中财—国证绿色债券系列指数严格单一地遵照适合中国的绿色债券标准《绿色债券支持项目目录（2015 年版）》，旨在避免采用多个标准时可能引起的界定冲突和模糊，并促进我国绿色债券标准的推广。《绿色债券支持项目目录（2015 年版）》是由人民银行公布的绿色项目目录，具有认知度广、项目针对性强等优点，并且较国际标准更符合中国法律、标准体系和行业分类习惯的实际情况，因而在我国国情背景下具有普遍适用性。

中财—国证绿色债券系列指数分别编制贴标绿债和非贴标绿债两个子指数，目的在于避免将特性不同的两类债券混为一体，促进发挥贴标绿债的市场示范作用，有利于市场认知和跟踪贴标绿债与非贴标绿债不同的市场表现。尤其是贴标绿债在认证上采用官方标准，并且在信息披露上更加透明，有力地促进非贴标绿债市场向贴标绿债市场的方向发展，引导债券市场披露更多的环境信息。

中财—国证绿色债券系列指数是首只在中国和欧洲两地同步发布行情的中国绿色债券指数，有助于吸引海外投资者，推动我国绿色金融体系建设和绿色产业发展。

三、上证绿色债券指数系列、中证交易所绿色债券指数

上海证券交易所和中证指数有限公司于 2017 年 6 月 19 日发布了上证绿色公司债指数、上证绿色债券指数和中证交易所绿色债券指数。三者以 2016 年 12 月 30 日为基日，以 100 点为基点，主要区别在于样本券品种和交易市场的不同，样本券数量分别为 13 只、19 只和 22 只。

上证绿色公司债指数的样本券为在上交所上市交易的绿色公司债（不包括私募和股债关联品种）；上证绿色债券指数的样本券为在上交所上市交易的绿色债券（不包括 ABS、私募和股债关联品种）；中证交易所绿色

债券指数的样本券为在上交所或深交所上市交易的绿色债券（不包括ABS、私募和股债关联品种）。

除此之外，三只指数的样本券均应满足：①债券剩余期限为 1 个月以上；②付息方式为固定利率付息或一次还本付息[①]。

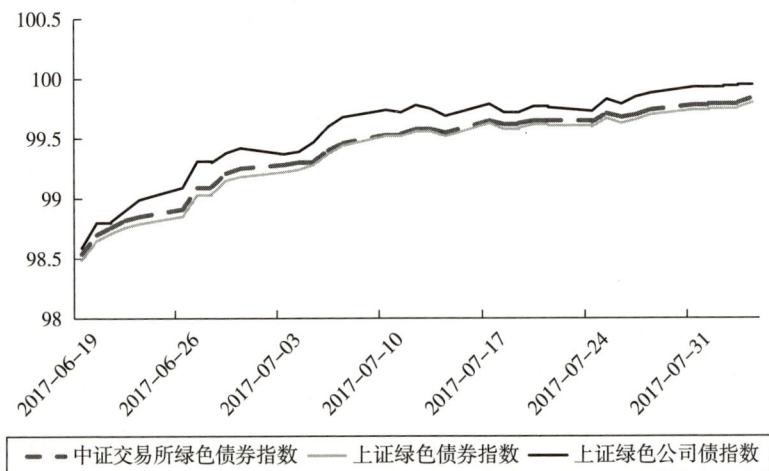

数据来源：Wind 数据库。

图 8.8　上证绿色债券指数系列、中证交易所绿色债券指数走势

指数发布后走势呈平稳的上升趋势，目前点位在 100 点附近波动。

三只指数旨在多角度反映绿色债券的市场走势，给投资者提供多元化的业绩比较基准和投资标的。其中，为加强绿色金融领域的国际交流合作，吸引境外绿色债券优质发行人及专业投资者，上证绿色公司债指数和上证绿色债券指数将于卢森堡交易所官方网站同步展示。

四、中国绿色债券指数发展建议

我国绿色债券市场于 2016 年起步，绿色债券指数体系的建设处于发展

---

① 参见中证指数《关于发布上证绿色公司债指数等 3 条绿色债券指数的公告》：http：// www. csindex. com. cn/sseportal/csiportal/open ＿ anno. jsp？ url ＿ s ＝/sseportal/upload/files/announce/ 7507e5d9 － 1a70 － 4a5a － a0fb － 80b9a17abd85. html。

初期。在市场需求和政策鼓励下，在两年时间里，我国已发布十只绿色债券指数，发展速度和数量均在世界上处于领先地位。未来，绿色债券指数体系仍需进一步推广和完善，以适应我国绿色金融体系的快速发展。

在指数编制方面，绿色债券指数应注重体现科学性。一方面，现有绿色债券指数在绿色属性的判定上采用了不同的标准，对于各个标准的适用情况，多种标准如何避免冲突与界定模糊，仍值得指数编制主体进行研究；在样本券的选择方面，指数编制主体应加强对债券环境效益评估的专业性，及时移除不符合要求的样本券。

另一方面，绿色债券指数体系应具有层次性和多元性。不同的投资者对于绿色债券有着不同的关注重点，不同绿色债券指数存在的差异和区分，满足了不同投资者的需求。未来，绿色债券指数可以进一步细化，从贴标与非贴标、资金用途及其他债券要素方面进行多元化的编制。

在推出指数的同时，推广绿色债券指数的应用，促进指数作用的发挥，也是未来绿色债券指数体系的工作重点。中国的绿色债券市场蕴含着巨大的市场潜力。绿色债券指数的推出，希望能为责任投资者参与中国绿色债券市场提供积极的参照，同时也希望责任投资者能够共同推动绿色债券市场的健康成长。只有推进投资者对于绿色债券指数的认可和应用，鼓励指数相关产品的开发，比如：设立基于指数的绿色债券基金，吸引公众和责任投资者参与，以此增强指数与投资的互动，使绿色债券指数充分与市场结合，才可以发挥指数在提升市场流动性和透明度，为市场带来示范效应的作用。

第四节　绿色债券指数的编制和应用

一、绿色债券指数的编制要点

作为旨在反映和跟踪绿色债券行情的工具，绿色债券指数样本券的选择方法是其编制工作的重要内容。指数编制主体应建立具体、透明和科学的筛选规则，以确保所纳入债券满足绿色属性的要求，并且符合投资者对绿色债券指数的要求，使绿色债券指数得到市场的认可和应用。

具体而言，绿色债券指数的编制应考虑贴标与非贴标债券、绿色债券判别标准、资金投向等要素的选择，并完善指数发布后的跟踪维护工作。

（一）贴标与非贴标绿色债券的选择

根据不同指数编制主体对其指数功能的不同定位，绿色债券指数的样本券选择范围可以分为贴标绿色债券、非贴标绿色债券或两者兼有。

贴标绿色债券通常具有更明确、更可靠的绿色属性。作为指数编制主体认可的贴标绿色债券，发行主体通常需要主动声明并披露相关材料，来向投资者表明其债券的绿色特征；发行主体还可以通过第三方认证加以佐证，但指数编制主体不对此做强制要求。在我国，监管机构对绿色债券的审核，以及对其信息披露的有关监管，也确保了债券的绿色属性。

非贴标绿色债券是指除贴标绿色债券外，可以根据一定标准判定为具有绿色属性的债券。非贴标绿色债券的绿色属性可靠性较差，但其规模远大于现有的贴标绿色债券。通常，指数编制主体可以根据债券发行主体披露的募集资金用途，自主对债券进行判别；如果缺乏相应的信息无法判别，一种可选的做法是分析发行主体来源于绿色产业的主营收入占比。

选择贴标绿色债券作为样本券，可以保证指数的绿色属性和透明度，获得绿色债券投资者的认可。纳入非贴标绿色债券作为样本券，则更全面地反映和跟踪了实质上具备绿色属性的债券，有利于扩大投资者对绿色债券的投资范围。

（二）绿色债券标准的选择

绿色债券指数编制主体需要确保样本券满足绿色债券的定义。除个别指数（如巴克莱—明晟绿色债券指数）采用了独立开发的标准外，指数编制主体通常采用绿色债券市场通行的绿色债券判别标准。一方面，通行的标准更加全面和成熟，有利于识别真正合格的绿色债券；另一方面，采用通行的标准有利于向市场表明其样本券的绿色属性，确保市场对指数的认可。

由于目前绿色债券标准并不统一，指数编制主体可以选择单种标准，或是选择多种标准的交集、并集进行样本券的选择①。采用单种标准，可以避免多种标准可能导致的界定冲突与模糊，提高样本券选择的透明度；对于我国而言，采用《绿色债券支持项目目录（2015 年版）》作为单一标准，能够使指数更好地反映国内绿色债券市场的特点。采用多种标准，则更侧重于对绿色债券概念的全面覆盖。

（三）资金投向

发行绿色债券所募集的资金绝大多数投向绿色项目，但也允许有少部分资金用于补充企业营运资金等非绿色用途。例如，对于贴标绿色企业债，《绿色债券发行指引》允许发行主体在偿债保障措施完善的情况下，使用不超过 50% 的债券募集资金用于偿还银行贷款和补充营运资金，作为鼓励绿色债券发行的政策之一；对于非贴标绿色债券，债券所募集资金用于多种用途（同时包括绿色与非绿色的用途）是很常见的。

指数编制主体在选择样本券时，可以选择全部资金用于绿色用途的债券，或是选择符合募集资金用于绿色用途比例下限要求的债券；另一种可能的做法（如中财—国证绿色债券系列指数），则是根据样本券中用于绿色项目的资金占比，作为样本券在计算指数时的权重。

（四）发布后的跟踪维护

绿色债券市场处于动态和迅速发展的过程中，为保证指数能够完整、准确地反映市场实际情况，指数编制主体需要实时关注绿色债券市场的变化，定期对指数进行维护。

一方面，对于新发行的债券，指数编制主体应根据既有原则，对其是否应纳入指数进行判别，并及时完成样本券的更新工作；另一方面，对于资金用途发生变化从而不再具有绿色属性的债券，以及发行人信息披露不合格，无法保证债券仍然具备绿色属性的债券，指数编制主体应及时将其从样本券中剔除，以保证绿色债券指数的绿色属性。

（五）其他规定

通常，除了与绿色属性相关的要素以外，指数编制主体会对样本券的

---

① 贴标绿色债券通常可以直接纳为样本券，但如果贴标绿色债券的认定标准与指数编制主体选定的标准有所不同，指数编制主体可以选择对债券的绿色属性进行再确认。

其他要素进行限制，以满足流动性、准确性等方面的要求。常见的限制规定包括债券品种、剩余期限、标价货币、评级等。此外，指数编制为满足不同投资者需要，也可以添加不同的编制规则，构成不同的子指数。

二、绿色债券指数的应用

（一）绿色债券投资的评价基准

绿色债券投资策略要求在资金大部分投入绿色债券的情况下，获得超过市场的回报。绿色债券指数反映了绿色债券市场的整体收益情况，因此可以作为这一策略的业绩评级标准。目前已有部分绿色债券投资产品实行这一做法。例如，Mirova 绿色债券—全球基金（Mirova Green Bond - Global）提出①，可以以巴克莱—明晟绿色债券指数作为投资绩效参考；NN 欧元绿色债券基金［NN（L）Euro Green Bond Fund］则明确表示②以超过巴克莱—明晟绿色债券指数的表现为投资目标。

（二）根据绿色债券指数设计金融产品

绿色债券指数的样本券基本囊括了市场当中的绿色债券，因此，对于希望投资于绿色债券领域的投资者而言，可以选择直接基于绿色债券指数设计的金融产品。目前，国际上已有部分类似的产品推出，如绿色债券基金、绿色债券指数 ETF 等。

道富环球投资管理公司（State Street Global Advisors）于 2015 年 5 月推出了跟踪巴克莱—明晟绿色债券指数的基金产品"道富全球绿色债券指数基金"（State Street Global Green Bond Index Fund）。该基金通过抽样策略，选择巴克莱—明晟绿色债券指数的部分样本券（在某些情况下可能投资于收益和风险与样本券相近的非样本券，或者相关衍生工具），尽可能

---

① Mirova 于 2017 年 2 月发布的该基金说明材料：http：//www. mirova. com/en - NL/p/PortFo-lio/Document？SDN = 7S5ZQ0hLqf1 vrNevsENdsFq0cStr0Wr1 tMamgL7txy9PhzGSmugko3QyXMUz kG-pvAv9AX6fBSKyxlMKJSK _ PMWBxJW3AeZtX7617B _ tD3dNkad6vKT2rgz9NFn - TKCr2ZALM dUoH3FYVTTb2FZvMFg = = 。

② NN 投资合伙公司对于该基金的介绍：https：//www. nnip. com/view - 20/Euro - Green - Bond - 2. htm。

地跟踪该指数的收益情况①。

黑石集团（Blackrock）于 2017 年 3 月宣布推出跟踪巴克莱—明晟绿色债券指数的基金产品"iShares 绿色债券指数基金"（iShares Green Bond Index Fund），该基金通过有策略地投资于巴克莱—明晟绿色债券指数的样本券（在某些情况下可能投资于收益和风险与样本券相近的非样本券，或者相关衍生工具），以获得以该指数相近的收益情况②。

凡埃克全球公司（VanEck）于 2017 年 3 月推出了凡埃克向量绿色债券 ETF（VanEck Vectors^{TM} Green Bond ETF），基金至少 80% 的资金用于投资标准普尔绿色债券指数的样本券，旨在尽可能被动式地复制该指数的价格与收益表现③。

（三）作为绿色担保资产选择的参考标准

2016 年 11 月 11 日，中国银行绿色资产担保债券在伦敦证券交易所上市。该债券以境内持有的绿色资产作为担保资产池，为境内绿色信贷项目的境外发债融资提供担保。其中，入选担保资产池的债券均为"中债—中国气候相关债券指数"的样本券，从而保证债券的资金用途、行业类别等方面同时满足国内外绿色债券相关准则。

参考文献

［1］齐闻潮、刘泉江：《中国首批绿色债券指数发布》，载《金融时报》，2016 年 4 月 18 日。

［2］廖原、陆文钦、高文江：《环境信息披露是绿色债券市场健康发展的关键》，载《债券》，2016（10）。

［3］Climate Bonds Initiative. 债券与气候变化：市场现状报告 2016. https：//www. climatebonds. net/bonds－and－climate－change－2016－chinese－version，2016.

---

① 参见该基金的产品说明书：https：//dl. bourse. lu/dl? v = ADyMF y5zxNFitbuuk6w DBmnqAVJK-Wr8gyn＋S8IBWIG0rrx3eaTT1hcjQdznMpn3A4gkT2977z5KwcsrttwE＋3bjEsLGLq9YTHmqsP8jrLzs =。

② 参见该基金的产品说明书：https：//www. blackrock. com/institutions/en－gb/literature/kiid/kiid－ir－fidf－blk－green－bond－index－fund－inst－eur－acc－gb－ie00bd0dt792－en. pdf。

③ 参见该 ETF 的产品说明书：http：//vaneck. onlineprospectus. net/vaneck/GRNB/index. html? where = eengine. goToDocument（%22Summary%20Prospectus%22）。

［4］The GBP Databases and Indices Working Group. Summary of Green Fixed Income In-
dices Providers. https：//www. icmagroup. org/assets/documents/Regulatory/Green − Bonds/
Green − Bond − Indices − Summary − Document − 190617. pdf，2017.

案例篇

第九章 中国绿色债券市场
典型案例分析 I

2016 年是中国绿色债券市场发展的元年，在国家多项积极的政策指引下，我国的绿色债券市场得到了空前发展。本章选取了中国绿色债券市场的几个典型的案例，以债券发行主体为分类标准，从债券要素、发行人、第三方机构、发行意义等方面详细探讨了绿色债券市场的发展状况。本章共分三节：第一节讨论的是绿色金融债券，以银行和其他金融机构为发行主体；第二节是绿色公司债券，以股份有限公司和有限责任公司为主要发行人；第三节是绿色企业债券，其发行主体从国有企业扩大到了民营企业。通过对几个典型案例的分析不难发现，中国的绿色债券市场的发展具有主体不断扩大，形式不断创新的特点。

第一节 绿色金融债券

为贯彻落实《生态文明体制改革总体方案》和十八届五中全会会议精神，加快推动经济结构转型升级和经济发展方式转变，实现绿色发展、循环发展、低碳发展，中国人民银行在着力引导商业银行加大绿色信贷投放的同时，在银行间债券市场推出了绿色金融债券，为金融机构支持绿色产业开辟了新渠道。

绿色金融债券是由银行和非银行金融机构发行，用于募集专项资金支持绿色产业项目的一类特殊债券。近年来，国际绿色债券市场发展十分迅速，已经成为国际上普遍使用的为绿色产业融资的债务工具。为促进中国绿色债券市场发展，人民银行结合国际和国内的实践经验，于 2015 年 12

月 22 日正式发布了《绿色金融债券公告（〔2015〕第 39 号)》。公告对绿色金融债券进行了规范，允许金融机构在银行间债券市场发行绿色债券，同时明确了鼓励绿色金融债券发行的优惠政策，希望通过这些政策和制度安排，推动我国绿色金融债券市场的快速发展。此举标志着我国绿色金融债券市场的正式启动，金融机构扩大绿色信贷投放有了更广泛的资金来源。

2016 年 1 月 27 日，浦发银行发行了中国首只绿色金融债券，1 月 28 日晚间，兴业银行公布了其 2016 年第一期绿色金融债券申购和配售办法说明。两只债券的先后亮相，标志着中国绿色金融债券从制度框架到产品发行的正式落地。随后各大银行对绿色债券都表现出了极大的兴趣，陆续开始加入到绿色债券的发行队伍中。2016 年，由商业银行和政策性银行发行的绿色债券共计 21 只，占全年贴标绿色债券发行数量的 43%；发行规模总计 1550 亿元，占全年贴标绿色债券发行规模的 78%。可见，银行发行的绿色金融债在我国的绿色债券市场中占据主导地位。

一、上海浦东发展银行 2016 年第一期绿色金融债券

上海浦东发展银行股份有限公司（以下简称浦发银行）于 2016 年 1 月 27 日在全国银行间债券市场公开发行了国内首只绿色金融债券，这是自《中国人民银行公告〔2015〕第 39 号》发布以来银行业的第一次尝试，在中国绿色债券发展中具有里程碑式的意义。

（一）债券基本信息

"上海浦东发展银行股份有限公司 2016 年第一期绿色金融债券"发行规模为人民币 200 亿元，债券的期限为 3 年，年利率为固定利率 2.95%，采用平价发行，发行价格为 100 元面值。

基本信息如表 9.1 所示：

表 9.1　上海浦东发展银行股份有限公司 2016 年第一期绿色金融债券基本要素

债券全称	上海浦东发展银行股份有限公司 2016 年第一期绿色金融债券
发行人	上海浦东发展银行股份有限公司
发行规模	200 亿元

续表

票面金额	100 元
发行价格	平价发行
发行方式	公开发行
评级机构	上海新世纪资信评估投资服务有限公司
主体评级	AAA 级
债项评级	AAA 级
期限	3 年
第三方认证机构	安永华明会计师事务所（特殊普通合伙）
票面利率	2.95%

资料来源：Wind 资讯。

本期债券的募集资金将依据适用法律和监管部门的规定，全部用于《绿色债券支持项目目录》规定的绿色产业项目，同时满足发行人资产负债配置需要，充实资金来源，优化负债期限结构。截至 2016 年 3 月 31 日，第一期绿色金融债券发行募集资金中的大部分已投放到绿色产业项目贷款，投放总金额共计人民币 129.57 亿元，尚未投放资金总金额 70.43 亿元。

本债券的决策流程分为项目初选及项目复核两个阶段。项目初选由各分行授信业务产品部门负责，产品部门根据绿色产业项目判断依据对项目进行初步评判，之后将符合要求的项目清单及资料提交至浦东银行总行投资银行部；项目复核由投资银行部负责，投资银行部根据绿色产业项目判断依据对分行产品部门初选的项目进行复核，形成绿色产业项目清单，并依据发行人已有授信审批流程的相关规定执行。

针对本期债券的发行，发行人上海浦东发展银行股份有限公司建立了合格绿色产业项目清单。迄今为止，浦发银行已储备 49 个绿色产业项目，总贷款规模超过人民币 200 亿元。以下是合格的绿色产业项目案例①：

---

① 参见《上海浦东发展银行 2016 年第一期绿色金融债券募集说明书》。

表9.2 上海浦东发展银行绿色产业项目案例

序号	项目名称	贷款规模	装机容量（MW）
1	生物质发电项目	8300万元人民币	30MW
2	光伏并网项目	4亿元人民币	50MW
3	风力发电项目	3.2亿元人民币	49.5MW

资料来源：上海浦东发展银行2016年第一期绿色金融债券募集说明书。

（二）发行人基本情况

上海浦东发展银行股份有限公司成立于1992年10月，注册资本为人民币186.53亿元，1999年11月在上海证券交易所挂牌上市。截至2015年9月30日，总股本为人民币186.53亿元。

作为国内首个发布企业社会责任报告的银行，浦发银行长期关注并积极发展绿色信贷业务，支持低碳节能环保产业。经过多年的努力，浦发银行形成了业内最为齐全的、覆盖低碳产业链上下游的绿色信贷产品和服务体系，许多创新产品已经批量化实施，支持低碳经济发展，服务实体经济建设。

2008年，浦发银行在全国商业银行中率先推出首个针对低碳经济的整合绿色信贷服务方案《绿色信贷综合服务方案》，标志着其绿色金融业务的起步。

2009年，浦发银行同法国开发署合作的支持提高能效和可再生能源投资的中间信贷项目一期实现首单放款；成功推出和完成了国内银行业第一单国际碳资产（CDM）财务顾问业务，项目年减排二氧化碳6万多吨，在国内银行业碳金融领域，迈出了里程碑式的一步；率先在同业中推出并完成首单国际碳资产抵押业务，为中国首个海上风电项目——上海东海大桥100兆瓦海上风力发电示范项目牵头银团融资18亿元，该项目预计年节约标煤10万吨，年减排二氧化碳20万吨。

2010年，浦发银行率先在同业中推出并完成首单合同能源管理未来收益权质押融资，大力支持节能服务公司的快速发展；与世界银行集团国际金融公司（IFC）损失分担机制下的支持节能减排项目全面启动并成功发放首笔能效贷款，首期合作规模10亿元人民币；配合国家发改委能源所等机构推出国内首部针对银行的《能效及可再生能源项目融资指导手册》；

成功完成首单排污权抵押贷款，实现排放权交易金融服务的突破。

2011 年，浦发银行与亚洲开发银行签署合作协议，在国内商业银行中率先推出首个建筑节能融资产品；成功完成联合国 EB 注册的装机容量第一的水电项目国际碳保理融资，预计项目年减排二氧化碳 68.3 万吨；率先推出并完成首单合同能源管理保理融资产品，进一步支持节能服务产业。

2012 年，浦发银行成为国内排放权交易所首个 CER（Certified Emission Reduction，核证减排量）离岸托管合作银行；同年，通过对绿色金融创新和实践经验的总结，推出了《绿色信贷综合服务方案 2.0 版》，含五大板块十大创新绿色金融产品，形成业内最全面和领先的绿色金融产品体系。

2013 年，浦发银行领先同业首次推出"智慧城市"综合金融服务方案，进一步补充和拓展绿色金融内涵，以"融智＋融资"的一站式服务模式支持"智慧城市"建设；成功引入世界银行长期低成本转贷资金 1 亿美元，并按 1:1 配套自有信贷资金，推出首个批量化区域性建筑节能改造的特色融资产品。

2014 年，浦发银行成功发行国内首单碳债券，填补了碳金融领域直接融资工具的空白，取得了跨资本市场债券品种创新的双赢成果。

2015 年，浦发银行率先在广东地区推出国内碳配额抵押融资和法人透支业务，积极为持有富余配额的电力企业盘活存量碳资产；在上海地区成功完成国家碳交易注册登记簿系统上线后业内首单 CCER（Chinese Certified Emission Reduction，中国核证减排量）质押融资业务，助力中小碳资产管理公司盘活存量碳资产，拓宽其融资渠道。

在绿色信贷的推广和绿色标准制定方面，浦发银行也是银行业的"领头羊"。早在 2008 年，浦发银行就在全国商业银行中推出首个针对低碳经济的整合绿色信贷服务方案《绿色信贷综合服务方案》，随后提出要致力于打造中国金融业的"低碳银行"，带头签署了《中国银行业绿色信贷共同承诺》并于 2014 年成功申请加入中国银行业协会绿色信贷业务专业委员会第一届常委会并担任副主任单位。2015 年，浦发银行加入中国金融学会绿色金融专业委员会担任理事单位。在绿色信贷方面，浦发银行在业内享有较高的声誉。

（三）第三方认证

安永华明会计师事务所对上海浦东发展银行股份有限公司进行独立有限认证。认证内容包括：

1. 资金使用及管理政策和程序；

2. 项目评估和筛选的标准及提名项目的合规性；

3. 信息披露及报告机制和流程。

根据安永的独立有限认证声明中规定的有限认证程序，截至 2016 年 1 月 5 日，安永未发现上海浦东发展银行股份有限公司的 2016 年第一期绿色金融债券发行存在与《中国人民银行公告〔2015〕第 39 号》、《关于在银行间债券市场发行绿色金融债券的公告》及其附录《绿色债券支持项目目录》中对于资金使用及管理、项目评估及筛选、信息披露及报告方面的要求不符合的情况。

以目前梳理出的储备项目为基础，可以预计本次资金募集将使标准煤减排 20 万 ~ 50 万吨、二氧化碳当量减排 50 万 ~ 120 万吨、化学需氧量减排 0.5 万 ~ 1 万吨、氨氮减排 400 ~ 800 吨、二氧化硫减排 700 ~ 1500 吨、氮氧化物减排 600 ~ 1200 吨、节水 40 ~ 80 吨。[①]

（四）积极成效

1. 增加绿色信贷供给，促进经济社会可持续发展

本期绿色金融债券所募集的资金将大力支持环保、节能、清洁能源等绿色产业项目，大力增加绿色信贷特别是中长期绿色信贷的有效供给，为提高经济绿色化程度、推进我国生态文明建设、促进经济社会可持续发展提供支持。

2. 为多项环保节能产业提供资金，促进生态文明建设

针对首期 200 亿元人民币金额的绿色金融债券发行，浦发银行将污染物减排量、温室气体减排量等关键指标作为环境效益的量化标准。根据安永的独立有限认证声明，本次资金募集将大大减少有害气体排放和水资源浪费，从而极大促进生态文明的建设。

---

① 参见《上海浦东发展银行 2016 年第一期绿色金融债券募集说明书》、专业机构出具的第三方认证报告。

3. 改善资产负债结构，降低成本

通过发行中长期债券优化负债成本、改善资产负债结构，也借此将负债成本优化的效应逐步传递到绿色信贷项目中，在保持合理经营业绩的同时，更好地支持绿色产业发展。

二、兴业银行 2016 年第一期绿色金融债券

2016 年 1 月 28 日，继浦发银行之后，兴业银行几乎在同时发行了其 2016 年第一期绿色金融债券，债券全称为"兴业银行股份有限公司 2016 年第一期绿色金融债券"。两只债券的先后发行标志着绿色金融债券从制度到产品的第一次落实。

（一）债券基本信息

兴业银行 2016 年第一期绿色金融债券计划发行规模 100 亿元人民币，债券期限为 3 年，发行人主体评级为 AAA 级，债券信用评级为 AAA 级，票面利率为 2.95%。

债券基本信息如表 9.3 所示：

表 9.3　兴业银行股份有限公司 2016 年第一期绿色金融债券基本要素

债券全称	兴业银行股份有限公司 2016 年第一期绿色金融债券
发行人	兴业银行股份有限公司
发行规模	100 亿元
票面金额	100 元
发行价格	平价发行
发行方式	公开发行
评级机构	上海新世纪资信评估投资服务有限公司
主体评级	AAA 级
债项评级	AAA 级
期限	3 年
第三方认证机构	中央财经大学气候与能源金融研究中心 北京中财科创绿色投资有限公司
票面利率	2.95%

资料来源：Wind 资讯。

根据债券募集说明书，本次债券募集资金将依据法律和监管部门的规定，专项用于环保、节能、清洁能源和清洁交通等支持环境改善、应对气候变化的绿色项目新投放，优化发行人负债结构，进一步推动绿色金融业务的发展，从而提升绿色金融领域金融服务水平。本期债券募集资金将在到账后一年内投放完毕。

截至 2016 年第二季度末，兴业银行利用本期绿色金融债券募集资金支持了 105 家企业的 118 个绿色项目，第一期绿色金融债券募集资金 100 亿元全部投放完毕。

（二）发行人基本情况

兴业银行股份有限公司（以下简称兴业银行）成立于 1988 年 8 月，是经国务院和中国人民银行批准组建的我国首批股份制商业银行之一，总部位于福建省福州市。兴业银行于 2007 年 2 月 5 日正式在上海证券交易所挂牌上市，注册资本为 190.52 亿元，福建省财政厅为兴业银行的第一大股东。截至 2016 年 9 月，兴业银行已在全国主要城市设立了 43 家一级分行、2000 家分支机构，在香港设立分行，在上海、北京设立了资金营运中心、信用卡中心、资产托管部、零售银行管理总部、大客户部；投资银行部、期货金融部、基金金融部、可持续金融中心和贸易融资中心等总行机构。

兴业银行是较早开展绿色金融业务的国内银行之一，多年来始终积极承担社会责任，坚持走"点绿为金"，"寓义于利"的可持续发展道路。近几年来兴业银行的绿色金融业务在全行各类业务中的占比逐年提高。截至 2016 年 11 月，兴业银行累计为 7000 多家企业提供绿色金融融资超过 1 万亿元，绿色融资余额超过 4700 亿元，占企业融资余额（同口径）比例超过 15%，业务覆盖低碳经济、循环经济、生态经济三大领域。根据测算，兴业银行的绿色金融所支持的项目可实现年节约标准煤 2554 万吨，年减排二氧化碳 7162 万吨，年减排 COD（化学需氧量）139 万吨，年减排氨氮 5.06 万吨，年减排二氧化硫 10.04 万吨，氮氧化物 2.99 万吨，年综合利用固体废弃物 1726 万吨，年节水量 28565 万吨，仅二氧化碳减排一项即可相当于关闭 158 座 100 兆瓦火力发电站，10 万辆出租车停驶 34.5 年，或

716 万公顷森林一年所吸收的二氧化碳总量。[①]

兴业银行发展绿色金融业务已有 10 年,在绿色金融领域创造了诸多"第一":2006 年推出国内首个能效融资产品;2008 年成为国内首家正式采纳"赤道原则"的银行;2009 年成立国内首个绿色金融专营机构;2010 年,推出国内首张低碳主题认同信用卡——中国低碳信用卡,并拟合建国内首个"个人绿色档案"系统;2014 年发行国内首单绿色信贷资产支持证券;2016 年落地国内首单绿色金融债。兴业银行在绿色金融发展的道路上取得了一系列的荣誉,参与多项绿色信贷政策制度的制定工作,并获得"绿色信贷教材编审工作突出贡献奖"、"绿色信贷教材编审工作专业贡献奖";被聘为绿色信贷业务专业委员会常委单位;四度荣获"年度最具社会责任金融机构奖"和"年度最佳绿色金融奖";连续荣获国内权威机构和媒体评选的年度最佳绿色银行奖、最佳绿色金融银行、"中国绿公司百强"、"中国环境产业服务竞争力大奖"等荣誉。

通过多年的探索和创新,兴业银行建立了在全集团范围内有效运转的绿色金融业务管理架构、作业流程、统计体系和环境效益统计系统。其绿色储备项目达到了 900 余个,总金额达 700 亿元。

表9.4 兴业银行绿色项目储备情况

一级分类	二级分类	项目数量(个)	拟投放金额(亿元)
节能	工业节能	118	68.7
	可持续建筑	10	3.8
清洁交通	公共交通	88	112.3
	新能源汽车	27	15.5
清洁能源	新能源可再生能源	107	220.7
资源节约与循环利用	固废、资源循环利用	367	133.6
污染防治	污水和环境治理等	185	146.8
合计		902	701.4

资料来源:兴业银行股份有限公司 2016 年第一期绿色金融债券募集说明书。

(三)第三方认证

兴业银行向人民银行申请发行兴业银行股份有限公司 2015 年绿色金融

---

① 参见《兴业银行股份有限公司 2016 年第一期绿色金融债券募集说明书》。

债，委托北京中财科创绿色投资有限公司依据《中国人民银行公告［2015］第 39 号》、依托中央财经大学气候与能源金融研究中心的专业学术支持进行第三方评估。

中央财经大学气候与能源金融研究中心对本期债券的评估意见如下：

1. 兴业银行根据《中国人民银行公告（［2015］第 39 号）》及时调整了其绿色金融债相关业务的属性认定标准，已经将中国金融学会绿色金融专业委员会颁布的《绿色债券项目支持目录》纳入其业务流程。

2. 兴业银行在国内金融机构中最早制定了绿色金融债券相关管理办法，并已经在日常业务中建立绿色信贷专项台账，为募集资金实施专门管理作出了必要准备。

3. 兴业银行已经建立了环境效益跟踪评估的方法及管理体系。由于本次申请发行绿色金融债券的额度较大（1000 亿元人民币），获批后将根据项目需求分批多次发行，所以截至额度申请之日，兴业银行暂无法预估具体量化的环境效益目标。但根据《兴业银行绿色金融业务属性认定标准》要求，兴业银行承诺对节约标煤、二氧化碳减排类项目至少减排 10% 以上；对其他主要污染物减排类项目，排放指标要求至少达到相关行业主管机构或标准制定机构要求的行业先进值以上。基于历史数据测算，预计可实现：年节约标煤不低于 480 万吨，年减排二氧化碳不低于 1340 万吨，年减排化学需氧量不低于 26 万吨等。

（四）积极成效

1. 创新绿色信贷的融资方式，为绿色金融债开创先河

"兴业银行 2016 年第一期绿色金融债券"与"浦发银行 2016 年第一期绿色金融债券"的发行时间仅差一天，两只债券的先后发行标志着国内绿色金融债券从制度框架到产品发行的正式落地。由于金融债在偿还保障、流通能力、收益等方面具有明显的比较优势，因此无疑可以为绿色融资开辟出一条新道路，从而使更多资金流入绿色产业。

2. 在绿色信贷领域引起同业示范效应，促进绿色债券的发展

兴业银行率先发行绿色金融债券，无疑会对商业银行引起同业示范效应。事实证明，随着本期债券的落地，其他商业银行都紧随其后，纷纷发行绿色金融债券，截至 2016 年底，我国的绿色金融债的发行规模在绿色债

券的总资金规模中占比最高，绿色信贷取得了长足发展。

3. 支持节能环保产业，促进经济社会的可持续发展

本期债券的发行金额将全部支持绿色产业和节能减排，为提高经济绿色化程度、推进我国生态文明建设、促进经济社会可持续发展提供支持。

三、交通银行 2016 年绿色金融债券

2016 年 11 月 22 日，交通银行股份有限公司在全国银行间债券市场成功发行"交通银行股份有限公司 2016 年绿色金融债券"，发行规模为人民币 300 亿元。这是我国国有五大商业银行在境内发行的首单绿色金融债券，同时也是国内机构中首单获得"穆迪"最高评级的绿色债券，这是穆迪首次对中国机构发行的绿色债券进行评估。

（一）债券基本信息

根据本期债券的募集说明书，本次债券拟发行金额不超过人民币 300 亿元，募集资金将全部用于《绿色债券支持项目目录》规定的绿色项目。本次债券分为两个品种①，品种一为 3 年期品种，品种二为 5 年期品种。其中 3 年期品种发行规模初步定为不超过 100 亿元；5 年期品种发行规模初步定为不超过 200 亿元。发行人有权在两个品种计划发行规模之间做全额回拨。本次债券品种一的实际发行总额为 100 亿元，认购倍数 2.05，票面利率 2.94%，并创下 3 年期品种发行利率同期限金融债券的历史新低；品种二的实际发行总额为 200 亿元，认购倍数 1.30，票面利率为 3.25%。具体信息如表 9.5 所示：

表 9.5　交通银行绿色债券基本信息

债券全称	交通银行股份有限公司 2016 年绿色金融债券
发行人	交通银行股份有限公司
发行规模	品种一：100 亿元 品种二：200 亿元
票面金额	100 元

---

① 参见《交通银行股份有限公司 2016 年绿色金融债券募集说明书》。

发行价格	平价发行
发行方式	公开发行
评级机构	上海新世纪资信评估投资服务有限公司
债项评级	AAA 级
主体评级	AAA 级
第三方认证机构	德勤华永会计师事务所（特殊普通合伙）
期限	品种一：3 年 品种二：5 年
票面利率	品种一：2.94% 品种二：3.25%
认购倍数	品种一：2.05 倍 品种二：1.30 倍

资料来源：Wind 资讯。

本次债券的募集资金拟投向的绿色产业项目共涉及 6 个类别，包括节能类、污染防治类、清洁交通类、清洁能源类、生态保护和适应气候变化类和资源节约与循环利用类。

针对本次绿色金融债券的发行，结合目前绿色项目储备情况，交通银行在《募集说明书》中拟设定标准煤减排 80 万 ~ 160 万吨、二氧化碳当量减排 200 万 ~ 400 万吨、化学需氧量减排 1.5 万 ~ 3 万吨、氨氮减排 1000 ~ 2000 吨、二氧化硫减排 2000 ~ 4000 吨、氮氧化物减排 400 ~ 800 吨、节水 100 万 ~ 200 万吨的环境效益目标。

（二）发行人基本情况

2008 年以来，交通银行秉持着"绿色发展"的理念，贯彻落实绿色信贷政策，通过加大对节能环保的信贷支持，不断推进绿色信贷工作，持续完善绿色信贷政策体系。发行人将绿色环保理念贯彻到经营管理的每个环节，围绕国家绿色发展战略，持续推进绿色信贷工作，加大对循环经济、资源节约等节能环保领域的信贷支持力度。

交通银行制定了节能环保、战略性新兴产业等相关政策及投向指引，对所有企业客户建立了"三色七类"绿色信贷标识体系，以及环境和社会风险 A、B、C 分类标准。根据不同客户及项目的具体行业特征，制定行业绿色信贷管理指引，实施分类管理，从耗能、污染、土地、健康、安全、移民安置、生态保护、气候变化等方面评估客户及项目的环境和社会风险；在信贷业务全流程中落实绿色信贷要求，建立环境和社会风险"一票否决制"，在授信准入、授信评审、贷后管理、资金拨付等信贷全流程中全面评估客户的环境和社会表现；从发展目标、分类管理、清单管理、名单制、优先支持、提升自身表现等方面提出了深化绿色信贷工作的具体措施，制定《环境和社会风险尽职调查清单及规范》、《环境和社会合规风险点审查清单》等工作规范，并纳入《信贷手册》，促进了基层经营单位和信贷人员在信贷经营管理中更加有效地落实绿色信贷要求。截至 2016 年 6 月 30 日，交通银行发行的符合银监会绿色信贷标准的贷款达到 1566 亿元，较 2015 年底增长了 7.56%，较 2014 年增长 21.47%。

（三）第三方认证

本次绿色债券的发行委托了德勤华永会计师事务所作为第三方认证机构。经过德勤的评估，本次绿色金融债券募集资金用途、绿色产业项目评估与筛选、募集资金管理和信息披露的相关政策与内部控制措施都遵循了《中国人民银行公告［2015］第 39 号》的要求。债券存续期间，交通银行将聘请具有相关经验和资质的专业评估或认证机构出具评估报告，对绿色产业项目发展及环境效益影响等实施持续跟踪评估。[①]

穆迪投资者服务公司对此绿色债券授予 GB1 的最高绿色债券评估等级。[②] 这也是穆迪首次对中国机构发行的绿色债券进行评估。穆迪称，交通银行取得 GB1 评估等级的支持因素包括：

1. 针对绿色项目，交通银行拥有出色的组织结构和环境项目决策流程；

2. 募集资金用途符合绿色项目融资与再融资的通行国际惯例，与此同时，交通银行基于当地监管框架对绿色债券资金管理程序的要求，采用了较为严格的管理办法；

3. 交通银行计划按季度与年度进行信息披露及报告工作。针对本次发

---

① 参见德勤出具的《独立有限鉴证报告》。

② 穆迪针对"绿色债券"专门设立了一套评级体系，GB1 为最高等级，具体内容详见第六章。

行，交通银行在《募集说明书》中披露了拟设定环境效益目标，但仅针对整体项目组合，并不针对具体个别项目或项目类别。

（四）积极成效

1. 扩展银行业务规模

近年来，交通银行绿色信贷业务持续健康发展，绿色类客户数及授信余额占比维持高位，低碳经济、节能环保等绿色经济领域客户及项目持续增长。对商业银行整体而言，此次债券发行更为现实的意义在于，通过发行绿色金融债加大对绿色信贷的投放力度，有助于减轻银行传统业务所面临的下行压力。事实上，在绿色金融债券问世之前，就已经有商业银行发行一定规模的金融债用来支持绿色贷款。发行绿色债券，有利于帮助商业银行引导资金流向，同时解决绿色项目与资金的期限错配等问题。

2. 树立良好的社会形象

发展绿色金融符合社会各界对商业银行的期望和要求，有助于商业银行树立承担社会责任、践行绿色发展的良好社会公众形象。随着我国经济发展绿色化趋势日益增强，支持和发展绿色金融将是可持续、负责任企业的重要标志之一。商业银行是我国金融体系的主体，建立绿色金融体系必然要以商业银行为主。商业银行、特别是国有大型银行在支持国家战略、发展绿色金融等方面，义不容辞。环顾世界，全球主要大型银行均已采纳"赤道原则"，标准普尔也提出要将环境发展指标纳入公司评级。打造良好的绿色金融品牌、树立积极支持绿色产业发展的良好国际形象，对我国商业银行拓展国际市场、迈向国际舞台大有裨益。

四、中国进出口银行 2016 年第一期绿色金融债券

2016 年 12 月 5 日，中国进出口银行成功发行了 2016 年第一期绿色金融债券。本期债券是我国政策性银行发行的首单绿色金融债券，填补了绿色债券高信用发行主体的空白，起到了良好的示范效应，有利于带动同业进一步参与绿色债券发行，并为投资人提供了更丰富的高信用等级绿色债券产品。

（一）债券基本信息

中国进出口银行 2016 年第一期绿色金融债券的期限为 5 年，金额 10 亿元人民币，发行利率 3.28%，低于同类债券利率。

债券基本信息如表 9.6 所示。

表9.6 中国进出口银行绿色债券基本信息

债券全称	中国进出口银行 2016 年第一期绿色金融债券
发行人	中国进出口银行
发行规模	10 亿元
票面金额	100 元
发行价格	平价发行
发行方式	公开发行
评级机构	上海新世纪资信评估投资服务有限公司
主体评级	AAA 级
债项评级	AAA 级
期限	5 年
第三方认证机构	中节能咨询有限公司
票面利率	3.28%

资料来源：Wind 资讯。

根据债券的发行说明书，本次绿色金融债券的发行规模不超过 10 亿元，发行人承诺本项绿色金融债券发行募集资金全部投向《绿色债券支持项目目录》界定的绿色产业项目。截至 2016 年 7 月 28 日，进出口银行运用募集资金拟投向符合《绿色债券支持项目目录》标准的绿色产业储备项目共 3 项，预计贷款金额 11.78 亿元。绿色产业项目涵盖了目录中清洁能源中的风力发电和太阳能光伏发电项目。①

经核算，进出口银行本次绿色产业储备项目预计产生总体环境效益如下：每年替代化石能源量 83184.32 吨、二氧化碳减排量 259123.3 吨、二氧化硫减排量 2894.45 吨、氮氧化物减排量 707.77 吨。其中，根据预计贷款金额占项目总投资比例，核算由本次发行绿色金融债券募集资金投向绿色产业项目所产生环境效益如下：每年替代化石能源量 54739.72 吨、每年

---

① 参见《中国进出口银行 2016 年第一期绿色金融债券发行说明书》。

二氧化碳减排量 170962.5 吨、每年二氧化硫减排量 1858.35 吨、每年氮氧化物减排量 465.75 吨。

（二）发行人基本情况

中国进出口银行（以下简称进出口银行）成立于 1994 年，是直属国务院领导的、政府全资拥有的政策性银行，其国际信用评级与国家主权评级一致。进出口银行是我国外经贸支持体系的重要力量和金融体系的重要组成部分，是我国机电产品、成套设备和高新技术产品出口及对外承包工程及各类境外投资的政策性融资主渠道、外国政府贷款的主要转贷行和中国政府援外优惠贷款的承贷行。

经过 20 多年实践探索，进出口银行逐步建立了以绿色信贷为主体，以绿色基金、碳金融服务为补充的多元化绿色金融业务体系。不断加大业务创新力度，有针对性地开办节能环保贷款、转贷配套人民币资金贷款、转型升级贷款等多项创新业务，着力提高企业核心竞争力；发起设立以中日节能环保基金为代表的多只股权投资基金，以金融合作带动国内外节能环保产业融合；根据碳排放权交易市场发展，推出以碳资产咨询顾问业务为重点的碳金融业务，为企业在国际市场开展清洁发展机制项目、在国内市场进行碳资产管理和开展中国核证自愿减排量项目等提供融资和融智服务。

（三）第三方认证

中节能咨询有限公司对本期绿色金融债券的资金使用及管理、项目评估及筛选、信息披露及报告等方面进行了审核。本期债券的募集资金将依据适用法律和监管部门的批准，全部用于由中国金融学会绿色金融专业委员会发布的《绿色债券支持项目目录》中规定的绿色产业项目。①

中节能咨询有限公司采用的审验标准包括《合格评定管理体系审核认证机构的要求》（ISO/IEC 17021：2011）、《管理体系审核指南》（ISO 19011：2011）程序、上交所《关于开展绿色公司债券试点的通知》《绿色债券支持项目目录》以及国家颁布的其他相关法律和标准，并对债券的募集资金使用及管理、绿色项目评估及筛选、信息披露、环境效益等方面进

---

① 参见中节能咨询有限公司出具的《第三方独立认证报告》。

行了审查。

（四）积极成效

1. 发挥政策导向作用

进出口银行作为政策性金融机构，一直高度重视履行环境保护的社会责任，主动将对国家、社会、经济和环境的四重责任与自身改革发展相结合，积极通过提供绿色金融服务，发挥政策性金融的弥补、导向和调节作用，推动中国及全球的绿色、可持续发展。围绕绿色金融，进出口银行通过转贷款、优惠贷款、境外投资贷款等优势贷款品种，既引导企业在"走出去"、推动"一带一路"建设、开展国际产能和装备制造合作等实际行动中贯彻绿色发展理念，又为企业降低能耗、提高能源利用率提供资金支持。本次绿色金融债券的发行不仅充分发挥了政策性金融的弥补、引导作用，而且通过多种措施节约能源，大力推动了能源生产和利用方式的变革，促进能源与经济、社会、生态全面协调可持续发展。

2. 加快国际化发展

与其他银行机构相比，作为涉外领域的专业政策性银行，进出口银行在执行业务、开展国际同业合作的过程中具有较大优势，有利于扩大与国际机构的沟通、合作，建立一套既适合中国金融体系现实特点，又能够与国际先进水平接轨的绿色金融标准、政策、体系，打造中国绿色金融发展的典范，带动国内绿色金融服务水平整体性提升。

五、江西银行 2016 年第一期绿色金融债券

2016 年 7 月 7 日，江西银行发行了"江西银行股份有限公司 2016 年（第一期）绿色金融债券"，本期债券属于商业银行发行的、本金和利息的清偿顺序等同于商业银行一般负债，先于商业银行长期次级债务、混合资本债券以及股权资本的无担保金融债券。

（一）债券基本信息

本期债券分两个品种：品种一为 3 年期固定利率债券，品种二为 5 年期固定利率债券。本期债券计划发行规模为人民币 50 亿元，其中品种一为人民币 35 亿元，品种二为人民币 15 亿元。

具体信息如表9.7所示：

表9.7 江西银行股份有限公司2016年（第一期）绿色金融债券

债券全称	江西银行股份有限公司2016年（第一期）绿色金融债券
发行人	江西银行股份有限公司
发行规模	品种一：35亿元 品种二：15亿元
发行价格	100元
发行方式	平价发行
评级机构	联合资信评估有限责任公司
主体评级	AA＋级
债项评级	AA＋级
期限	品种一：3年 品种二：5年
第三方认证机构	安永华明会计师事务所（特殊普通合伙）
票面利率	品种一：4.64% 品种二：4.80%

资料来源：Wind资讯。

本期债券募集资金将依据法律和监管部门的批准，全部用于绿色产业项目。募集资金闲置期间，发行人可以将募集资金投资于非金融企业发行的绿色债券以及具有良好信用等级和市场流动性的货币市场工具。

（二）发行人基本情况

江西银行股份有限公司的前身是南昌银行，是在原南昌市40家城市信用社基础上，由南昌市地方财政发起设立，1997年12月经中国人民银行批准成立，注册资本23.82亿元，南昌市财政局为第一大股东。

江西银行坚持发展"绿色金融"，提供"绿色服务"，积极响应国家生态保护、环境治理号召，切实履行发行人在倡导资源节约型、环境友好型社会中的职责；力推绿色信贷，贯彻落实"区别对待、有保有压"的信贷政策，从战略高度推进绿色信贷；不断加大对绿色经济、低碳经济、循环经济的支持及绿色信贷产品的研发，不断增加对节能减排重点工程的信贷投入，加大对循环经济项目的信贷支持，支持节能减排技术创新。

同时，江西银行股份有限公司切实履行防控环境社会风险责任，加快淘汰生产能力落后和污染型企业，实行信贷压缩退出。做好钢铁、煤炭、电力、石油石化、化工、建材、电解铝、铁合金、电石、焦炭等行业落后产能和工艺的信贷退出工作，防止盲目投资和低水平重复建设，防止大范围产能过剩；对造成当地生态环境遭到破坏的企业、受到环保部门督办整改的企业，作为重大风险客户管理，实行只减不增，逐步压缩直至完全退出的信贷管理措施。

此外，江西银行股份有限公司不断提升自身的环境和社会表现，积极拓展绿色金融服务，通过逐步完善行内政策及人才队伍，实现行内信贷结构的优化升级，同时不断提高绿色信贷服务水平及能力，全面促进绿色金融体系建设。

（三）第三方认证

安永华明会计师事务所对江西银行股份有限公司进行独立有限认证，认证内容包括：

1. 资金使用及管理政策和程序；

2. 项目评估和筛选的标准及提名项目的合规性；

3. 信息披露、报告机制及流程。

认证结论：根据安永的独立有限认证声明中规定的有限认证程序，安永未发现江西银行股份有限公司 2016 年第一期绿色金融债券发行存在与《中国人民银行公告（［2015］第 39 号)》、《关于在银行间债券市场发行绿色金融债券的公告》及其附录《绿色债券支持项目目录》中对于资金使用及管理、项目评估及筛选、信息披露及报告方面的要求不符合的情况。

（四）积极成效

1. 直接效益

本期债券募集资金的投放持续有效地支持了区域绿色产业发展，通过优质绿色产业项目的成功运作，为社会带来显著示范性效应。扩大了发展绿色产业项目主体范围，保障区域内绿色产业项目建设资金及持续运营资金的充足供给，促进绿色产业加速发展、提升企业生产效率、实现资源循环利用、实现收入稳步增长，逐渐减少资源耗费及污染排放。

2. 间接效益

通过对绿色产业的资金投放，加速区域产业升级步伐，节约社会资源使用并降低区域内相关行业企业对水、大气、土壤等环境造成的污染，改善区域经济结构及生态环境，为建设环境友好型社会提供持续有效的资金支持。

第二节 绿色公司债券

绿色公司债券，就是由股份有限公司或者有限责任公司依照《公司债券管理办法》及相关规则发行的、募集资金用于支持绿色产业的公司债券。其中的绿色产业项目范围具体列在由中国金融学会绿色金融专业委员会编制的《绿色债券支持项目目录（2015 年版）》中。2016 年 3 月 16 日，上交所发布了《关于开展绿色公司债券试点的通知》，绿色公司债券正式在中国试点发行。目前已经试点多种产品，募投项目覆盖《绿色债券支持项目目录（2015 年版）》的全部六大项目类型。

绿色公司债券和普通公司债券一样处于证监会的监管之下，与普通公司债券相比，绿色公司债券的发行要求包括申报文件要求、资金专户、绿色鉴证、存续期披露四个方面。其中，申报文件中的募集说明书应当包括募集资金拟投资的绿色产业项目类别、项目认定依据或标准、环境效益目标、资金使用计划和管理制度等内容，并且提供募集资金投向募集说明书约定的绿色产业项目的承诺函。绿色鉴证是指发行人提交的独立的专业评估或认证机构就募集资金拟投资项目属于绿色产业项目所出具的评估意见或认证报告。

2016 年 5 月 20 日，交易所市场第一单绿色公司债券——浙江嘉化能源化工股份有限公司 2016 年绿色公司债券（第一期）在上交所成功发行，自此之后，绿色公司债市场开始了迅速的发展。北控水务集团发行了国内首只可续期绿色公司债，博天环境发行了首单由非上市民营企业公开发行的绿色公司债券，三峡集团发行了截至目前发行规模最大的绿色公司债，"中国节能环保集团公司 2016 年绿色公司债券"是国内首单由央企总部作为发行人发行的绿色公司债。截至 2016 年底，绿色公司债的发行数量占绿色债券数量的 28%，发行规模约占绿色债券总体的 9.19%。

一、浙江嘉化能源化工 2016 年第一期绿色公司债券

2016 年 5 月 23 日，浙江嘉化能源化工股份有限公司发行了国内第一只由民营企业在交易所公开发行的绿色公司债券，本期债券的发行对推动我国绿色债券市场的发展具有重要意义，标志着中国的绿色债券市场的发展进入了提速阶段。

（一）债券基本信息

浙江嘉化能源化工股份有限公司 2016 年绿色公司债券（第一期）（简称"G16 嘉化 1"）发行规模为 3 亿元，票面利率为 4.78%。

本期债券基本信息如表 9.8 所示：

表 9.8　"G16 嘉化 1"债券信息表

债券全称	浙江嘉化能源化工股份有限公司 2016 年绿色公司债券（第一期）——"G16 嘉化 1"
发行人	浙江嘉化能源化工股份有限公司
发行规模	3 亿元
票面金额	100 元
发行价格	平价发行
发行方式	公开发行
评级机构	中诚信证券评估有限公司
债项评级	AA 级
主体评级	AA 级
期限	5 年
募集资金用途	拟用于投资公司热电联产机组扩建项目
第三方认证机构	普华永道中天会计师事务所
债券发行利率	4.78%

资料来源：wind 资讯。

本次发行绿色公司债券募集的资金用于投资公司热电联产机组扩建项目，具体项目包括扩建 3 台 450 吨/时高温高压循环流化床锅炉和 2 台 45 兆瓦高温高压抽背式汽轮发电机组。项目建成达产后，可对外年供热 1410 万吉焦，年供电 40408.80 千瓦时，与此同时，每年节约的标准煤可达

260176.50 吨，大大地提高了能源利用效率。①

（二）发行人基本情况

浙江嘉化能源化工股份有限公司前身为浙江嘉化工业园投资发展有限公司，成立于 2003 年 1 月，是嘉兴港区及周边区域唯一一家蒸汽供应商和重要的基础化工原料供应商，有热电联产优势。该公司超过 50% 的电解电均为自发电，节能环保远超同行，盈利能力保持在较高水平。热电联产是既产电又产热的先进绿色能源利用形式，与热电分产相比具有降低能源消耗、减少大气污染、提高供热质量、便于综合利用、改善城市形象、减少安全事故等优点，使能量得到梯级利用，减少能源损失，是国内外公认的节能减排的重要手段。热电联产项目符合国家的产业政策，是国家鼓励类建设项目，具有广阔的发展前景。

（三）第三方认证

本只绿色债券是普华永道中天会计师事务所在中国大陆境内认证的第一只绿色公司债。经普华永道中天会计师事务所鉴定，热电联产扩建项目符合中国金融学会绿色金融专业委员会发布的《绿色债券支持项目目录（2015 年版）》的相关要求，具体信息如表 9.9 所示：

表 9.9　"G16 嘉化 1" 绿色项目鉴定表

一级分类	二级分类	三级分类	说明或界定条件	国民经济行业分类名称和代码	备注
1. 节能	1.1 工业节能	1.1.1 装置/设施建设运营	1. 国家颁布单位产品/工序能源消耗限额标准的行业，装置/设施（不含燃煤火力发电）产品能耗或工序能耗≤国家单位产品能源消耗限额标准先进值； 2. 燃煤火力发电机组限定为容量≥300MW 超超临界或超临界热电冷联产机组和背压式供热机组（背压式供热机组无机组容量限制）	E－建筑业－48 土木工程建筑业	产品（工序）能源消耗限额先进值参照相应行业产品（工序）能源消耗限额国家标准或《全国工业能效指南（2014 年版）》第 4 节重点行业产品和工序能效附表 4 重点行业主要产品（工序）能效表

资料来源："G16 嘉化 1" 债券募集说明书。

---

① 参见《浙江嘉化能源化工股份有限公司 2016 年公开发行绿色公司债券（第一期）募集说明书（面向合格投资者）》。

（四）积极成效

1. 保护环境，绿色发展

绿色项目的实施满足了嘉兴港区乍浦经济开发区生产企业的供热需求，使零散的小锅炉供热转变为集中供热，大大提高了能源利用效率，减少了区域内的资源消耗，也减少了污染物和温室气体的排放，有利于节能减排。[①]

2. 降低成本，优化资金结构

对于浙江嘉化能源化工股份有限公司而言，发行绿色公司债券为企业向绿色产业转型提供了成本较低的融资机会。节能环保产业的行业特性决定了其融资需求具有金额大、期限长、管理成本高等特点，节能环保项目需要中长期资金配套支持。发行绿色债券不仅提升了企业资金的灵活性，还可以依据现有政策有效利用债券资金，优化企业债务结构。

3. 为民营企业发行绿色债券起到示范作用

"G16嘉化1"是第一只民营企业发行的绿色债券，通过分析完整的发债流程，民营企业可以了解发行绿色债券的具体问题。该债券的发行成功，也使得企业对于"绿色"的概念更加明晰，为其他企业发行绿色债券等绿色融资工具提供了指引。

二、中国节能环保集团公司 2016 年绿色公司债券

2016年8月16日，中节能发行了"中国节能环保集团公司2016年绿色公司债券（第一期）"，这是国内首单经过双重绿色认证的绿色公司债券。双重绿色认证即发行人聘请两家机构为债券的绿色属性和环境效益等进行独立认证，双重认证无疑使债券的信用水平更高，绿色属性更强，从而提高投资者的认可度 。

（一）债券基本信息

本期债券基本信息如表9.10所示：

---

① 　参见《浙江嘉化能源化工股份有限公司 2016 年公开发行绿色公司债券（第一期）募集说明书（面向合格投资者）》第七节募集资金运用。

表 9.10 中国节能环保集团公司 2016 年绿色公司债券信息表

债券全称	中国节能环保集团公司 2016 年绿色公司债券
发行人	中国节能环保集团公司
发行规模	30 亿元（品种一 10 亿元；品种二 20 亿元）
票面金额	100 元
发行价格	平价发行
发行方式	公开发行
评级机构	大公国际资信评估有限公司
债项评级	AAA 级
主体评级	AAA 级
期限	品种一 5 年；品种二 7 年
募集资金用途	新建绿色产业项目建设及置换已投入绿色产业项目的银行贷款
认证机构	中节能咨询有限公司，安永华明会计师事务所
票面利率	品种一 2.89%；品种二 3.13%

资料来源：Wind 资讯。

此次债券的发行所募集的资金拟投入中节能集团新建绿色产业项目建设以及置换已投入绿色产业项目的银行贷款。其中不低于 15 亿元投入中国节能旗下的风力发电项目（清洁能源类）和中国节能旗下垃圾发电项目（环保类，属于固体废物处理）。不超过 5 亿元置换中国节能旗下垃圾发电项目的银行贷款。

经核算，中国节能新建绿色产业项目预计每年节约标准煤 67406 吨、替代化石能源量 96515 吨、二氧化碳减排量 296528 吨、二氧化硫减排量 2147 吨、氮氧化物减排量 821 吨。

需置换的到期存量融资绿色产业项目预计每年节约标准煤 213459 吨、替代化石能源量 65785 吨、二氧化碳减排量 857931 吨、二氧化硫减排量 1419 吨、氮氧化物减排量 559 吨。

上述两类绿色产业项目环境效益合计：每年节约标准煤 280865 吨、替代化石能源量 162300 吨、二氧化碳减排量 1154459 吨、二氧化硫减排量 3566 吨、氮氧化物减排量 1380 吨。[①]

---

① 中国节能环保集团公司 2016 年绿色公司债券（第一期）募集说明书。

本次债券的发行募集资金拟投入的绿色产业项目分别属于《绿色债券支持项目目录（2015 年版）》中的节能、资源节约与循环利用、清洁能源三个大类。

（二）发行人基本情况

中节能是国内唯一一家以节能减排、环境保护为主业的央企，也是开放试点至今的首家一级央企绿色债券发行人。作为国内绿色产业的领军企业，目前中节能已构建起以节能、环保、清洁能源、资源循环利用为主业板块，以节能环保综合服务为强力支撑的"4＋1"产业格局，有效推动了节能环保全产业链健康发展；在工业节能、建筑节能、固废处理、烟气处理与重金属污染治理、土壤修复、水处理、光伏发电、风力发电、节能环保新材料等领域的产业规模与实力均居领先地位。

2015 年，中国节能全年共生产"绿色电力"98.5 亿千瓦时，节约标准煤 313 万吨，减排二氧化碳 781 万吨，处理固体废弃物 673.6 万吨，处理污水 6.02 亿吨，化学需氧量总削减量 12.58 万吨，节能减排效果显著。集团遍布全国 30 多个省市，境外 40 多个国家的 500 多家子公司。中国节能为脆弱的生态编织了一张可靠的"绿色毛毯"，而绿色公司债券的发行将使这张"毛毯"更加绵密厚实，覆盖更为广袤的区域。

（三）第三方认证

中节能咨询有限公司和安永华明会计师事务所负责对本次债券进行审核，中节能咨询有限公司（原中节蓝天投资咨询管理有限责任公司）是中国节能环保集团公司所属专事咨询服务的全资子公司。作为节能环保领域的综合性咨询服务机构，公司长期致力于政府部门节能环保政策研究和规划咨询、重要国际机构节能环保课题研究、各领域重大节能环保项目工程咨询等服务业务。

根据两方的认证结果，此次募集资金所投入的项目符合上海证券交易所《关于开展绿色公司债券试点的通知》以及中国金融学会绿色金融专业委员会公布的《绿色债券支持项目目录》的要求。经过这两家实力雄厚的第三方认证机构认证，该绿色债券的环境评估结果更为权威。

引入双重绿色认证，是为了增强债券的绿色属性，确保募集资金投向合规，增强信息的透明度和可信度，从而进一步降低融资成本。事实证明，本次债券的发行成本的确远低于同类债券：品种一 5 年期的利率为 2.89%，比同期的非金融机构发行的 5 年期绿色债券低了 74BP；品种二 7 年期的利率为 3.13%，低于同类 7 年期绿色债券 27BP。

（四）积极成效

1. 为节能环保行业提供了更为匹配的融资方式

节能环保产业投资回报周期较长，单体项目盈利水平相对较低，企业需要大量低成本资金的支持。而绿色公司债券就是为这类企业"量身订做"，具备"多、快、好、省"优势的融资利器。未来绿债贴息、免税等优惠政策落实后，绿色债券的优势将更为明显。

2. 在绿色公司债的发行方面起到示范作用，为其他企业提供流程参考

中国节能发行绿色债券通过了双绿色认证，从而进一步降低了企业融资成本。两家绿色认证机构分别为安永和中节能咨询，前者具有国内多类型绿色债券的认证经验，承担了多个创新项目的认证工作；后者作为国家绿色产业领域智库，对绿色产业有着深刻理解。采用"双绿色认证"的方式，使得环境效益评估更为可靠，让中节能创下了非金融企业发行同期限绿色债券的历史最低成本，为同类企业提供了良好的借鉴。

3. 贯彻落实法规政策，引导绿色产业发展

2015 年 9 月，中共中央、国务院发布的《生态文明体制改革总体方案》，首次明确建立我国绿色金融体系的战略，并将发展绿色债券市场作为其中一项重要内容。本期债券的成功发行是中节能深入贯彻党中央和国务院构建绿色金融体系战略的成果，将对我国绿色债券市场的进一步发展和壮大起到积极的引导和示范作用。

三、三峡集团 2016 年第一期绿色公司债券

2016 年 9 月 21 日，三峡集团发行了 60 亿元绿色公司债券——"G16 三峡 1/G16 三峡 2"。本期债券在上交所成功上市交易，标志着我国最大规模的绿色公司债券发行圆满落幕。

（一）债券基本信息

中国长江三峡集团公司 2016 年绿色公司债券（第一期）是由中国长

江三峡集团公司发行的无担保债券。本期债券分两个品种，合计规模为 60 亿元，品种一利率为 2.92%，期限为 3 年，品种二利率为 3.39%，期限为 10 年。

本期债券基本信息如表 9.11 所示：

表 9.11　中国长江三峡集团公司 2016 年绿色公司债券（第一期）信息表

债券全称	中国长江三峡集团公司 2016 年绿色公司债券（第一期）
发行人	中国长江三峡集团公司
发行规模	60 亿元（品种一 35 亿元；品种二 15 + 10 亿元）
票面金额	100 元
发行价格	平价发行
发行方式	公开发行
评级机构	中诚信证券评估有限公司
主体评级	AAA 级
债项评级	AAA 级
期限	品种一：3 年 品种二：10 年
募集资金用途	募集资金扣除发行费用后用于溪洛渡水电站建设 5 亿元，用于向家坝水电站建设 5 亿元，剩余部分用于乌东德水电站建设
第三方认证机构	安永华明会计师事务所
票面利率	品种一：2.92% 品种二：3.39%

资料来源：Wind 资讯。

本次绿色债券募集资金将用于金沙江下游溪洛渡、向家坝和乌东德三座电站的建设，这三座水电站是三峡集团滚动开发金沙江水电资源的重要组成部分。溪洛渡、向家坝和乌东德三座电站预计年均发电量 1270 亿千瓦时，按替代煤电的煤耗效率计算，预计每年可节省标煤约 4568 万吨，减少排放二氧化碳 10165 万吨、二氧化硫 4.80 万吨、氮氧化物 4.80 万吨和烟尘 1.44 万吨，这三座电站是"西电东送"、优化能源供给侧结构的重要骨干电源。目前，溪洛渡、向家坝电站 26 台机组已经全部投产，运营情况良好，乌东德电站 2015 年由国家核准开工，预计将于 2020 年实现首批机组投产发电。①

（二）发行人基本情况

中国长江三峡集团公司的前身是于 1993 年成立的中国长江三峡工程开发总公司。公司为国有独资企业，全面负责三峡工程的建设与运营。三峡集团是以大型水电开发与运营为主的清洁能源集团，主营业务包括水电工程建设与管理、电力生产、国际投资与工程承包、风电和太阳能等新能源开发、相关专业技术咨询服务等。②

中国长江三峡集团公司是全球最大的水电企业、中国最大的清洁能源公司，拥有全球最大的水利枢纽工程——三峡工程，拥有市值最高的水电上市公司——长江电力。截至 2015 年底，集团的可控装机、在建装机、权益装机总规模约 1.1 亿千瓦，"十二五"期间为我国提供清洁电力多达 7514.2 亿千瓦时。在全球已建成的 99 台 70 万千瓦以上水轮发电机组中，58 台由三峡集团建设、运行和管理，占总量的五分之三。目前，集团在"一带一路"沿线的 45 个国家或地区设有驻外机构，拥有在建、投资的国际工程承包项目 80 多个。③

（三）第三方认证

安永华明会计师事务所为本次绿债的发行提供认证服务，本次认证内容包括：募集资金的使用及管理程序、项目评估和筛选标准及本次募集资金用途项目的合规性、信息披露及流程等三个方面。认证标准为上海证券交易所《关于开展绿色公司债券试点的通知》及中国金融学会绿色金融专业委员会公布的《绿色债券支持项目目录》。通过现场及书面尽职调查、资料查阅等方式，安永华明公司得出认证结论，认为本次绿色债券符合相关管理规范对于资金使用及管理、项目评估及筛选、信息披露及报告等方面的要求，本次募集资金投入的项目分类如表 9.12 所示。

---

① 参见《中国长江三峡集团公司——公开发行 2016 年绿色公司债券（第一期）募集说明书（面向合格投资者）》第八节募集资金运用。

② 参见《三峡集团社会责任报告》。

③ 参见《中国长江三峡集团公司 2016 年绿色公司债券（第二期）信用评级报告——中诚信证评》。

表 9.12　"G16 三峡 1/G16 三峡 2" 绿色项目鉴定表

一级分类	二级分类	三级分类	说明或界定条件	备注
5. 清洁能源	5.6 水力发电	5.6.1 设施建设运营	指以水力发电为目的的水库、大坝、水工隧洞、电站厂房、发电机组等水利发电设施建设运营	符合《2014 年能源工作指导意见》及其他相关文件规定，且通过生态环境保护和移民安置方案论证的项目

资料来源：中国长江三峡集团公开发行 2016 年绿色公司债券（第一期）募集说明书。

（四）积极成效

1. 丰富融资渠道

三峡集团发行绿色债券的首次尝试既符合清洁能源发展需求，解决了其融资难融资贵的问题，又丰富了融资渠道，提高了融资灵活度。本次发行的 60 亿元绿色债券是目前境内规模最大的非金融企业绿色债券，是贯彻落实党中央、国务院建立绿色金融体系、创新清洁能源融资的一项积极举措，同时也是三峡集团 20 年债券融资历程的重要里程碑。

2. 降低融资成本

知名机构的权威认证，是本次发行债券受到市场欢迎的因素之一，降低了企业融资成本。安永华明会计师事务所作为国内四大会计师事务所之一，为本次绿债的发行提供了认证服务。其 3 年期品种的利率为 2.92%，处于发行时重点 AAA 级企业同期限品种债券利率的较低水平，认购倍数为 3.29 倍；10 年期品种的利率为 3.39%，也处于非金融企业同期限品种的较低水平，认购倍数 3.88 倍[1]。

四、北控水务集团 2016 年公开发行绿色公司债券

2016 年 10 月 20 日，北控水务（中国）投资有限公司完成发行 2016 年可续期绿色公司债券 "G16 北 Y1"。该债券是在境内发行的首只综合"可续期债券"和"绿色债券"特点的公司债券。

---

① 参见北极星电力网—新闻频道（http://news.bjx.com.cn/html/20161027/783878 - 2.shtml）。

（一）债券基本信息

"北控水务集团有限公司 2016 年绿色公司债券"发行规模为 7 亿元，票面利率为 3.25%；作为可续期债券，本期债券在每个约定的周期末附发行人续期选择权，于发行人行使续期选择权时延长 1 个周期，并在不行使续期选择权全额兑付时到期。本期债券以每 5 个计息年度为 1 个周期。

北控水务发行的可续期绿色公司债赋予发行人到期选择权、有效延长债券期限，与大型基础建设项目周期长、资金投入大的特质高度匹配，更适应募投项目的融资需求，缓解融资难的困境。

本期债券基本信息如表 9.13 所示：

表 9.13　"G16 北 Y1"债券信息表

债券全称	北控水务集团有限公司 2016 年公开发行绿色公司债券
发行人	北控水务集团有限公司
发行规模	7 亿元
票面金额	100 元
发行价格	平价发行
发行方式	公开发行
评级机构	上海新世纪资信评估投资服务有限公司
主体评级	AAA 级
债项评级	AAA 级
期限	以每 5 个计息年度为 1 个周期，发行人可续期
募集资金用途	专门用于洛阳水系综合整治示范段工程项目募集资金的接收、存储、划转与本息偿付，并进行专项管理
第三方认证机构	商道融绿咨询公司
票面利率	3.25%

资料来源：Wind 资讯。

此次绿色债券所募集的资金将投入洛阳水系综合整治示范段工程项目，项目主要内容为对洛河以及瀍河部分河段进行整治，整治内容包括控源截污、河道清淤、景观提升、生态修复、行洪提升等。

（二）发行人基本情况

北控水务集团是北京控股有限公司旗下的水务旗舰上市企业，是集产业投资、设计、建设、运营、技术服务、资本运作为一体的综合性、全产业链专业化水务环境综合服务商。业务涵盖城镇水、流域水、工业水、海淡水、环卫及固废、清洁能源、科技服务等。北控水务是一家国有控股的，与民营水务公司合资的香港公司。主要业务为传统水务、水环境综合治理、污泥固废、海水淡化、海外业务、新兴环境业务等。北控水务集团是国内城市布局最广、规模最大的污水处理企业之一，经过近几年的稳步发展，已成长为全国领先的污水处理企业，实际控制污水处理能力超过3000万吨/日[①]。

（三）第三方认证

此次绿色债券发行募集的资金投入的项目，经由第三方评估机构商道融绿咨询公司评估。经认定评估，"G16 北 Y1"隶属于如下分类（见表9.14）：

表 9.14　"G16 北 Y1"绿色项目鉴定表

一级分类	二级分类	三级分类
污染防治	污染防治	设施建设运营
	环境修复工程	项目实施
生态保护和适应气候变化	自然生态保护及旅游资源保护性开发	设施建设运营
	灾害应急防控	设施建设运营

资料来源："G16 北 Y1"债券募集说明书。

（四）积极成效

发行绿色债券进行融资，有利于提升企业的知名度，提升企业信誉度，也拓宽了企业在大陆债券市场的投融资渠道，更能切实贯彻党中央、国务院大力推进生态文明建设的战略决策，有利于服务绿色产业发展，推动经济结构转型升级和经济发展方式加快转变。因此，发展绿色债券及绿色资产证券化产品具有积极和重要的社会意义。

1. 保护环境，改善生态

经评估，项目按计划完成后，瀍河清淤疏浚工程清淤量将达到17.6万方，河道底泥疏挖后预计将减少铬、镉、铅、锌、铜、砷等重金属含量。整治工程完工后，将有效改善河道水质，消除瀍河水体黑臭，削减主要污

---

① 北极星电力网—新闻频道（http：//mt.sohu.com/20160520/n450635254.shtml）。

染物排放量，入洛河口水质将达到景观用标准，行洪能力将由10年一遇大幅提升至50年一遇①。同时构建和修复的小型人工湿地系统具有净化水质、保存物种、提供水生物栖息地等基本生态效益。改善河道的生态景观，具有自净化功能的生态河道将得到初步建立。

2."可续期公司债"的形式拓宽了绿债发行方式

此次北控税务集团发行的绿色债券是国内首只可续期公司债，为绿色债券发行方式的创新起到了示范作用。可续期公司债赋予发行人续期选择权，不规定债券到期期限。相较于普通公司债券，"可续期公司债"在条款设置方面作出优化，更贴合企业的融资需求。符合条件的可续期公司债兼具有"债"、"股"双重属性，可以作为权益工具入账，并作为企业资本金的补充，改善企业资本负债结构；也有助于丰富企业债务融资品种，有效降低企业的融资成本；同时投资者可取得较同期同级别普通公司债更高的收益，实现发行人与投资者的共赢；此外，本期债券的发行还有利于国企改革。可续期公司债应用前景广阔，为未来深化改革提供了支持，有助于我国经济平稳实现"新常态"转型。

五、博天环境集团2016年公开发行绿色公司债券

2016年10月11日，博天环境集团股份有限公司在上海证券交易所公开发行3+2年期绿色公司债券"G16博天"，发行规模为3亿元，是国内首只非上市民营企业公开发行的绿色公司债。

（一）债券基本信息

本期债券基本信息如表9.15所示：

表9.15 "G16博天"债券信息表

债券全称	博天环境集团股份有限公司2016年公开发行绿色公司债券
发行人	博天环境集团股份有限公司
发行规模	3亿元

---

① 《北控水务集团有限公司2016年公开发行绿色公司债券募集说明书（面向合格投资者）》第七节募集资金运用。

续表

票面金额	100 元
发行价格	平价发行
发行方式	公开发行
评级机构	上海新世纪资信评估投资服务有限公司
本次债券信用等级	AAA 级
主体信用等级	AA－级
期限	5 年
募集资金用途	本次公开发行绿色公司债券的募集资金拟用于 4 个污水处理厂项目建设、运营或偿还这 4 个绿色项目贷款
第三方认证机构	安永华明会计师事务所
票面利率	4.67%

资料来源：Wind 资讯。

本次公开发行绿色公司债券的募集资金拟用于 4 个污水处理厂项目建设、运营或偿还，4 个绿色项目贷款具体金额如表 9.16 所示[①]：

表 9.16　"G16 博天"募集资金用途表 单位：万元

序号	公司名称	项目名称	项目投资总额	本次募集资金投入总额
1	灵宝博华水务有限公司	灵宝市第三污水处理厂及配套管网项目	14278.4	9000.00
2	原平市博华污水处理有限公司	原平市循环经济示范区污水处理厂项目	16718.4	10500.00
3	石嘴山市通用博天第一水务有限公司	石嘴山经济技术开发区东区工业污水处理厂项目	7401.8	4500.00
4	石嘴山市通用博天第二水务有限公司	宁夏精细化工基地污水处理厂项目	9004.92	6000.00
合计	—	—	47403.6	30000.00

资料来源："G16 博天"债券募集说明书。

本次 4 个项目投入运营后将降低区域水污染物排放总量，CODcr（采

---

① 《博天环境集团股份有限公司 2016 年公开发行绿色公司债券募集说明书（面向合格投资者）》第七节募集资金运用。

用重铬酸钾（K2Cr2O7）作为氧化剂测定出的化学需氧量）预计每年实现削减 6191.7 吨，氨氮预计每年实现削减 596.5 吨。[①]

根据中国金融学会绿色金融专业委员会编制的《绿色债券支持项目目录》（2015 年版），本项目隶属于下列分类（见表9.17）：

表 9.17　"G16 北 Y1"绿色项目鉴定表

一级分类	二级分类	三级分类	说明或界定条件	备注
2. 污染防治	2.1 污染防治	2.1.1 设施建设运营	包括但不限于以下类别污染物处理设施建设运营：污水、污水处理副产污泥、大气污染物、城镇生活垃圾等固体废物（含危险废物、医疗垃圾等）处理、综合治理等污染处理、治理设施及最终处置设施等（含管网、收集中转储运等配套设施建设运营）	符合环境污染治理设施运行服务企业相关国家标准要求；如涉及废弃物转移，须符合《控制危险废料越境转移及其处置巴塞尔公约》相关要求

资料来源："G16 博天"债券募集说明书。

（二）发行人基本情况

博天环境集团股份有限公司是一家专业的水环境解决方案综合服务商，定位于水业关联的多元化战略，主要为高端客户的工业水处理系统、城市水环境、生态修复和土壤修复等提供技术开发、咨询设计、核心设备制造、系统集成、项目管理、投资运营等一体化的解决方案，以实现水资源的保护和有效利用。公司在石油化工、煤化工、城市水环境多行业内，已完成了数百项水环境综合服务项目，涵盖给水、脱盐水等，并在技术难度高、项目规模大的能源化工水处理领域取得了领先的市场地位和竞争优势。[②]

（三）第三方认证

安永华明会计师事务所针对博天环境绿色产业项目实施了第三方独立

[①] 《博天环境集团股份有限公司2016年公开发行绿色公司债券募集说明书（面向合格投资者）》第三节项目环境效益目标。

[②] 《博天环境集团股份有限公司首次公开发行股票招股说明书（申报稿）》。

认证，并出具债券发行前独立有限认证报告。根据安永出具的《致博天环境集团股份有限公司董事会关于绿色公司债券发行前独立有限认证报告》，本次募集资金所投入的项目在《绿色债券支持项目目录》（2015 年版）分类中属于"2. 污染防治 – 2.1.1 设施建设运营"，根据《国民经济行业分类》（GB/T4754—2011），本项目所属的国民经济行业分类名称和代码为"D – 电力、热力、燃气及水生产和供应业 – 46 水的生产和供应业 – 4620 污水处理及其再生利用"。[①]

（四）积极成效

1. 拓宽融资渠道

博天环境发行绿色债券不仅为企业融资拓宽渠道，也为节能、环保等绿色项目的加速落地提供了资金支持。现阶段绿色债券能够有效满足能源企业对绿色项目新建以及改扩建的资金需求，增强企业的运营效率，能够在较快的审批周期内，以较低的融资成本助推企业快速发展。

2. 推动绿色债券健康发展

本期债券的发行是中国绿色金融发展的里程碑事件，为非上市民营企业拓展低成本绿色融资渠道作出了示范，推动了我国绿色金融体系的全面健康发展。以前获得绿色金融支持的更多是央企与国企，很少惠及当前环境施治中不可或缺的民营企业。此次债券的发行，标志着民营企业的绿色融资方式进一步拓宽，将更加直接地支持我国的绿色产业发展。

第三节　绿色企业债券

2015 年以来，国家发展改革委进一步改革企业债券监管方式，除首度鼓励上市公司及子公司发行外，还将绿色企业债券募集资金占项目总投资比例由最高 70% 放宽至 80%，将债券募集资金用于偿还银行贷款和补充营

[①] 《博天环境集团股份有限公司 2016 年公开发行绿色公司债券募集说明书（面向合格投资者）》第七节募集资金运用。

运资金的比例从 40% 提升到 50%，且规定主体信用评级 AA + 级且运营情况较好的发行主体，可使用募集资金置换由于在建绿色项目产生的高成本债务；鼓励探索采用碳排放权、排污权、用能权、用水权等收益权，以及知识产权、预期绿色收益质押等增信担保方式①等。这一系列创新突破，为更广泛领域的绿色低碳企业改善融资结构、降低融资成本提供了制度红利。在社会的巨大需求和政策利好的刺激下，绿色企业债逐渐出现在人们的视野中。其中"16 京汽绿色债"是首只面世的绿色企业债券，也是首只 H 股上市公司发行的境内企业债券。"16 格林绿色债"是我国首只由民营企业发行的绿色企业债。

一、北京汽车 2016 年第一期绿色债券

2016 年 4 月 14 日，由海通证券和中国工商银行联合主承的北京汽车股份有限公司"16 京汽绿色债"，经国家发展改革委核准后公告发行。这是自 2015 年 12 月 31 日国家发展改革委发布《绿色债券发行指引》以来，首只面世的绿色企业债券，也是首只 H 股上市公司发行的境内企业债券。"16 京汽绿色债"由发展改革委审批发行，因此不需要第三方认证，改为由发展改革委环资司、气候司、产业司三司会审。

（一）债券基本信息

本次债券募集资金总额不超过 25 亿元，期限为 5 + 2 年。"16 京汽绿色债"获得了投资者的热烈追捧，在 2016 年 4 月簿记建档时，债券利率最终定为 3.45%，比当日 5 年期 AAA 级非金融企业债务融资工具定价估值 4.07% 低了 62BP，比当日 5 年期 AAA 级信用债收益率曲线数值 3.56% 低了 11BP，甚至比当天二级市场中中国石油、中国兵器等央企 5 年债的成交收益率还低。

本期债券的基本信息如表 9.18 所示：②

---

① 资料来源于发改委颁布的《绿色债券发行指引》。
② 《2016 年第一期北京汽车股份有限公司绿色债券募集说明书》。

表 9.18 "16 京汽绿色债"基本要素

债券全称	2016 年第一期北京汽车股份有限公司绿色债券
发行人	北京汽车股份有限公司
规模	25 亿元
票面价格	100 元
发行价格	平价发行
发行方式	公开发行
评级机构	大公国际资信评估有限公司
债券评级	AAA 级
主体评级	AAA 级
期限	7 年 (5＋2)
募集资金用途	株洲基地技改扩能建设项目和节能环保型汽车的研发
票面利率	3.45%

资料来源：Wind 资讯。

本单债券所募集资金中的 15 亿元用于北京汽车股份有限公司株洲基地技改扩能建设项目，主要用于技术改造，扩大产能；10 亿元用于补充营运资金，主要用于北京汽车新能源及节能环保型汽车的研发。

北京汽车股份有限公司株洲基地技改扩能建设项目为乘用车和新能源汽车技改扩能项目，拟生产北京汽车股份有限公司自主研发的 C4OD 小排量乘用车以及同平台 C4ODB 电动车车型，符合《绿色债券发行指引》中第九项节能环保产业项目的有关规定，属于绿色债券的支持范围。

（二）发行人基本情况

北京汽车作为北汽集团乘用车整车资源聚合和业务发展的平台，是北京市政府重点支持发展的企业。北京汽车股份有限公司作为世界 500 强北汽集团"二次创业"的主力军，是香港主板上市公司。公司自有品牌汽车自成立之日起就十分重视环境保护，是国内最早通过 ISO14001 环境管理体系认证的汽车制造企业之一。公司通过运用发动机设计、汽车吸气方式设计等多项专利技术，将主要车型的油耗维持在同类产品较低水平。此外，公司股东北汽集团旗下的新能源车型就是秉持"绿色、低碳、环保、科技"理念而生的，其产品覆盖纯电动车、混合动力车与核心零部件的研发、生产、销售和服务多个领域。目前北汽集团正在打造国内技术领先、规模最大的新能源汽车研发、生产基地，致力于为我国生态文明建设和城市生态环境保护作出贡献。①

基于对市场精准的定位和对社会的责任履行意识，北京汽车在原有品牌的基础上于 2012 年正式推出新能源车型。北京汽车是自主生产新能源汽车的企业，产品种类与数量均处于领先地位。目前，北京汽车在售的新能源汽车均为纯电动轿车，车型有北汽 EV150、北汽 EV200、北汽 ES210、北汽 EU220、北汽 EU260、北汽 EU300、北汽新能源/Atieva 联合开发高性能车。2012 年实现新能源汽车销售 644 辆；2013 年实现新能源汽车销售 1677 辆，同比增长 160.40%；2014 年实现新能源汽车销售 5462 辆，同比增长 225.70%；2015 年，实现新能源汽车销售 20131 辆，同比增长 268.56%。在纯电动汽车细分市场，公司销售连续三年排名全国第一。2015 年，北汽新能源汽车在北京新能源汽车市场占有率达到 60%，在全国新能源汽车市场占有率达 30% 以上。

（三）积极成效

1. 实现低成本融资

随着绿色债券的兴起，对于债券的绿色属性评价一般是引入第三方评级机构进行评估，但是在国家发展改革委发布的《绿色债券发行指引》中并未提及需要第三方认证，绿色企业债明确了十二大类绿色循环低碳发展项目，且借助发改委环资司、气候司、产业司等司局的专业判断能力，在项目的"绿色"属性认证上更为权威准确，同时也有利于提高效率、节约成本，这对于发债企业来说是很有吸引力的一点。

2. 提高发行效率

在绿色企业债的审批发行中，国家发改委不断深化企业债券审批制度改革，简化申报程序，精简申报材料，提高审核效率，也提升了绿色企业债对发债企业的吸引力。

3. 降低发行资金成本

在"16 京汽绿色债"发行期间，债券市场受到接连不断的信用事件影响，投资者对信用类债券的投资情绪达到冰点。相应地，市场收益率大幅

---

① 资料来源于 Wind 和 16 京汽绿色债募集说明书。

上行，AAA级别、AA级别5年期债券到期收益率自2017年4月以来均有30BP以上的涨幅。但是"16京汽绿色债"的最终票面利率为3.45%，创下近期相同信用级别最低发行利率，为发行人节约了资金成本。绿色企业债的低利率发行并非偶然，"绿色概念"即是最大的安全保障，债券资金投向节能环保等产业方向使得债券安全性相对更高。在市场平稳时，绿债的优势可能并不明显，但在市场剧烈波动下，投资人都在寻求相对安全的资产，"绿债"成为了首选标的。

4. 为其他节能环保企业树立标杆

"16京汽绿色债"是自2016年12月31日国家发展改革委发布《绿色债券发行指引》以来，首只面世的绿色企业债券。与之前浦发银行、兴业银行发行的绿色金融债券通过银行转贷给企业相比，绿色企业债券将绿色项目与资金直接对接，更能体现债券作为直接融资工具的效率，债券的成功发行为其他节能环保企业树立了标杆。

二、格林美2016年绿色公司债券

2016年10月28日，2016年格林美股份有限公司绿色公司债券簿记建档发行。国开证券有限责任公司主承的"16格林绿色债"，是我国首只由民营企业发行的绿色企业债券。该债券实现了绿色企业债从国有企业到民营企业的突破，为民营企业拓展了新的绿色融资渠道。"16格林绿色债"由发改委审批发行，因此不需要第三方认证，改为由发改委环资司、气候司、产业司三司会审。

（一）债券基本信息

本期债券额度为5亿元，期限7年，发行利率为4.47%，认购倍数为1.88。其债券基本信息如表9.19所示：

表9.19　"16格林绿色债"基本要素

债券全称	2016年格林美股份有限公司绿色公司债券（简称"16格林绿色债"）
发行人	格林美股份有限公司
发行规模	5亿元
票面金额	100元

发行价格	平价发行
发行方式	公开发行
评级机构	上海新世纪资信评估投资服务有限公司
债券评级	AA 级
主体评级	AA 级
期限	7 年（5 + 2）
募集资金用途	动力电池材料相关项目的建设及补充营运资金
票面利率	4.47%

资料来源：Wind 资讯。

本次债券拟募集资金中 4 亿元用于三个动力电池材料相关项目的建设，其他 1 亿元募集资金用于补充营运资金。从主营业务和项目用途来看符合发改委对绿色债券的支持标准。格林美股份有限公司主营业务为废弃物资源化利用，符合国家发展改革委办公厅编制的《绿色债券发行指引》中的第五大类——循环经济发展项目中废弃物资源化利用。格林美股份有限公司用于动力电池材料相关项目的建设符合绿色债券募集资金用途要求。其主要建设项目情况如表 9.20 所示：

表 9.20 "16 格林绿色债"项目建设基本概况

序号	项目内容	投资金额（万元）
1	年产 5000 吨镍钴铝（NCA）三元动力电池材料前驱体原料项目	7385
2	荆门市格林美新材料有限公司动力电池用氢氧化锂和碳酸锂材料项目	6860
3	车用镍钴锰酸锂三元动力电池材料及其他配套废水综合利用系统	25755

资料来源："16 格林绿色债"募集说明书。

（二）发行人基本情况

格林美股份有限公司是中国规模最大的采用废弃资源循环再造超细钴镍粉体的企业，是国际上采用废弃钴镍资源生产超细钴镍粉体材料的先进企业，是中国钴镍粉体材料与循环技术的产业基地之一。目前，公司已形成以生产电池材料（四氧化三钴、三元材料等）、处理电子废弃物、电铜等业务为主的业务运营体系。截至 2015 年底，公司第一大收入来源为电池材料，2015 年实现营业收入 15.29 亿元，占比 29.88%。①

公司采用废弃钴镍钨资源、废旧电池等循环再造高技术含量的钴镍钨材料，生产的超细钴粉和超细镍粉先后被认定为国家重点新产品，并成为被全球硬质合金行业认可的优质品牌，其生产的超细钴粉国内市场占有率达到 50% 以上，超细镍粉成为世界三大镍粉品牌之一。

公司对电子废弃物实施完全分离与深度提纯，大大提升了产品的资源化水平与附加值。通过将金属与非金属完全分离，把电子废弃物中的再生铜提纯为一级铜板，将各种塑料完全分开并提纯，使分离出的塑料纯度达到 95% 以上，从而将其从低价值的废塑料提升为高价值的高纯度塑料，并进一步将塑料循环再造为高技术的塑木型材；利用环保节能的高新技术将废线路板中的金银等稀贵金属进行回收利用，成为中国少数几个能够对电子废弃物与线路板进行完整产业链处理与资源化利用的企业之一。

公司在报废汽车环保化和资源化全产业链处理的关键技术上取得突破，获得全球发明专利，通过报废汽车零部件利用再造，废旧轮胎的回收利用，尾气催化剂中的金属提取回收等技术实施对报废汽车的完整资源化、无害化回收利用。公司将自主开发和引进世界领先装备相结合，打通了包含流程化与机械化拆解技术、智能化破碎技术、金属与塑料的智能分选技术、零部件再制造技术等一系列世界领先处理技术的报废汽车综合利用全产业链。

（三）积极成效

1. 降低发行成本

"16 格林绿色债"的认购倍率为 1.88，发行价格 100 元，票面利率为 4.47%，利率基准 3.03%，利差 1.44%。面对近期债市大幅波动的不利环境，该债券依然获得机构投资者的热烈追捧，发行票面利率为 3.70%，全场认购倍数 3.5 倍。这一利率比同时段簿记的同类债券低了 70 多个 BP，降低了发行人的融资成本。

2. 缓解我国对石油资源的依赖

本项目的完成，可满足市场对动力电池的需求，促进新能源汽车行业

---

① "16 格林绿色债"募集说明书。

的发展，降低对石油的依赖，减少有害气体的排放，在一定程度上缓解雾霾等社会问题。此外，本项目通过使用废旧电池作为生产动力电池原材料的原料，延伸公司废旧电池回收利用的产业链，实现各种资源的循环利用，也在一定程度上降低了废旧电池对环境的污染。

3. 满足市场需求，提升中国相关产业的国际市场竞争力

格林美通过本项目进入车用动力电池主流产业链，构建"废旧电池回收—电池材料再制造—动力电池应用—再回收利用"的全循环产业链，促进我国电池前驱体材料全面参与国外市场竞争，大幅提升了我国动力电池材料的盈利能力和核心竞争力，为贯彻我国绿色发展战略以及促进新能源汽车产业的进步作出了贡献。

第十章 中国绿色债券市场典型案例分析 II

本章继续讨论中国绿色债券市场的典型案例，从债券要素、发行人、第三方认证和积极成效四个方面展开论述，探究各类绿色债券的具体特点。其中，第一节主要介绍各类绿色债务融资工具的具体案例，如16协合风电MTN001、16金风科技GN001、16武汉地铁GN002、16云能投GN001、16盾安GN002；第二节介绍绿色资产支持证券（Asset Backed Securities，ABS）的案例，如金风科技绿色ABS、葛洲坝绿色ABS和无锡公交绿色ABS；第三节阐述境内主体在境外发行的绿色债券和境外主体在境内发行的绿色债券案例，分别为中国银行绿色资产担保债券、16新开发绿色金融债01。

第一节 债务融资工具

绿色债务融资工具，是指境内外具有法人资格的非金融企业（以下简称企业）在银行间市场发行的，募集资金专项用于节能环保、污染防治、资源节约与循环利用等绿色项目的债务融资工具。债务融资工具①具体包括短期融资券（CP）、超短期融资券（SCP）、中期票据（MTN）、定向工具（PPN）、中小企业集合票据（SMECN）、资产支持票据（ABN）、项目收益票据（PRN）等。2016年中国银行间市场交易商协会（NAFMII）支持绿色企业发行债务融资工具的规模已经达82亿元，大大助推了绿色企业

---

① 《非金融企业绿色债务融资工具业务指引》。

发展。在协会注册的品种不但包括前期推出的绿色中期票据、绿色定向工具，还包括绿色永续票据、绿色债贷基。2017 年 3 月 22 日，交易商协会发布《非金融企业绿色债务融资工具业务指引》及配套表格，鼓励企业注册发行绿色债务融资工具。此外，交易商协会也在积极推动绿色资产支持票据等结构化产品的创新和发展。

一、协合风电 2016 年度第一期中期票据

2016 年 4 月 7 日，协合风电投资有限公司（以下简称协合风电）成功发行国内市场首单非金融企业绿色债券，同时也是国内首单绿色债务融资工具——"协合风电投资有限公司 2016 年度第一期中期票据"。

（一）债券基本信息

本期债券发行规模为 2 亿元，期限 3 年，票面利率 6.2%，有限申购家数为 3 家，有效申购金额 2 亿元，其中最高申购价位 6.2%，最低申购价位 6%。

表 10.1　16 协合风电 MTN001 基本要素

债券名称	协合风电投资有限公司 2016 年度第一期中期票据
债券简称	16 协合风电 MTN001
发行时间	2016 年 4 月 6 日
发行规模	2 亿元
期限	3 年
票面金额	100 元
票面利率	6.20%
发行价格	平价发行
发行方式	公募
信用评级	上海新世纪资信评估投资服务有限公司债项/主体评级为 AA／AA
托管机构	上海清算所
第三方认证	毕马威
资金用途	本次募集的 2 亿元中期票据募集资金拟用于如下项目建设：1. 陕西榆神 200MW 光伏项目；2. 陕西榆阳 50MW 光伏项目；3. 四川盐源 30MW 光伏项目；4. 广西朝东 48MW 风电项目；5. 广西石家 48MW 风电项目
流通交易市场	全国银行间债券市场
备注	国内首单绿色债务融资工具

资料来源：根据公开资料整理。

本期债券募集资金全部用于绿色项目，包括 3 个光伏项目和 2 个风电项目。其募集资金用途如表 10.2 所示：

表 10.2　16 协合风电 MTN001 募集资金用途

序号	项目名称	核准文件	环评	总投资（万元）
1	陕西榆神 200MW 光伏项目	陕发改新能源〔2013〕567 号	榆环评函〔2012〕205 号	153813.00
2	四川盐源 30MW 光伏项目	川发改能源〔2013〕767 号	川环审批〔2012〕773 号	24199.00
3	陕西榆阳 50MW 光伏项目	陕发改新能源〔2015〕296 号	榆政环发〔2013〕109 号	39000.00
4	广西朝东 48MW 风电项目	桂发改能源〔2012〕1510 号	贺环审〔2012〕92 号	3900.00
5	广西石家 48MW 风电项目	桂发改能源〔2012〕1605 号	贺环审〔2012〕105 号	36000.00

资料来源：《协合风电投资有限公司 2016 年度第一期中期票据募集说明书》。

（二）发行人基本情况

协合风电投资有限公司是协合新能源集团下属的境内投资专业平台，拥有强大的新能源项目开发能力。公司在全国 25 个省市自治区设有分公司、代表处，专业从事风电、太阳能项目开发。2012 年，公司共有 13 个项目（65 万千瓦）列入国家"十二五"第二批风电项目核准计划，数量居全国第六位。2013 年，公司共有 18 个项目（88 万千瓦）列入国家"十二五"第三批风电项目核准计划。2015 年，公司共有 17 个项目（86 万千瓦）列入国家"十二五"第五批风电项目核准计划，全年新增核准容量超过 100 万千瓦。此外，公司自 2012 年开始进军光伏发电市场以来，光伏项目资源储备亦得到长足的发展。截至目前，公司拥有超过 2800 万千瓦排他性风资源储备，超过 800 万千瓦排他性太阳能资源储备，雄厚的资源储备、强大的开发能力为公司未来的发展奠定了坚实的基础。公司较早开始向南发展，有针对性地进行战略部署，以享受南方更高的新能源电价，积累不限电的优质资产，有利于提升公司业绩的稳定性。

（三）第三方认证

协合风电聘请毕马威华振会计师事务所对本期债券绿色属性进行第三

方鉴证,对资金使用、项目评估及筛选标准、信息披露机制和内控制度等出具了独立的鉴证意见,达到信息披露公开透明、资金账户专项监管和募集资金绿色用途有保障的要求。根据鉴证报告的结论,5个项目全部符合中国金融学会绿色金融专业委员会发布的《绿色债券支持项目目录》的标准。

表 10.3   16 协合风电 MTN001 项目环境效益

序号	项目名称	环境效益
1	陕西榆神 200MW 光伏项目	该项目预计每年可减少排放烟尘约 1201.9 吨、二氧化硫约 994.4 吨、二氧化氮约 1026.4 吨、一氧化碳 23.7 吨及二氧化碳约 26.8 万吨
2	四川盐源 30MW 光伏项目	该项目预计每年可减少排放烟尘约 58.80 吨、二氧化硫约 202.54 吨、氮氧化物约 68.60 吨、二氧化碳约 2.66 万吨及灰渣约 3902.23 吨
3	陕西榆阳 50MW 光伏项目	该项目预计每年可减少排放烟尘约 27.10 吨、二氧化硫约 155.81 吨、氮氧化物约 176.13 吨及二氧化碳约 5.80 万吨
4	广西朝东 48MW 风电项目	该项目预计每年可减少排放烟尘约 180.37 吨、二氧化硫约 651.33 吨、氮氧化物约 1503.08 吨、二氧化碳约 11.43 万吨及灰渣约 1.20 万吨
5	广西石家 48MW 风电项目	该项目预计每年可减少排放烟尘约 179.18 吨、二氧化硫约 647.05 吨、氮氧化物约 1493.19 吨、二氧化碳约 11.36 万吨及灰渣约 1.19 万吨

资料来源:《关于"协合风电投资有限公司 2016 年度第一期中期票据"发行前独立有限鉴证报告》。

(四)积极成效

1. 减少环境污染

本期债券募集资金投向陕西榆神、榆阳和四川盐源 3 个光伏电站以及广西朝东和石家 2 个风电项目。相关项目的实施,不但可以有效降低石化能源消耗,减少有害物质排放,减轻环境污染,还可以节约建设火电厂所需的永久征地和灰渣存储所用土地,保护生态环境。根据募集说明书披露的信息,3 个光伏电站合计装机容量 280 兆瓦,建成投运后预计每年可节约标准煤 12 万吨;2 个风力电站合计每年上网电量 2 亿千瓦时,每年可节约标准煤 7 万吨。5 个项目每年可减少烟尘排放量 1648 吨、二氧化硫排放量 2651 吨、二氧化碳排放量 82 万吨[①]。

2. 拓宽企业融资渠道

在环境资源越来越成为限制我国社会和经济可持续发展的瓶颈的情况下，企业绿色债务融资工具将为绿色项目打开新的低成本融资渠道，有助于缓解相关项目"融资难、融资贵"的问题，既可以加大绿色产品和服务的供给，又可以为项目所在地带来良好的经济效益和社会效益，对推进经济绿色化、发展低碳环保产业、促进经济结构转型和加快生态文明建设具有重要意义。

3. 推进绿色金融体系建设

这是国内首只按照国际惯例，由独立第三方机构鉴证的非金融企业绿色债券。本期债券的成功发行，标志着继绿色贷款、绿色金融债之后，我国绿色金融体系建设和完善取得又一重要进展，不仅满足了企业绿色融资需求，而且新增了通过金融创新来服务绿色新经济的手段。

二、金风科技 2016 年度第一期中期票据

2016 年 5 月 24 日，新疆金风科技股份有限公司成功发行国内首单绿色永续债——"新疆金风科技股份有限公司 2016 年度第一期中期票据"。永续债是指没有明确到期日、内含发行人赎回权的债券，持有人不能像普通债券一样要求偿付本金。目前，国内发行的永续债主要有可续期债券与永续中票两种。永续债的特殊性在于可以计入权益而不是负债，能够起到优化资本结构，减轻债务兑付压力的作用，尤其适合于公共事业和基建行业发行。

（一）债券基本信息

本期中期票据注册金额 30 亿元，首次发行 10 亿元，期限为 5 + N 年，票面利率 5%，有限申购家数为 7 家，有效申购金额 10 亿元，其中最高申购价位 5%，最低申购价位 4.98%。

---

① 根据《协合风电投资有限公司 2016 年度第一期中期票据募集说明书》整理。

表 10.4　16 金风科技 GN001 基本要素

债券名称	新疆金风科技股份有限公司 2016 年度第一期中期票据
债券简称	16 金风科技 GN001
发行时间	2016 年 9 月 1 日
发行规模	10 亿元
期限	5 + N
票面金额	100 元
票面利率	5.00%
发行价格	平价发行
发行方式	公募
信用评级	中诚信国际信用评级有限责任公司债项/主体评级为 AAA/AAA
托管机构	上海清算所
第三方认证	DNV GL
资金用途	首期发行的 10 亿元募集资金所采购的原材料及零部件制造的风机将用于以下三个风电场建设：吉林长岭龙凤湖制氢项目，河南濮阳清丰项目和内蒙古包头固阳兴顺西天润风电场
流通交易市场	全国银行间债券市场
备注	国内首单绿色永续债券

资料来源：根据公开资料整理。

根据发行人资金需求状况及银行间市场交易商协会相关自律规定要求，本期注册30亿元中期票据募集资金全部用于风力发电系统的原材料及零部件采购。其中利用首期发行的10亿元募集资金采购的原材料及零部件制造的风机，将用于以下三个风电场建设：吉林长岭龙凤湖制氢项目、河南濮阳清丰项目和内蒙古包头固阳兴顺西天润风电场。本期注册的30亿元中期票据具体资金安排情况如表10.5所示：

表 10.5　16 金风科技 GN001 募集资金用途

序号	项目名称	对应募集资金（万元）	总投资（万元）
1	吉林长岭龙凤湖制氢项目	19800	175269.30
2	河南濮阳清丰项目	44500	81580.96
3	内蒙古包头固阳兴顺西天润风电场	42500	74186.21
4	山东德州夏津项目	44500	76103.48

续表

序号	项目名称	对应募集资金（万元）	总投资（万元）
5	江西全南天排山项目	44500	89670.00
6	吉林通榆富汇项目	40500	119782.00
7	四川攀枝花四期项目	22250	40817.15
8	山东淄博沂源铜陵关项目	22250	44141.57
9	安徽六安金寨朝阳山项目	21750	43432.64
10	辽宁朝阳杨树湾一期项目	22750	41980.00
合计		325300	786963.31

资料来源：《新疆金风科技股份有限公司 2016 年度第一期中期票据募集说明书》。

（二）发行人基本情况

新疆金风科技股份有限公司（以下简称金风科技），多次被美国麻省理工学院《科技评论》杂志选为"全球最具创新能力企业 50 强"，并以600 亿元市值在深圳和香港两地上市。

金风科技为国际领先的风电制造商及风电整体解决方案提供商。金风科技于 2015 年 7 月 17 日在海外完成 3 亿美元债券发行，为全球首单中资企业绿色债券。2016 年 5 月 4 日，金风科技成功发行了 10 亿元中期票据，为国内首单绿色永续债券。2016 年 8 月 3 日，金风科技发行首单绿色资产支持证券——"农银穗盈—金风科技风电收费收益权绿色资产支持专项计划"。

（三）第三方认证

全球领先的风险管理服务和认证机构 DNV GL 为新疆金风科技股份有限公司 2016—2018 年中期票据出具了独立评估报告（报告编号：2016 - 9140），对募集资金用途、项目筛选标准、资金管理和信息披露四个方面进行评估，认定本期中期票据的募集资金用途为绿色用途。DNV GL 确认本期中期票据的募集资金用途符合《绿色债券支持项目目录》中"第 5 类清洁能源"项下之"5.1 风力发电"之"5.1.1 设施建设运营"，所募集资金将投向风力发电厂建设运营。

本期债券募集资金对应的三个风电场项目包含经过绿色认证的 10 个项目，风电机组符合国家环保节能政策，并将有效减少常规能源尤其是化石能源的消耗，预期年度减排二氧化碳53万吨，节约标准煤18万吨。本期债券募集资金用于购买上述项目的风机制造所需原材料，符合绿色债券资金用途要求。

表10.6　16金风科技GN001项目环境效益

序号	项目名称	装机规模（MW）	预期减排量（万吨 CO_2/年）	节约标准煤（万吨/年）
1	吉林长岭龙凤湖制氢项目	49.5	9.75	3.5
2	河南濮阳清丰项目	100.0	16.95	6.0
3	内蒙古包头固阳兴顺西天润风电场	100.0	26.41	9.4

资料来源：《新疆金风科技股份有限公司2016年度第一期中期票据募集说明书》。

（四）积极成效

1. 丰富了债券品种

由于本期债券是第一只绿色永续债，因此其发行流程和内容还处于不断探索和创新中。本次绿色永续债的发行起到了良好的示范作用，形成了一条清晰而规范的发行流程，为其他绿色永续债的发行提供了借鉴，带动了绿色债券市场的发展。本期中期票据的发行，使得绿色债券产品序列更为完整，推动了绿色债券和绿色金融体系的发展。

2. 优化资产负债管理

永续债募集的资金计入所有者权益而不是负债，有利于降低金风科技的资产负债率，提高直接融资比例，起到优化资本结构的作用。与发行股票融资相比，发行永续债不会增加股本，所以不会摊薄每股收益，以免影响公司的盈利表现。

3. 提升了企业知名度

金风科技已于2015年7月16日在海外完成3亿美元绿色债券发行，是中资企业海外市场首单绿色债券。本次绿色永续债的发行使金风科技也成为唯一一家同时在境内外成功发行绿色债券的企业，吸引了业界各方人士和众多研究机构的关注，获得了国内外投资者的广泛认可，全面提升了金风科技在境内外市场的知名度，为其后续绿色债券的发行打下了良好的基础。

三、武汉地铁 2016 年度第二期中期票据

2016 年 10 月 25 日，"武汉地铁集团有限公司 2016 年度第二期中期票据"顺利完成簿记建档。该债券由国家开发银行主承销，是国内首单采取"债贷基"模式的银行间市场绿色债券。"债贷基组合"融资模式，是指由主承销商担任综合融资协调人，为发行人统筹安排专项发展基金、中长期贷款和信用债三类资金的期限和金额，同时满足重大基础设施建设项目资本金的债务融资需求。"债贷基组合"主要针对国家重点建设项目，将国开发展基金、国开行中期项目贷款以及国开行主承销债券有机结合，是交易商协会与国开行合作创新推出的融资模式。

（一）债券基本信息

本期债券额度 20 亿元，期限 15 年，发行利率为 3.35%，全场合规申购金额 67.5 亿元，认购倍数达 3.38。

表 10.7　16 武汉地铁 GN002 基本要素

债券名称	武汉地铁集团有限公司 2016 年度第二期中期票据
债券简称	16 武汉地铁 GN002
发行时间	2016 年 10 月 25 日
发行规模	20 亿元
期限	15 年（5 + 5 + 5）
票面金额	100 元
票面利率	3.35%
发行价格	平价发行
发行方式	公募
信用评级	中诚信国际信用评级有限责任公司债项/主体评级为 AAA/AAA
托管机构	上海清算所
第三方认证	中债资信
资金用途	本期募集资金 10 亿元用于偿还银行贷款，10 亿元用于轨道交通项目建设
流通交易市场	全国银行间债券市场
备注	全国首单"绿色 + 债贷基组合"中期票据

资料来源：根据公开资料整理。

武汉地铁集团有限公司 2016 年度第二期中期票据募集资金 20 亿元，根据发行人资金需求状况及银行间市场交易商协会相关自律规定要求，计划将本期募集资金 10 亿元用于偿还银行贷款，10 亿元用于轨道交通项目建设。具体情况如下：

1. 偿还银行贷款：

表 10.8　武汉地铁拟偿还的 2016～2018 年到期债务情况表

借款人	债务性质	到期债务原用途	2016～2018 年到期金额（亿元）	贷款利率（%）	贷款起止时间	拟使用募集资金金额（亿元）
国开行	项目贷款	1 号线二期、2 号线一期、4 号线一期项目建设	3.25	5.39	2007.11～2032.11	
国开行	银团贷款	1 号线二期、2 号线一期、4 号线一期项目建设	10.70	5.39	2008.3～2033.3	10.00
国开行	银团贷款	4 号线二期、3 号线一期项目建设	4.40	5.39	2012.6～2037.6	
合计			18.35	—	—	10.00

资料来源：《武汉地铁集团有限公司 2016 年度第二期中期票据募集说明书》。

2. 轨道交通项目建设：

其中用于 1 号线泾河延长线 2 亿元、2 号线南延线 4 亿元，11 号线东段 4 亿元。

（二）发行人基本情况

2000 年 10 月，武汉市轨道交通有限公司成立，对武汉轨道交通的建设正式开启。2007 年，在原武汉市轨道交通有限公司的基础上，武汉地铁集团有限公司成立，经政府授权负责武汉轨道交通的建设、运营、管理和融资。

从 2000 年武汉第一条轨道交通线路开建以来，到目前，武汉轨道交通已实现"从无到有、从单条线到网络化"的历史转变。现武汉已建成的运营轨道交通的总运营里程达 181.45 公里。按照国家批复的武汉市城市快速轨道交通建设规划，至 2021 年，武汉市还将陆续建成总长达 401 公里的轨道交通线路，基本形成"主城联网、新城通线"的轨道交通网络系统，促进武汉形成"1＋6"城市发展格局。

（三）第三方认证

中债资信评估有限责任公司为本期债券出具了第三方绿色认证评估报告，对项目评估与筛选、募集资金使用与管理、信息披露与报告以及组织和治理等方面进行评估，认定本期中期票据的募集资金用途为绿色用途。发行人主营业务涉及城市轨道交通的建设与运营，符合中国金融学会绿色金融专业委员会编制的《绿色债券支持项目目录》中的第四大类清洁交通中二级分类"4.2 城市轨道交通"的标准，该类项目具体指城市地铁、轻轨等轨道交通设施建设运营。发行人本次拟募集资金部分用于城市轨道交通项目的建设，部分用于偿还前期因建设轨道交通项目形成的银行借款，符合人民银行对绿色债券的支持标准。发行人用于城市轨道交通的建设与运营的款项满足绿色债券对募集资金用途的要求。

评估认为，本期绿色中期票据的募投项目的单位平均标准煤消耗量远低于其他交通运输工具，预计三个募投项目年均可完成 136067.23 万人/公里的客运工作量，将此客运工作量根据假设进行大型公共交通工具（公交车）四成、私人交通工具（出租车或私家车）六成的比例分摊，每年将节省 48449.06 吨标准煤。根据三个募投项目可节约 48449.06 吨标准煤来测算，每年将减排 32460.87 吨碳，即减排 119023.20 吨二氧化碳。募投项目三条地铁线的投运每年可减少氮氧化物排放量 352.69 吨、一氧化碳排放量 2573.30 吨、挥发性有机物排放量 827.29 吨、二氧化硫排放量 14.15 吨、直径小于 10 微米的颗粒物排放量 17.42 吨，对大气污染物的减排效果明显[①]。

表 10.9　16 武汉地铁 GN002 项目环境效益

募投项目	地铁客运工作量（年均万人公里）	氮氧化物减排量（吨）	一氧化碳减排量（吨）	挥发性有机物减排量（吨）	二氧化硫减排量（吨）	颗粒物减排量（吨）
1 号线泾河延长线	12045.00	31.22	227.80	73.23	1.25	1.54

---

① 《武汉地铁集团有限公司 2016 年度第二期中期票据募集说明书》。

募投项目	地铁客运工作量（年均万人公里）	氮氧化物减排量（吨）	一氧化碳减排量（吨）	挥发性有机物减排量（吨）	二氧化硫减排量（吨）	颗粒物减排量（吨）
2 号线南延线	18250.00	47.30	345.14	110.96	1.90	2.34
11 号线东段	18105.85	46.93	342.42	110.08	1.88	2.32
合计	48400.85	125.45	915.36	294.28	5.03	6.20

资料来源：《武汉地铁集团有限公司 2016 年度第二期中期票据募集说明书》。

（四）积极成效

1. 拓宽企业融资渠道

本单"债贷基"绿色债务融资工具进一步拓宽了武汉地铁集团的融资渠道，利用国开发展基金解决项目资本金缺口，并将国开行贷款与绿色债务融资工具结合，满足绿色项目资本金外的其他债务需求。同时，本单中期票据也为国内轨道交通企业的绿色债务融资起到了非常重要的示范作用，未来绿色债券在支持轨道交通企业融资方面将发挥越来越重要的作用。

2. 严格控制资金流向

"债贷基"模式由国开行进行综合协调，加强了资金管控力度。本次资金监管参照国开行贷款现行运作模式及管理办法，统筹安排基金、贷款、债券资金运用，纳入相应的资金监管账户封闭管理，并将根据项目建设进度，动态监控本期中期票据募集资金使用情况，确保资金流向绿色项目，保证项目按期完工，提升了市场对该绿色债券的认可程度。

3. 节能降耗

城市轨道交通项目不仅可以带来良好的经济效益，而且可节能降耗，带来较好的社会效益。轨道交通具备载客量大、能源使用效率高和环境影响程度小等特性。对于有较大客运量需求的城市交通系统而言，轨道交通因其上述特性，以及运输时刻准点率高和乘坐条件相对舒适等特点，已成为城市客流群体较为青睐的出行方式，从而降低了出行人员对私家车、出租车、公交车以及其他交通工具的依赖，分担了部分城市客运量。

四、云南能投 2016 年度第一期绿色非公开定向债务融资工具

2016 年 10 月 28 日，云南省能源投资集团有限公司成功发行了国内首单绿色非公开定向债务融资工具（PPN）——"2016 年度第一期绿色非公开定向债务融资工具"。非公开定向债务融资工具是指具有法人资格的非金融企业，向银行间市场特定机构投资人发行，并在特定机构投资人范围内流通转让的债务融资工具。

（一）债券基本信息

本单债券发行金额 5 亿元，发行期限 5 年，票面利率 3.98%。

表 10.10　16 云能投 GN001 基本要素

债券名称	云南省能源投资集团有限公司 2016 年度第一期绿色非公开定向债务融资工具
债券简称	16 云能投 GN001
发行人	云南省能源投资集团有限公司
发行时间	2016 年 10 月 28 日
发行规模	5 亿元
期限	5 年
票面利率	3.98%
发行方式	私募
主承销商	上海浦东发展银行股份有限公司
第三方认证	中债资信评估有限责任公司
备注	国内首单绿色非公开定向债务融资工具

资料来源：根据公开资料整理。

本期债券募集资金 5 亿元，其中 4.5 亿元用于偿还发行人子公司部分银行借款，包括云南保山苏帕河水电开发有限公司 1.1 亿元，腾冲苏电龙川江水电开发有限公司 1.45 亿元，云南昌宁恒昌电力有限公司 0.6 亿元，云南省永德恒昌电力有限公司 1.35 亿元。0.5 亿元用于发行人子公司云南能投生态环境科技有限公司环境保护修复工程建设。

（二）发行人基本情况

云南省能源投资集团有限公司是云南省委、省政府为加快实施产业强省战略，推动经济社会全面协调可持续发展，于 2012 年 1 月 11 日经省政府批复同意后组建，由省国资委履行监管职能的省属国有重要骨干企业，集团主要经营范围有：电力、天然气和煤炭等能源的投资及管理；环保、新能源等电力能源相关产业、产品的投资及管理；参与油气资源及管网项目的投资；其他项目投资和经营；与投资行业相关的技术服务、投资策划及其咨询管理，信息服务等。

集团组建以来，全面落实中央及省委、省政府重大战略部署，将五大发展理念贯穿发展路径，对接国家"一带一路"、建设面向南亚东南亚辐射中心战略，抓住国资国企改革以及电力体制改革的机遇。深度聚焦云南省供给侧结构性改革和扶贫攻坚开发，全方位主动融入和服务云南省经济社会发展。集团围绕清洁能源核心主业，协同发展清洁能源、金融、国际化和综合业务"四大板块"，扩大能源产业链，成为推动全省产业转型升级的有力支撑。

（三）第三方认证

中债资信评估有限责任公司为本期债券出具了第三方绿色认证评估报告，认定本期非公开定向债务融资工具的募集资金用途为绿色用途。中债资信针对该绿色债券项目在项目评估与筛选、募集资金使用与管理、信息披露与报告以及组织和治理等方面进行了充分、适当的调研、取证和分析，认为满足《中国人民银行公告〔2015〕第 39 号》《关于在银行间债券市场发行绿色金融债券的公告》及其附录《绿色债券支持项目目录》以及交易商协会相关自律规则的要求，内部管理制度预计能够保证募集资金用于拟募投项目。

（四）积极成效

1. 开启绿色债市新篇章

近几年来，"绿色金融"概念越来越受到公众关注。随着我国经济转型发展和产业结构升级步伐的加快，绿色金融发挥的作用也在逐渐加大，尤其是绿色债券市场的发展对我国经济的影响作用越来越大。随着 2015 年绿色债券市场的正式启动，全国首只绿色长期含权中期票据、境内首单绿色金融债相继落地，绿色债券市场的品种也得到丰富。此次绿色非公开定向债务融资工具的注册，开启了绿色债券市场发展的新篇章。

2. 推动绿色债券品种的创新

此次绿色 PPN 采取非公开发行的方式，有利于激发市场主体的创新动力，推动绿色债券品种的创新。在非公开定向发行方式下，发行人与意向投资人之间可通过充分协商，设计出个性化的债券形式，很好地契合双方的需求。未来绿色债券市场有望出现更加多样化的付息方式、更加个性化的契约条款以及附认股权票据等多种创新品种。

3. 拓宽企业融资渠道

绿色 PPN 可拓展绿色环保类企业的融资渠道，提高直接融资比重。在非公开定向发行方式下，发行更便捷，成功率更高，所需时间更短。这也满足了大多数规模较小、信用级别较低的环保型中小企业的债务融资需求。此外，一些发行企业（如并购交易融资）对信息有保密性的要求，非公开定向发行可以满足这一需求，从而为这类企业提供直接融资渠道。

4. 优化投资者结构，深化债市发展

目前银行间市场公开发行的债券，信用级别绝大多数为 AA 级及以上，收益率也相对较低，低风险偏好的投资者占绝对主体地位，制约了投资者对投资组合进行管理的策略和操作。非公开定向发行方式的引入，可在将风险控制在一定范围的同时，吸引更多类型的投资者投资绿色债券，为投资者提供多样化的资产组合，从而增加绿色债券市场的广度和深度，更好地发挥债券市场功能。

五、盾安集团 2016 年度第二期中期票据

2016 年 11 月 29 日，盾安控股集团有限公司发行了 2016 年度第二期中期票据（16 盾安 GN002）。通过簿记建档，以集中配售方式在全国银行间市场发行，盾安控股集团有限公司是簿记建档环节引入"绿色投资人"的第一家企业。

（一）债券基本信息

本期中期票据发行金额 10 亿元，发行期限 3 年，票面利率 4.56%（1

年期 SHIBOR + 1.4%）。虽然发行利率较前期同类别债券偏高，但是在资金面偏紧的情况下，仍获得投资者热捧，全场认购倍数达 1.77 倍。

本期中期票据在簿记建档环节引入了"绿色投资人"，包括已发行过多期绿色债券并投资其他绿色债券的农业银行、浦发银行、青岛银行和兴业银行等机构，这种在发行环节引入绿色投资人的做法在国内绿色债券市场尚属首次，是绿色债务融资工具又一创新。

表 10.11　16 盾安 GN002 基本要素

债券名称	盾安控股集团有限公司 2016 年度第二期中期票据
债券简称	16 盾安 GN002
发行时间	2016 年 11 月 29 日
发行规模	10 亿元
期限	3 年
票面金额	100 元
票面利率	4.56%
发行价格	平价发行
发行方式	公募
信用评级	大公国际资信评估有限公司债项/主体评级为 AA + /AA +
托管机构	上海清算所
第三方认证	中债资信
资金用途	8.86 亿元用于补充绿色项目建设资金，其中 5 亿元用于补充集团子公司浙江盾安人工环境股份有限公司及其下属子公司节能项目，3.86 亿元用于集团下属浙江盾安新能源有限公司及其下属子公司风电及光伏项目；1.14 亿元用于置换浙江盾安新能源有限公司及其下属子公司银行贷款
流通交易市场	全国银行间债券市场
备注	簿记建档环节引入"绿色投资人"，国内尚属首次

资料来源：根据公开资料整理。

本期中期票据募集资金用途：8.86 亿元用于补充绿色项目建设资金（其中 5 亿元用于集中供热、余热回收等节能项目，3.86 亿元用于风电及光伏项目），1.14 亿元用于置换集团下属新能源子公司及其下属子公司银行贷款。具体用途如下：

表 10.12　16 盾安 GN002 补充建设资金使用情况　单位：万元

使用主体	项目名称	总投资	完成投资	需补充资金
浙江盾安新能源 发展有限公司	宁夏风电三期	72000	5912.00	10000
	山西隰县风电项目	72000	227.00	12000
	酒泉风电瓜州项目	73000	194.00	12000
	内蒙古光伏电力 50MW 项目	42000	29140	4600
浙江盾安人工环境 股份有限公司	阿拉善盟项目	20700	4294.57	530
	鹤壁项目	50000	44267.00	4868
	莱阳项目	92037	80811.62	11225
	长垣项目	45000	16384.78	9109
	原平项目	83076	70547.37	12528
	武安项目	20000	20000.00	6855
	永济项目	56338	60000.00	4885

资料来源：《盾安控股集团有限公司 2016 年度第二期中期票据募集说明书》。

表 10.13　16 盾安 GN002 置换贷款明细

序号	项目名称	装机规模（MW）	金额（万元）
1	大漠风电海力素二期	48	900
2	贵州风电花竹山项目	96	2000
3	木垒风电一期	48	1000
4	伊吾风电一期	48	1000
5	伊吾风电二期	48	1000
6	宁夏风电一期	48	1000
7	宁夏风电二期	48	1000
8	鄯善风电一期	48	1000
9	鄯善风电二期	48	1000
10	包头风电一期	49.5	1000
11	包头风电二期	48	1000

资料来源：《盾安控股集团有限公司 2016 年度第二期中期票据募集说明书》。

（二）发行人基本情况

盾安控股集团创建于 1987 年，现已发展成为一家以制冷产业为主体，人工环境设备（中央空调）、精密制造业（制冷配件）、民用阀门、特种化工（民爆器材）、房地产开发、食品加工等产业并行发展，集科、工、贸于一体的现代无区域企业集团，是中国"500强"民营企业、浙江省"百强企业"、浙江省首批"诚信示范企业"和"经营管理示范单位"。

盾安集团以创新为依托，以"产业＋资本"为运营模式，以"绿色节能、低碳环保"为发展主旋律，基本完成先进制造、民爆化工、新能源、新材料、房地产开发、资源开发以及投资管理七大事业板块的战略布局。在突破国外技术封锁、核心产品国产化、核心技术领先示范、推动行业技术标准化、引领行业产品绿色化、实现可持续发展等方面实现了系列突破。

盾安控股集团有限公司作为"中国500强"、"中国民营企业500强"之一，旗下拥有2家主板上市公司和1家新三板公司。近年来，盾安控股集团响应国家政策号召，积极发展国内碳减排业务和实施绿色能源项目，努力发展绿色经济、打造利润新增长点。公司用"盾安绿色供暖系统"通过溴化锂吸收式热泵技术回收鹤壁同力热电厂的冷凝热，为河南省鹤壁老城区600万平方米的住宅居民解决了北方进入供暖季后的雾霾问题。公司绿色产业资金需求巨大，预计2020年总投资需求将达5万亿元。

（三）第三方认证

中债资信针对绿色债券的项目评估与筛选、募集资金使用与管理、信息披露与报告以及组织与治理四个方面进行评估，本期中期票据投向的绿色项目的节能环保效益和规范性符合《绿色债券支持项目目录》要求。中债资信确认本期中期票据符合绿色债券认证的基本要求，能够保证募投资金用于节能、资源节约与循环利用和清洁能源等绿色项目。

本期中期票据涉及的节能项目分布在7个城市，共计10个项目，以集中供热项目、余热回收供热项目和资源回收利用项目为主。根据发行人提供的项目资料以及中债资信的相关测算，发行人的集中供热项目的能效水平，均优于《绿色债券项目支持目录》节能1.1.1中所要求的限定值。发行人采用的热泵技术进行的余热回收供暖项目，符合《绿色债券项目支持目录》节能1.1.2中热泵节能技术要求，用于北方地区的公共供热，其能效指标经中债资信测算，能效水平优于集中供热的能耗水平。

本期中期票据涉及的新能源项目包括了14个风电项目和1个光伏发电

项目。按照装机总量测算，发行人风电项目累计装机 865.5MW，年发电量 14.96 亿千瓦时，累计节约 18.38 万吨标准煤，累计减少二氧化碳排放 45.16 万吨；发行人光伏项目年发电量 0.57 亿千瓦时，累计节约 6962 吨标煤，减少二氧化碳排放 1.71 万吨。公司该光伏项目符合《绿色债券支持项目目录》中"5.清洁能源—5.2 太阳能光伏发电—5.2.1 设施建设运营"，风电项目符合"5.清洁能源—5.1 风力发电—5.1.1 设施建设运营"①。

（四）积极成效

1. 引入"绿色投资人"，创新发行方式

"绿色投资人"是指倾向于为绿色领域提供资金，并避免为破坏环境的项目提供资金的资金提供方。与普通的资金提供方相比，"绿色投资人"在估值与定价时对环境风险因素决策权重更高。本期中期票据在发行环节引入"绿色投资人"，有利于突出绿色债券的"绿色属性"并为绿色债券寻找到合适的投资人搭建更快捷的渠道；同时，通过这类专属通道，"绿色投资人"不仅可以取得债券回报，而且可以获得"社会责任投资者"的声誉，进而提升企业的公众形象。两方面的作用都有利于市场可持续发展投资理念的传播和"绿色投资人"的培育，促进绿色金融市场发展②。

2. 促进新能源产业发展

新能源产业对于应对气候变化、资源短缺、环境污染等问题具有重要意义，发展新能源产业有利于改善能源结构，促进"资源节约型和环境友好型"社会建设。本期中期票据募集资金投向风电项目与光伏发电项目，同时引入"绿色投资人"，有助于提升投资人对新能源产业的关注，助力新能源项目落地，为后续新能源项目的融资提供资金支持，促进新能源产业的发展，为投资人树立可持续发展的理念。

第二节　资产支持证券

我国在十年前开始推行资产支持证券，起步较晚，但政策频出，对资

---

① 《盾安控股集团有限公司 2016 年度第二期中期票据募集说明书》。

② 《债券发行引入"绿色投资人"，绿色基金快速发展》。

产证券化的政策支持力度不断加大。从 2014 年至今，ABS 发行量以几何倍数增长，并将延续高速发展势头。绿色资产支持证券是指募集资金用于绿色用途，标的资产为信贷资产或绿色资产的资产支持证券。

2016 年 5 月 13 日，证监会发布《资产证券化监管问答（一）》，明确将鼓励绿色环保产业相关项目通过资产证券化方式融资发展。2016 年 7 月 1 日，证监会发言人张晓军指出，证监会将参照绿色公司债券相关要求推进绿色资产证券化工作。2016 年 8 月 31 日，人民银行等七部委印发《关于构建绿色金融体系的指导意见》，明确提出通过进一步扩大参与机构范围，规范绿色信贷基础资产遴选，探索高效、低成本抵质押权变更登记方式，提升绿色信贷资产证券化市场流动性，加强相关信息披露管理等举措，推动绿色信贷资产证券化业务常态化发展。①

绿色资产支持证券是为环境保护、可持续发展和应对气候变化等绿色项目提供资金支持的创新产品，不仅响应了国家发展绿色金融的号召，也为拓宽绿色领域融资来源提供了新渠道、新选择和新方向，缓解了融资贵、融资难问题。

一、金风科技风电收费收益权绿色资产支持证券

2016 年 7 月 27 日，新疆金风科技股份有限公司成功发行上交所首单绿色资产支持证券——"农银穗盈·金风科技风电收费收益权绿色资产支持证券"。

（一）债券基本信息

本单资产支持证券发行规模共计 12.75 亿元人民币，期限为 1 ~ 5 年，各档发行利率区间为 3.4% ~ 4.5%，创下非金融企业资产支持证券发行利率新低。

---

① 中国人民银行等七部委：《关于构建绿色金融体系的指导意见》，2016。

表 10.14　金风科技绿色 ABS 基本要素

债券名称	农银穗盈·金风科技风电收费收益权绿色资产支持专项计划
发起机构/原始权益人	新疆金风科技股份有限公司
发行人/计划管理人	农银汇理（上海）资产管理有限公司
发行规模	127500 万元
票面金额	100 元
发行价格	平价发行
发行方式	私募
信用评级	中诚信证券评估有限公司给予优先级资产支持证券的信用评级均为 AAA 级
托管银行	中国农业银行股份有限公司新疆维吾尔自治区分行
第三方认证	DNV GL
资金用途	偿还项目公司的待偿还银行借款以及补充公司或项目公司的流动资金
流通交易市场	优先级资产支持证券可通过上海证券交易所固定收益平台进行转让
备注	首单绿色资产支持证券

资料来源：根据公开资料整理。

表 10.15　金风科技绿色 ABS 产品信息

分类	产品简称	期限（年）	年收益率	发行规模（万元）	还本付息方式
优先级	金风绿 A	1	3.4%	19000	每半年付息一次，在固定兑付日分期摊还本金，最后一期利息利随本清
	金风绿 B	2	3.6%	21500	
	金风绿 C	3	3.9%	25000	
	金风绿 D	4	4.2%	27000	
	金风绿 E	5	4.5%	28500	
次级	金风次级	5	—	6500	每一分配日的次日，在支付完毕专项计划相关费用以及当期优先级资产支持证券本金和收益后，将剩余资金全部支付给次级资产支持证券投资者

资料来源：《新疆金风科技股份有限公司关于农银穗盈·金风科技风电收费收益权绿色资产支持专项计划成立的公告》。

　　本单绿色资产支持证券募集资金的用途为偿还公司的银行借款以及补

充公司流动资金。基础资产是金风科技基于其对特定风电场的所有权，在特定期间运营特定风电场并向电力公司提供上网电力而享有的收取上网电费的收益权，简称风电收费收益权，基础资产的收益稳定、整体风险较低。该专项计划基础资产涉及的公司及项目如表 10.16 所示。

表 10.16　金风科技绿色 ABS 基础资产涉及项目概况

序号	项目公司名称	项目名称	装机容量（MW）
1	哈密天润新能源 有限公司	哈密天润十三间房风电场一期项目	49.5
2		哈密天润十三间房风电场二期项目	49.5
3		哈密天润十三间房风电场三期项目	49.5
4	平陆天润风电有限公司	平陆张店镇风电场项目	49.5
5	乌鲁木齐金风天翼风电有限公司	达坂城金风试验风电场项目	49.5

资料来源：《新疆金风科技股份有限公司关于发行农银穗盈·金风科技风电收费收益权绿色资产支持专项计划的公告》。

（二）发起机构基本情况

新疆金风科技股份有限公司（以下简称金风科技）成立于 1998 年，是中国最早从事风电机组研发和制造的企业之一，目前已发展成为全球领先的风电机组制造商，并致力于成为国际化的清洁能源和节能环保整体解决方案提供商。截至 2016 年 6 月底，公司已经投运的风电场权益装机容量近 3GW。

金风科技是国内最早进入风力发电设备制造领域的企业，经过十余年发展逐步成长为国内领军和全球领先的风电整体解决方案提供商。公司拥有自主知识产权的 1.5MW、2.0MW、2.5MW、3.0MW、6.0MW 永磁直驱机组，代表着全球风力发电领域最具前景的技术路线。金风科技在国内风电设备制造商中连续五年排名第一，并于 2015 年升至全球第一，在行业内多年保持领先地位。

金风科技所采用的直驱永磁发电机组，具有发电效率高、维护与运行成本低、并网性能良好、可利用率高等优越性能，深受客户的欢迎和认可，并引领了全球风电技术的新潮流。2016 年，公司成功转让澳大利亚 175MW 白石项目 75% 的股权，并锁定项目 EPC、质保和运维服务业务，建成后该项目将成为澳大利亚新南威尔士州最大的风电场。公司的美国子公司成功收购美国德克萨斯州的 Rattlesnake 风电项目，项目规划容量160MW，将采用 64 台金风 GW109/2500 机组，建成后该项目将成为金风科技在北美最大风电场。①

（三）第三方认证

该绿色资产支持证券产品引进国际知名绿色认证机构 DNV GL 进行绿色认证，同时邀请国际金融公司（IFC）对项目的绿色绩效进行评估，从两个方面对项目进行绿色认证，确保项目的"绿色"属性。根据评估，在项目 5 年存续期内，共可减少温室气体排放约 240 万吨，相当于节约标准煤 85.8 万吨，可产生显著的环境效益。此次发行还获得了上交所的大力支持，通过绿色审核通道，本次发行从申报材料受理到出具无异议函仅用了6 个工作日，效率较高。

（四）积极成效

1. 实现低成本融资

对于绿色资产支持证券而言，信用评级根据绿色项目风险而定，而不受原始发行人影响。绿色资产支持证券分离了企业的主体评级和资产的信用评级，如果企业的绿色项目的信用等级较高，则企业就可借助发行绿色资产证券实现低成本融资，拓宽发行人获取低成本资金的途径。

2. 优化资产结构

资产支持证券能够增强公司资产的流动性，提高公司资金使用效率，优化资产负债结构。该项目能将上网电费应收款项提前收回，缩短公司项目投资回收期，提高公司资产周转率，有利于将资金投入更多绿色项目建设。此外，新增融资不构成负债，募集的资金提前归还项目借款，有利于降低资产负债率。

3. 引导绿色投资

资产支持证券以基础资产未来的现金流作为还款来源。以太阳能光伏电站、风力电站及污水处理设施等为代表的绿色项目，具有持续稳定的现金流回报，此类绿色项目的特点天然契合了资产支持证券的特性，是发行绿色资产证券化产品的优质基础资产标的。该证券以风电收费收益权作为

---

① http://www.goldwind.cn，金风科技。

基础资产，严格执行上交所《关于开展绿色公司债券试点的通知》中对绿色资产支持证券募集资金使用和信息披露的针对性要求，具有良好的示范意义，有利于保证绿色资产支持证券的公信力，引导社会资金投向绿色产业。另外，该证券采用分级发行的方式，能够满足不同风险类型的投资需求，有利于吸引投资者参与绿色产业投资。

二、葛洲坝水电上网收费权绿色资产支持专项计划

2016 年 11 月 22 日，全国首单水电行业绿色资产证券化产品——"华泰资管—葛洲坝水电上网收费权绿色资产支持专项计划"成功发行。继 100 亿元公司债和 100 亿元可续期公司债成功发行后，本次绿色资产证券化是中国葛洲坝集团在资本市场上又一次尝试。

（一）债券基本信息

本单资产支持证券由华泰证券（上海）资产管理有限公司担任计划管理人，北京中财绿融咨询有限公司担任第三方绿色认证机构，联合信用评级有限公司担任评级机构，发行总金额 8 亿元，其中优先级规模 7.6 亿元，分为五档，发行利率为 3.2% ~ 3.6%，期限 1 ~ 5 年，信用等级均为 AAA 级，增信方式包括优先/次级分层机制、中国葛洲坝集团投资控股有限公司提供的差额支付承诺、中国葛洲坝集团股份有限公司为差额支付承诺提供的担保增信。

本项目的基础资产为葛洲坝集团间接持股的 5 家水力发电公司未来特定期间内的水电上网收费权，募集资金全部用于上述水电站的再融资，并由北京中财绿融咨询有限公司进行了绿色认证，为基础资产与资金用途"双绿"的产品。

表 10.17 葛洲坝绿色 ABS 基本要素

债券名称	华泰资管—葛洲坝水电上网收费权绿色资产支持专项计划
原始权益人	葛洲坝集团间接持股的水电开发公司
计划管理人	华泰（上海）资产管理有限公司
第三方认证机构	北京中财绿融咨询有限公司
受托机构	招商银行

续表

评级机构	联合信用评级有限公司
发行规模	8 亿元
基础资产类型	收费收益权（上网收费收益权）
证券起息日	2016 年 11 月 22 日
法定到期日	2021 年 11 月 22 日
流通交易市场	上海证券交易所

资料来源：根据公开资料整理。

表 10.18 葛洲坝绿色 ABS 产品信息

简称	期限（月）	发行规模（亿元）	预期年收益率	评级	还本付息方式
G 葛洲坝 1	12	1.50	3.2%	AAA	按年付息、到期还本
G 葛洲坝 2	24	1.50	3.3%	AAA	
G 葛洲坝 3	36	1.50	3.45%	AAA	
G 葛洲坝 4	48	1.50	3.5%	AAA	
G 葛洲坝 5	60	1.60	3.6%	AAA	
G 葛洲坝 B	60	0.40	无	无	每满一年获得当期全部剩余收益

资料来源：《华泰资管—葛洲坝水电上网收费权绿色资产支持专项计划在上海证券交易所挂牌转让公告》。

（二）发起机构基本情况

中国葛洲坝集团股份有限公司（以下简称公司或葛洲坝）原名为葛洲坝股份有限公司，是经原电力工业部和原国家体改委批准，由原中国葛洲坝水利水电工程集团公司独家发起，通过募集方式设立的股份公司。经中国证监会批准，公司于 1997 年 5 月 8 日首次公开发行股票 19000 万股，并于同年 5 月 26 日在上海证券交易所挂牌交易，上市后公司总股本为 49000 万股。经中国证监会核准，2007 年 9 月公司吸收合并水电工程公司，总股本增至 166540 万股，控股股东变更为原中国葛洲坝集团公司，同时公司名称变更为中国葛洲坝集团股份有限公司。截至 2015 年底，公司注册资本 460477.74 万元，葛洲坝集团持有公司股份 42.34%，为公司控股股东，国务院国有资产监督管理委员会为公司实际控制人。

中国葛洲坝集团有限公司的经营范围包括从事水利和水电建设工程的总承包以及勘测设计、施工、监理、咨询、技术培训业务；从事电力、交通、市政、工业与民用建筑、机场等方面工程项目的勘测设计、施工总承包、监理、咨询等业务；从事机电设备、工程机械、金属结构压力容器等制造、安装销售及租赁业务；从事电力等项目的开发、投资、经营和管理；房地产开发；经国家主管部门批准，自主开展外贸流通经营、国际合作、对外工程承包和对外劳务合作等业务；根据国家有关规定，经有关部门批准，从事国内外投融资业务；经营国家批准或允许的其他业务。

（三）第三方认证

华泰资管—葛洲坝水电上网收费权绿色资产支持专项计划获得了北京中财绿融咨询有限公司的绿色认证，是国内水电行业首单经过绿色认证的资产支持证券。本单资产支持证券基础资产是集团所属五家水力发电公司未来特定期间内的水电上网收费权，募集资金用途为偿还五个水力发电项目贷款。基础资产和募集资金投向符合中国金融学会绿色金融专业委员会编制的《绿色债券支持项目目录》所列的第五大类"清洁能源"界定内容，具体对应为"清洁能源"二级分类"5.6 水力发电"。

（四）积极成效

1. 创新融资产品，助力"绿色金融"

中国葛洲坝集团本次发行的水电"绿色"ABS 是响应国家部委《关于构建绿色金融体系的指导意见》的具体实践，坚持"创新、协调、绿色、开放、共享"的发展理念。本项目的成功落地是助力国家建立绿色金融体系、激励更多社会资本投入绿色产业、支持国家"绿色发展"战略、践行供给侧改革的重大举措，也是中国葛洲坝集团结构调整、转型升级的新动力。

2. 利用绿色审批通道，提高发行效率，降低融资成本

本次项目通过上海证券交易所的绿色审核通道，从申报材料到发行成功仅耗时 1 个月左右，发行效率高。同时，得益于优质的基础资产与中国葛洲坝集团强有力的增信保障，葛洲坝 ABS 产品得到了银行、基金等大型金融机构投资人的充分认可，参与非常踊跃，优先级资产支持证券年化加权平均利率仅为 3.41%，有效拓宽了原始权益人自身的融资渠道，盘活存

量资产，改善负债结构，降低融资成本。

3. 创新融资渠道，助推结构调整，转型升级

资产证券化作为一种创新型融资方式，其发行规模不受净资产规模限制，发行方式灵活，具有盘活存量资产、降低财务费用等优势，是对中国葛洲坝集团现有融资方式的重大创新。本次水电站绿色 ABS 是中国葛洲坝集团第一单资产证券化业务，也是全国首单水电行业绿色 ABS，贯彻了国家绿色发展理念，符合中国葛洲坝集团转型升级发展战略。其成功发行不仅为集团未来资产证券化融资积累经验，还为后续 PPP 业务发展提供有力资金支持，同时为集团树立绿色发展的新形象，为集团结构调整、转型升级、改革创新、科技进步提供有力的资本支撑。

三、无锡交通公交经营收费收益权绿色资产支持专项计划

2016 年 9 月 27 日，为贯彻绿色发展理念，支持绿色产业发展，全国首单非上市公司绿色 ABS——"无锡交通产业集团公交经营收费收益权绿色资产支持专项计划"（以下简称"无锡公交绿色 ABS"）成功发行。

（一）债券基本信息

本次发行规模共计 19.8 亿元，分 10 档期限，优先级票面利率为 3.25%~3.88%，募集资金主要用于公交车辆的购置（以新能源公交车和清洁能源公交车为主）和公交设施运营。无锡公交绿色 ABS 设定优先/次级偿付次序的交易结构来实现内部信用提升，有效降低融资成本。

无锡公交绿色 ABS 的主承销商和计划管理人是中山证券有限责任公司，监管银行和托管银行是宁波银行，并由国联证券股份有限公司提供财务顾问服务，由联合信用评级有限公司提供信用评级服务。

表 10.19 无锡公交绿色 ABS 基本要素

债券名称	无锡交通产业集团公交经营收费收益权绿色资产支持专项计划
原始权益人	无锡交通产业集团
计划管理人	中山证券有限责任公司
受托机构	宁波银行

续表

评级机构	联合信用评级有限公司
第三方认证	中节能咨询有限公司
发行规模	19.8 亿元
基础资产类型	收费收益权（收费路桥收益权）
证券起息日	2016 年 9 月 28 日
法定到期日	2026 年 10 月 25 日
流通交易市场	上海证券交易所
备注	首单非上市公司绿色 ABS

资料来源：根据公开资料整理。

表 10.20   无锡公交绿色 ABS 产品信息

简称	到期日	还本付息方式	评级	预期年收益率	发行规模（亿元）
G 锡公交 1	2017/10/25	付息方式：首个收益分配日为 2017 年 1 月 25 日，按季付息，兑付日为存续期每年 1 月 25 日、4 月 25 日、7 月 25 日和 10 月 25 日，遇节假日顺延。 还本方式：预期到期日前（含该日）的最后四个兑付日分别支付 25% 的本金，遇节假日顺延	AAA	3.25%	1.80
G 锡公交 2	2018/10/25		AAA	3.35%	1.80
G 锡公交 3	2019/10/25		AAA	3.51%	1.85
G 锡公交 4	2020/10/25		AAA	3.76%	1.85
G 锡公交 5	2021/10/25		AAA	3.88%	1.80
G 锡公交 6	2022/10/25		AAA	3.88%	1.80
G 锡公交 7	2023/10/25		AAA	3.88%	1.90
G 锡公交 8	2024/10/25		AAA	3.88%	1.90
G 锡公交 9	2025/10/25		AAA	3.88%	2.00
G 锡交 10	2026/10/25		AAA	3.88%	2.10
G 锡交次	2026/10/25	无预期收益，锡公交次级每个兑付日的应付本金等于锡公交次级全部本金的 2.5%（即 250.00 万元）	AAA	不设收益率	1.00

资料来源：《无锡交通产业集团公交经营收费收益权绿色资产支持专项计划在上海证券交易所挂牌转让的公告》。

（二）发起机构基本情况

无锡市交通产业集团有限公司前身为无锡市交通资产经营有限公司，于 2001 年 12 月 7 日经江苏省人民政府批准组建，由无锡市人民政府直接授权经营，注册资本为 5.46 亿元。2003 年 3 月 27 日在整合无锡高速公路投资公司和无锡市交通局下属经营性事业单位基础上组建为无锡市交通产业集团有限公司，注册资本增至 10.80 亿元。后经多次增资，截至 2015 年末，公司注册资本为 57.45 亿元。

该公司是无锡市交通领域投资、经营、管理的主体，业务经营范围包括：受托经营、管理市级交通国有资产，进行国有资产的收益管理和经营；对市级交通集体资产进行托管经营；从事交通运输及相关产业的投资；从事交通基础设施建设的投资和资产经营管理；国内贸易；资产租赁；房地产开发、经营等。目前，公司主营业务涵盖城市公交、客运、交通工程等板块，此外，公司还承担室内部分公益性交通基础设施建设任务。经过多年发展，公司在区域内城市公交、客运等板块的行业地位稳固，且公司在日常运营过程中能够得到无锡市政府持续的财政资金支持。

2015 年末，公司公共交通板块运营公交线路 243 条，营运车辆 2837 辆。线路覆盖包括新区在内的滨湖、惠山、锡山、北塘、南长、崇安等全部七大板块，其中重点以上述七个板块中居住较为密集、客流量较为集中的核心区域为主，日均客运量占无锡市区客运量的近 90%。未来无锡市城市发展的重点区域——太湖新城，由无锡公交独家线网覆盖。

（三）第三方认证

无锡公交绿色 ABS 获得了中节能咨询有限公司的绿色认证。

（四）积极成效

1. 降低融资成本

无锡公交绿色 ABS 的 1 年期票面利率为 3.25%，2 年期为 3.35%，3 年期为 3.51%，4 年期为 3.76%，5 + N 年期票面利率为 3.88%。通过与已发行债券对比可以发现，绿色 ABS 的融资成本基本低于普通债券的融资成本，这有助于积极打开新的低成本的融资渠道，缓解融资贵、融资难问题。

表 10.21　无锡市交通产业集团已发行债券概况

债项名称	发行金额 （亿元）	期限 （年）	发行利率 （％）	起息日期
09 无锡交通债	20.00	7	5.58	2009 – 07 – 08
14 锡交通 PPN001	6.00	3	5.80	2014 – 11 – 07
14 锡交通 PPN002	10.00	3	5.80	2014 – 11 – 14
14 锡交通 PPN003	10.00	5	5.95	2014 – 11 – 17
15 锡交通 MTN001	7.00	5	5.63	2015 – 03 – 19
15 锡交通 PPN001	6.00	3	4.80	2015 – 10 – 16
15 锡交通 PPN002	10.00	3	4.45	2015 – 10 – 30
15 锡交通 PPN003	8.00	5	4.95	2015 – 11 – 17
15 锡交 01	15.00	5	3.88	2015 – 12 – 16
16 锡交 01	15.00	5	3.24	2016 – 08 – 11

资料来源：根据公开资料整理。

2. 加快审核速度

无锡公交绿色 ABS 获得了上海证券交易所的大力支持，通过绿色审核通道，从申报材料受理到出具无异议函仅用了 1 个月左右，审核速度快、效率高。同时，无锡市政府在支持和关注此次 ABS 发行的同时，号召以金融创新服务绿色经济，全力推进公交绿色发展。

3. 增加了绿色 ABS 基础资产种类

在扩大绿色资产证券化规模方面，基础资产池的创新也值得期待。放眼中长期，国内银行通过布局绿色 ABS 来创新发展绿色金融将大有可为。预计未来 ABS 的入池资产尤其是绿色资产类型将不断丰富。以往发行产品的基础资产多集中于污水处理费、垃圾处理费、生物质发电电费收益权，本单公交经营收费收益权资产支持证券的成功发行增加了绿色 ABS 基础资产种类，未来中国应发行更多以低碳经济和生态领域产业（如新能源可再生能源利用类、污染防治类）为基础资产的资产支持证券。

4. 深化合作、拓宽融资渠道

无锡公交绿色 ABS 吸引了银行、证券、基金等机构的积极认购，彰显了金融机构对绿色经济和绿色金融的未来发展前景的信心。无锡公交绿色 ABS 的成功发行进一步拓宽了融资渠道，深化了证银企合作。

第三节　其他绿色债券

除上述绿色债券品种外，市场上还存在着境内主体在境外发行的绿色债券、境外主体在境内发行的绿色债券（绿色熊猫债）等。截至 2016 年底，我国共有 5 只境内主体在境外发行的绿色债券，总规模达 46 亿美元，其中最早发行的为金风科技于香港联交所发行的 3 亿美元绿色债券，规模最大的为中国银行于卢森堡证券交易所和香港联交所发行的等值 30 亿美元绿色债券。熊猫债指境外机构在中国发行的以人民币计价的债券。截至 2016 年底，我国共有 2 只绿色熊猫债发行，总规模达 37 亿元，分别是新开发银行 2016 年度第一期绿色金融债券（规模为 30 亿元）和北控水务集团有限公司①2016 年公开发行的绿色公司债券（规模为 7 亿元）。

一、中国银行绿色资产担保债券

中国银行绿色资产担保债券于 2016 年 11 月 11 日在伦敦证券交易所上市，是中国首单绿色资产担保债券，同时也是全球首单兼具"双重绿色属性"的绿色资产担保债券，担保资产与资金用途均具有绿色属性。

（一）债券基本信息

本期债券募集资金 5 亿美元，为 3 年期美元固定利率品种，票面利率为 1.875%，获得有效订单近 50 个，欧洲投资者认购比例达 28%。

本期债券以中国银行伦敦分行为主体在境外发行，为中国人民银行和英格兰银行共同发起成立的 G20 绿色金融研究小组的试点项目。本期债券具有"双重绿色属性"：在担保资产层面，债券以中国银行在境内持有的绿色资产作为担保资产池，为境外发债融资提供担保。入选担保资产池的债券均为"中债—中国气候相关债券指数"的样本券，资金用途、行业类

---

①　北控水务集团有限公司为依据百慕大法律注册并合法存续的有限公司，同时在香港联交所挂牌上市，为中国境外主体。

别等方面同时满足国内外绿色债券相关准则；在资金用途层面，债券募集资金用于支持中国银行在境内的绿色信贷项目。

本期债券获得穆迪 Aa3 评级，为国际评级最高的中资绿色债券。中央国债登记结算有限责任公司作为担保品管理人和执行代理人，对本期债券的担保资产池进行估值、监控和管理。安永作为专业认证机构对本期债券进行"绿色认证"，项目筛选、信息披露以及资金使用和管理遵循国际市场通行的《绿色债券原则（2016）》。

表 10.22　中国银行绿色资产担保债券基本要素

债券名称	中行绿色资产担保债券
发行人/受托人	中国银行伦敦分行
联席全球协调人	中国银行、花旗、汇丰
联席牵头经办人 联席账簿管理人	中国银行、花旗、汇丰、巴克莱、美银美林、建设银行、东方汇理、法国兴业银行、渣打
发行规模	5 亿美元
债券期限	3 年
票面金额	100 美元
发行价格	99.852 美元
计息方式/票面利率	固定利率/1.875%
债券评级	Aa3
评级机构	穆迪
第三方认证	安永
流通交易市场	伦敦证券交易所

资料来源：根据公开资料整理。

（二）发行人基本情况

中国银行于 1912 年 2 月成立，改革开放以来，中国银行成为国家利用外资的主渠道。2004 年 8 月，中国银行股份有限公司挂牌成立。至 2006 年 7 月，中国银行成为国内首家"A + H"股发行上市的中国商业银行。2015 年，中国银行再次入选全球系统重要性银行，成为新兴市场经济体中唯一连续 5 年入选的金融机构。

中国银行认真贯彻落实国家宏观调控政策，积极践行"节能减排、环保、绿色金融"的经营理念，认真履行社会责任，自觉将自身发展与经济发展和社会进步的需求相统一，积极发挥银行信贷对经济结构调整的牵引作用，大力发展低碳金融和绿色信贷。

2016 年 7 月，中国银行发行等值 30 亿美元绿色债券，该债券为境内主体在境外发行的规模最大的绿色债券；2016 年 11 月，中国银行以伦敦分行为主体，发行了 5 亿美元的"绿色资产担保债券"，该债券为全球首单兼具"双重绿色属性"的绿色资产担保债券。此外，中国银行协助新疆金风科技公司发行中资企业海外市场首单绿色债券，协助新开发银行发行了首只绿色熊猫债券。

（三）第三方认证

安永会计师事务所依据《绿色债券原则（2016）》，针对以下四个方面对本单债券进行了认证：债券相关文件披露的所募集资金的用途、项目评估与筛选标准（包括提名项目的合规性）、所募集资金的管理政策及程序、信息披露与报告的机制及流程。本次绿色债券募集资金用于可再生能源（风力发电）和污染防治和控制（污水处理）项目，其中已评估的 12 个绿色项目均符合《绿色债券原则（2016）》，贷款总额共计 48.8 亿元。认证结果表明，未发现本期债券的发行与《绿色债券原则》对于资金使用及管理、项目评估及筛选和信息披露及报告方面的要求有不符合的情况。[①]

（四）积极成效

1. 推动绿色债券产品创新

本期债券在普通高级债券的基础上增加了资产担保结构，符合中国人民银行在《关于构建绿色金融体系的指导意见》中提出的"支持通过专业化的担保和增信机制支持绿色债券的发行，降低绿色债券的融资成本"的意见。债券以中国银行总行在境内持有的绿色资产作为担保资产池，为境外发债融资提供担保。这一结构设计在资金用途和担保资产层面具有"双重绿色属性"，可以有效降低绿色项目的融资成本，并使得境外投资者得以实现风险回报与中国境内绿色债券市场的关联。

2. 扩大绿色金融国际发展空间

绿色金融的国际合作有着很大的拓展空间，在离岸人民币中心发行绿

---

① *BANK OF CHINA LIMITED China Green Covered Bonds.*

色债券将是其主要方式。第八次中英经济财金对话达成的政策成果包括双方支持中英两国成为绿色金融创新中心，本次债券的发行有利于这一目标的实现。此外，从企业跨境融资的角度来看，金融机构在境外发行绿色债券将助力绿色企业提高海外投融资的效率；另外，本次债券也为中资金融机构和企业在人民币离岸市场发行绿色债券积累了经验。

3. 促进国外投资者对中国绿色金融的了解

本次债券"跨境融资""跨境担保"的交易结构，一方面为境内优质绿色项目引入了境外资金，为国际投资者投资中国绿色债券市场和参与中国绿色发展提供了新的渠道；另一方面也有利于国内绿色产业与国际绿色投资者的沟通，促进国际市场对中国绿色产业政策和绿色金融政策的理解认知，实现资本市场的连通，推动国内外绿色债券市场逐步融合接轨。

二、新开发银行 2016 年度第一期绿色金融债券

2016 年 7 月 18 日，新开发银行（New Development Bank，NDB）成功发行了 30 亿元人民币计价的绿色金融债券，这是多边开发机构首次在中国发行的绿色金融债。

（一）债券基本信息

本期债券期限为 5 年，发行利率 3.07%，认购倍数 3.1 倍，吸引了境内外投资者踊跃认购。该债券发行由中国银行作为牵头主承销商及簿记管理人，工商银行、建设银行、国家开发银行、汇丰银行（中国）、渣打银行（中国）作为联席主承销商，中央国债登记结算公司作为债券托管结算机构，提供登记托管、交易结算、付息兑付、信息披露和债券估值等服务。经中诚信和联合资信评定，该期债券的主体及债项评级均为 AAA 级。

表 10.23　16 新开发绿色金融债 01 基本要素

债券名称	新开发银行 2016 年度第一期绿色金融债券
债券简称	16 新开发绿色金融债 01
发行人	新开发银行
主承销商	中国银行、工商银行、建设银行、国家开发银行、汇丰（中国）、渣打（中国）

续表

托管机构	中央国债登记结算公司
发行规模	30 亿元
债券期限	5 年
票面金额	100 元
发行价格	100 元
计息方式/票面利率	固定利率/3.07%
债券评级/主体评级	AAA/AAA
评级机构	联合资信、中诚信
第三方认证	安永
流通交易市场	全国银行间债券市场

资料来源：根据公开资料整理。

本期募集资金将根据《绿色债券支持项目目录》、人民银行第 39 号公告和《绿色债券原则》的要求，专项用于金砖国家、其他新兴经济体以及发展中国家的绿色产业项目贷款。

基于新开发银行的战略以及《关于成立新开发银行的协议》条款明确的任务和重点，新开发银行初期的关注点为《绿色债券支持项目目录》中的清洁能源项目，以及《绿色债券原则》的可再生能源项目和污染防治及控制项目。本次绿色金融债券的提名项目来自巴西、印度、中国和南非等成员国的项目储备清单，金额合计 6.35 亿美元。

2016 年 12 月 21 日，新开发银行与中国财政部在上海共同签署了"上海智慧新能源推广应用示范项目"的贷款协定，同时也与其他四个金砖国家初步达成了投放可再生能源等项目贷款的协议。

（二）发行人基本情况

新开发银行是金砖国家共同建立的国际金融机构，旨在为金砖国家及其他新兴经济体和发展中国家的基础设施建设和可持续发展项目动员资源，作为现有多边和区域金融机构的补充，促进全球增长与发展。银行通过贷款、担保、股权投资和其他金融工具为公共或者私人项目提供支持，与国际组织和其他金融实体开展合作，并为银行支持的项目提供技术援助。

新开发银行于 2013 年德班金砖国家领导人第五次会晤期间决定建立，

于 2015 年 7 月 21 日正式成立。银行创始成员为金砖五国，初始认缴资本为 500 亿美元，由创始成员间平均分配，并决定各自投票权；银行另设紧急储备基金 1000 亿美元，用于金砖国家应对金融突发事件，其中中国提供 410 亿美元，俄罗斯、巴西和印度分别提供 180 亿美元，南非提供 50 亿美元。

目前，新开发银行已制定了《绿色债券内部指引》，用于推进绿色金融并规范绿色债券的发行和对募集资金的管理。在绿色项目的筛选方面，新开发银行参照了《绿色债券支持项目目录》、中国人民银行第 39 号公告和《绿色债券原则》建议的绿色项目类别。新开发银行于 2016 年发行了其第一只绿色债券（新开发银行 2016 年度第一期绿色金融债券）。

（三）第三方认证

安永华明会计师事务所依据《中国人民银行公告〔2015〕第 39 号》、《关于在银行间债券市场发行绿色金融债券的公告》、《绿色债券支持项目目录》和《绿色债券原则（2016）》，对本期债券募集资金的使用和管理、项目评估与筛选、信息披露和报告等方面进行评估，未发现有与要求不符合的情况。

新开发银行已提供金额合计 6.35 亿美元的 4 个贷款项目供安永审核，绿色项目总贷款金额已超过发行总额。其中，两个项目属于新开发银行直接投资项目，剩余两个项目为新开发银行成员国国家银行转贷项目，这些项目类别包含《绿色债券支持项目目录》中的第五类"清洁能源"项目，以及《绿色债券原则》的可再生能源项目和污染防治和控制项目[①]。

（四）积极成效

1. 推动绿色债券市场的发展

本期债券是国际多边金融机构在中国发行的首只绿色金融债券，提名的项目来自巴西、印度、中国和南非等成员国的项目储备清单，是国际开发机构践行绿色发展理念的重要举措，对进一步丰富中国银行间债券市场绿色债券产品的种类，也具有里程碑式的意义。

---

① 《关于新开发银行 2016 年第一期绿色金融债券发行前独立有限认证报告》。

2. 推动熊猫债的发展

随着我国债券市场对外开放及人民币国际化进程的加快，"熊猫债"市场迎来了发展机遇期。熊猫债是中国深化金融市场开放的重要一环，将使得中国金融市场和外部的联系更加紧密，突出中国金融市场在国际范围的重要性。

新开发银行绿色金融债的发行有助于熊猫债市场的发展壮大。新开发银行通过熊猫债市场成功融资，表明国际机构对熊猫债的认可程度已经显著提高，对市场产生了一定的示范效应，体现出中国债券市场的国际吸引力。

3. 促进人民币国际化进程

投资于以人民币计价的熊猫债，实际上也是对人民币的国际化未来的投资。新开发银行绿色金融债的成功发行反映了国际金融界对人民币的信心，进一步促进了人民币国际化进程。

此外，本期债券的发行丰富了我国债券市场的债券品种，有利于人民币债券市场的开放发展。推动国际开发机构以人民币的方式进行融资，有利于逐步培育和聚集人民币债券的全球发行人和全球投资人，增强了中国在全球人民币债券市场的话语权和定价权。

第十一章 国际绿色债券市场
典型案例分析

本章介绍了国际绿色债券市场中的五个典型案例，从行业、工具、发行人类型和地区等方面入手，重点分析了绿色债券的财务特征、募集资金的分配及使用、投资者对绿色债券的兴趣程度、债券发行过程遇到的问题与挑战，以及经验与教训等。本章还详细介绍了绿色债券的发行流程及第二方认证的重要性，为其他绿色债券发行人提供了一定的参考。

第一节 世界银行案例

一、世界银行绿色债券概述

世界银行（即国际复兴开发银行）是绿色债券市场的开拓者与领导者。世界银行制定的绿色债券的发行方法、流程、影响报告（impact report）[①]，包括国际气候与环境研究中心（CICERO）的第二方意见的使用，都促进了绿色债券市场的发展，使得绿色债券市场不断扩张，发行人的种类也越来越多样化。

世界银行联合其他多边机构共同编写了绿色债券对人类环境气候影响的报告。该影响报告可作为投资者评估投资产生的非经济效益的一个重要工具，并且已成为绿色债券市场的评价标准之一。例如，世界银行会通过

[①] 影响报告：用于披露绿色债券所支持项目带来的具体环境与社会影响的报告。

绿色债券投资者网站①发布若干关于绿色债券投资影响气候变化的文件和文章，为有意了解并支持气候投融资的投资者提供指导。

世界银行（穆迪和标准普尔分别评级为 Aaa/AAA 级）是世界上最大的绿色债券发行人之一。至今，它已发行了超过 125 只、总面值近 100 亿美元的绿色债券。在其发行的不同计价货币的绿色债券中，发行量最大的是美元绿色债券，占比超过发行总量的一半；其次是以瑞典克朗、欧元、澳元计价的绿色债券，合计约占总发行量的 30%。按债券发行规模由大到小，其计价货币依次为：巴西雷亚尔、土耳其里拉、南非兰特、墨西哥比索、俄罗斯卢布、哥伦比亚比索、挪威克朗、匈牙利福林、波兰兹罗提、马来西亚林吉特、加拿大元、印度卢比和日元等。这些绿色债券的期限有的长达 30 年，有的仅 1 年，大约 2/3 债券的到期期限不高于 5 年。

购买世界银行绿色债券的主要为机构投资者。此外，世界银行也发行一些特殊债券，以满足个人投资者（尤其是来自欧洲、美国和日本的个人投资者）的投资需求。

世界银行会根据投资者的需求，来决定其绿色债券的结构，力求在计价货币和期限等方面满足投资者的个性化需求。目前，其发行的绿色债券不仅有以美元、欧元、瑞典克朗和澳元为计价基准及规模较大的债券，也包括了相当数量的小规模绿色债券；同时，债券类型包括可随时赎回债券、股票指数挂钩债券等。世界银行曾成功实施"绿色成长型债券"计划，将债券与定制的股票指数挂钩，重点放在道德企业或绿色企业的股票指数上。

二、世界银行绿色债券发行流程

世界银行的绿色债券和其他债券一样，具有融资条款和风险说明。除此之外，世界银行绿色债券还须遵守《绿色债券原则》（由世界银行于 2008 年为其第一只绿色债券设立的流程发展而来）。世界银行绿色债券发行过程的关键要素如下：

---

① World Bank Green Bonds. http：//treasury. worldbank. org/cmd/htm/WorldBankGreenBonds. html.

1. 定义合格标准（参考第二方意见）；

2. 建立一个项目遴选过程；

3. 将债筹资金存放于一个独立账户，专门用于符合条件的项目；

4. 项目报告，包括积极的气候影响。

（一）合格标准

世界银行绿色债券支持的项目，主要用于项目所在国向低碳增长方式和气候适应增长方式过渡，以缓解气候变化压力，提升对气候变化的适应力。符合条件的项目包括：

1. 气候变化缓解项目，例如：

①太阳能和风能设备装置；

②能促使温室气体排放量显著减少的新技术；

③减少温室气体排放的发电厂改进和输电设施改造；

④提升运输效率的项目，包括燃料转换和大众运输；

⑤废物（甲烷排放）管理项目和节能建筑；

⑥能实现碳减排的植树造林和避免砍伐树林的项目等。

2. 气候适应项目，例如：

①防洪项目（包括造林和流域管理）；

②改善粮食安全，提高农业系统承受恶劣条件能力的项目（有助于减缓毁林造田对环境造成的破坏）；

③可持续森林管理和避免砍伐树林的项目。

这些标准由 CICERO① 独立审查。该研究中心认为，结合世界银行的治理结构及其为项目提供的保障措施，该标准能够有效筛选出适合的项目。

（二）遴选过程

世界银行的所有项目，包括绿色债券项目，都必须经过一个严格的审核和批准过程，以确保该项目满足世界银行定义的合格标准，其投资领域是项目所在国的发展重点。该过程包括：1. 早期筛选，识别发现项目潜在

---

① 'Second Opinion' on World Bank's Green Bond Framework. http：//treasury. worldbank. org/cmd/pdf/CICERO - second - opinion. pdf.

的社会或环境影响；2. 制定政策和具体行动计划，减轻对环境或社会的负面影响。绿色债券项目和其他的世界银行贷款项目一样，遵循相同的流程，包括整个项目周期的尽职调查和监测过程。

根据旨在促使气候变化减缓或提升气候变化适应力的《共同原则》①，世界银行把项目划分为气候变化缓解项目和气候适应项目。该原则由世界银行与国际发展金融俱乐部（IDFC）共同制定，连同相关的指导性文件，为世界银行和多边开发银行（MDBs）提供了一个气候融资报告的通用方法。基于这些原则，世界银行针对项目中直接促进气候变化减缓或提升气候适应力的各个组成部分，跟踪和报告气候融资情况②。

当一个新的项目录入到世界银行系统，世界银行的业务政策与国别服务（Operations Policy and Country Services）团队将根据《共同原则》审查项目文件，识别、确认融资项目是否与气候融资相关，并进行资金分配。之后，世界银行气候变化跨领域解决方案的专家将进行项目质量审查，并确保项目在系统中已经正确编码。此外，专家还负责撰写世界银行气候融资报告，并与其他多边开发银行进行绿色金融方面的交流。

世界银行财政部的工作人员从能够缓解气候变化及提高气候适应能力的项目中选择样本，将之纳入绿色债券计划，并确保每个项目均具备结果报告。应该指出的是，相比于世界银行所支持的气候融资，其绿色债券计划在规模上要小很多。2011 至 2015 财年间，世界银行绿色债券计划的融资规模不到其支持的气候融资的 1/3。世界银行绿色债券发行量取决于资金需求和战略计划，以及债券投资者对绿色环保债券产品的需求，而不取决于符合条件的绿色项目数量的多少。列入绿色债券计划的项目是一系列行业中气候相关项目的代表，这些项目都有助于提高投资者对国家计划和气候融资的认知。

（三）资金分配

世界银行绿色债券的集资款项被存入一个专门账户，投资于世界银行

---

① Developing Common Principles for Tracking Climate Finance. http：//www. worldbank. org/en/news/feature/2015/04/03/common – principles – for – tracking – climate – finance.

② 对于气候适应性项目融资，使用多边开发银行跟踪气候适应性融资的联合方法，基于一个特定项目环境和项目地区。

融资的绿色债券项目。对符合条件的项目，拨款请求和款项拨付按照世界银行的既定政策和程序进行，款项通常在每个项目的时间节点分批次进行拨付。对于绿色债券项目的拨款，从专户提出的相应数额按照至少每季度一次的频次分配到一般贷款池。

（四）影响报告

截至 2016 年 6 月 30 日，世界银行已经支出 144 亿美元，其中 78% 用于气候变化缓解项目，22% 用于气候适应项目。符合条件的项目遍布全球，并涵盖了不同领域，包括可再生能源和能源效率提升（占总投资的37%），交通运输（35%），农业、林业和生态系统（13%），水和废物管理（9%），以及弹性基础设施及其他（6%）。

世界银行会在其网站[①]上提供每一个项目对气候环境影响的详细报告。此外，它还会定期出版年度绿色债券影响报告[②]，其中包括绿色债券项目总结列表，分配到项目的绿色债券发行所得款项，以及采纳的评选指标等。

世界银行绿色债券在 24 个成员国开展的 88 个项目融资中，约 30% 的项目位于中国。表 11.1 列举了一些项目实例：

表 11.1　世界银行绿色债券的投资领域详述以及其在中国的项目实例

在中国的项目实例	投资领域和投资逻辑
P125022 项目旨在促进学校和其他教育机构可再生能源的发展，可以减少相当于 89590 吨 CO_2 的排放，相当于每年近 19000 台客运汽车停止营运[③]。	可再生能源发展，占世界银行绿色债券项目的 15%。二氧化碳排放量占全球碳排放的 40%。尽管在一些国家有所改善，但能源发电的总 CO_2 排放系数在过去 20 年中仍无明显变化。过渡到可持续的能源结构以缓解气候变化带来的灾害尤为重要[④]。

①　Projects and Operations. www. worldbank. org/projects.

②　Green Bond Impact Reports. http：//treasury. worldbank. org/cmd/htm/WorldBankGreenBond-ImpactReports. html.

③　China：Solar Schools to Help Build Green Cities. http：//www. worldbank. org/en/news/feature/2014/09/30/solar – schools – to – help – build – green – cities.

④　Understanding CO_2 Emissions From the Global Energy Sector. https：//openknowledge. worldbank. org/handle/10986/17143.

续表

在中国的项目实例	投资领域和投资逻辑
P084874 项目旨在提高大中型企业和行业的能源效率，预计每年将节省近 2200 万兆瓦时的能量，减少 650 万吨 CO_2 的碳排放。	提高能源效率可以减少碳排放和不必要开支。利用高能效的"隐性燃料"，可以帮助城市实现能源安全，节能减排，改善城市服务，提高竞争力，降低成本和碳排放[1]。提高能效的项目占符合绿色债券条件项目的 22%。
P148527 项目旨在通过三条新的快速公交（BRT）线路，改善既定运输通道的交通状况。据估计，645000 人将直接从 51.7 公里的快速公交线路中获益[2]。	交通运输约占全球温室气体排放的 15%[3]。随着交通运输的碳排放占比越来越大，对其进行改革将是应对气候变化的一个重要方向[4]。向低排放模式的交通运输模式转变，有利于减少交通堵塞和空气污染，降低对石油的依赖，降低运输安全风险[5]。34% 的绿色债券项目集中在交通项目。
P114138 项目旨在加强中国农用水管理，提高农业的用水效率[6]。主要作物产量预计增加 15%，当地农民人均收入将获得提高。	由于人口和经济增长，土地利用变化，气候越发变化无常，地下水资源的供应下降，水质也有所降低。水资源压力已经成为人类面临的重大问题[7]。改进水资源管理，建立气候智能型水利基础设施，可以帮助各国管理水资源风险。符合绿色债券条件的项目中，9% 集中在水和废物管理问题方面。

----

① Building Energy Efficient Cities：New Guidance Notes for Mayors. http：//www. worldbank. org/en/news/feature/2014/12/08/building - energy - efficient - cities - new - guidance - notes - for - mayors.

② China：Project Launched to Strengthen Public Transport System in Urumqi. http：//www. worldbank. org/en/news/feature/2016/05/30/project - launched - to - strengthen - public - transport - system - in - urumqi.

③ 数据来源：政府间气候变化专门委员会（IPCC）。

④ Topics：Transport. http：//www. worldbank. org/en/topic/transport/overview#1.

⑤ Controlling Greenhouse Gas Emissions Generated By the Transport Sector in ECA：Policy options. http：//siteresources. worldbank. org/INTTRANSPORT/Resources/336291 - 1227561426235/5611053 - 1229359963828/TP40 - Final. pdf.

⑥ Empowering Farmers and Implementing Modern Irrigation Helps China Reduce Water Consumption. http：//www. worldbank. org/en/news/feature/2016/11/18/empowering - farmers - and - implementing - modern - irrigation - helps - china - reduce - water - consumption.

⑦ Understanding poverty. http：//www. worldbank. org/en/topic/waterresourcesmanagement/overview#1.

在中国的项目实例	投资领域和投资逻辑
P125496 项目旨在通过改善灌溉和排水系统，在中国发展可持续抵御气候变化的农业生产体系①。	农业受气候变化影响很大。农业以及森林砍伐是温室气体增加的主要因素。气候智能型农业具有提高生产率、增强还耕能力和碳固定等作用②。绿色债券符合条件的项目中，12%集中在农业、林业和生态系统管理方面。

资料来源：根据世界银行公开资料整理。

三、世界银行绿色债券案例分析

世界银行作为第一个发行绿色债券的机构，在债券的发行、营销等方面都起到了一定的领先示范作用，更在之后陆续发行了多只不同类型的绿色债券，丰富了债券品种的类型和特点，使绿色债券在发行管理等方面更加完善。

（一）首只绿色债券及后续增发

2008 年 11 月，世界银行宣布与北欧斯安银行以及其他几个重要的斯堪的纳维亚的机构投资者建立合作关系，发行了首只"世界银行绿色债券"，发行总额在几日之内便增长到 27 亿瑞典克朗③。随着发行总额的增加，联合国合办工作人员养恤基金（UNJSPF）、瑞典 Länsförsäkringar 保险银行集团、瑞典第三国家养老基金（AP3）、瑞典第二国家养老基金（AP2）、瑞泰人寿保险公司等纷纷加入购买行列。

（二）绿色成长型债券

2014 年以来，世界银行已经发行了 15 只与"欧洲道德股票指数"挂

---

① China：Project launched to strengthen public transport system in Urumqi. http：//www. worldbank. org/en/news/feature/2016/05/30/project－launched－to－strengthen－public－transport－system－in－urumqi.

② World Band CSA Brochure Web. http：//www. worldbank. org/content/dam/Worldbank/document/CSA _ Brochure _ web _ WB. pdf.

③ World Bank and SEB Partner With Scandinavian Institutional Investors to Finance "Green" Projects. http：//treasury. worldbank. org/cmd/htm/GreenBond. html 和 World Bank "Green Bond" Increased to SEK 2. 7 Billion. http：//treasury. worldbank. org/cmd/htm/GreenBondsIncrease. html.

钩的债券，共募集了约 5.5 亿美元。此类债券被称为"绿色成长型债券"，其中约 70% 是由欧洲（比利时、法国、意大利、卢森堡、摩纳哥和瑞士）、美国以及亚洲（中国香港、新加坡）高净值的个人投资者购买，剩余部分由欧洲机构投资者（比利时、法国、德国和瑞士）购入。

（三）6 亿美元绿色债券

该债券向 25 家机构投资者配售，包括瑞典第二国家养老基金、瑞典第四国家养老基金（AP4）、贝莱德集团、德意志银行资金部、Everence 金融集团、法国外贸银行旗下机构 Mirova、日兴资产、日本生命保险、Trillium、联合国合办工作人员养恤基金、苏黎世银行等，这也表明了投资者对世界银行绿色债券的金融特征及对气候治理的贡献的认可。

表 11.2　世界银行 6 亿美元绿色债券详细信息

发行人	世界银行（国际复兴开发银行）
发行日期	2015 年 3 月 3 日
名义价值	6 亿美元
期限	10 年
到期日	2025 年 3 月 3 日
息票利率	2.125%（半年期）
发行价格	99.108%
承销商	德意志银行、摩根士丹利银行、北欧斯安银行
投资者群体	按地区划分 ● 美洲：39% ● 欧洲：28% ● 中东、北非：17% ● 亚洲：16% 按投资者划分： ● 资产管理公司：43% ● 银行与公司：31% ● 保险公司：15% ● 养老基金：11%

资料来源：世界银行。http：//treasury. worldbank. org/cmd/htm/Largest ＿ USD ＿ Green ＿ Bond. html.

（四）3 亿澳元绿色债券

该债券向 15 家投资者配售，包括阿伯丁资产管理公司、安保资本、澳大利亚道德投资有限公司、康联首域环球资产管理、地方政府超级养老金（Local Government Super）、昆士兰保险集团有限公司和澳大利亚退休基金管理公司（UniSuper）等。所有投资者对气候智能投资项目都表现出了浓厚的兴趣。

表 11.3　世界银行 3 亿澳元绿色债券详细信息

发行人	世界银行（国际复兴开发银行）
发行日期	2014 年 4 月 29 日
名义价值	3 亿澳元
期限	5 年
到期日	2019 年 4 月 29 日
息票利率	3.5%（半年期）
发行价格	98.960%
承销商	加拿大皇家（RBC）资本市场和西太平洋机构服务银行
投资者群体	按地区划分：澳大利亚（77%）、美洲（11%）、日本（10%）、亚洲其他国家（2%） 按投资者划分：资产管理公司（42%）、超级年金（35%）、保险公司（20%）、银行（3%）

资料来源：世界银行。http：//treasury.worldbank.org/cmd/htm/AUD300Million _ First _ Kangaroo _ Green _ Bond.html。

（五）5.5 亿欧元绿色债券

该债券向 21 家投资者配售，包括 ACTIAM 资产管理公司（原为 SNSAM 资产管理公司）、全球人寿资产管理公司、瑞典第二国家养老基金、APG 联邦信用社、巴克莱银行资金部、贝莱德集团、法国中央信托再保险公司（CCR）、宜家集团、法国外贸银行旗下机构 Mirova、法国外贸银行（Natixis）资产管理公司、百达（Pictet）资产管理集团、北欧斯安银行资产管理公司、斯坦迪什·梅隆资产管理公司、苏黎世保险集团、Zwitserleven 养老基金等。

表 11.4 世界银行 5.5 亿欧元绿色债券详细信息

发行人	世界银行（国际复兴开发银行）
发行日期	2014 年 3 月 20 日
名义价值	5.5 亿欧元
期限	3 年
到期日	2017 年 3 月 20 日
息票利率	0.25%（每年）
发行价格	99.678%
承销商	东方汇理银行、摩根士丹利银行、北欧斯安银行
投资者群体	按地区划分：欧洲（90%）、美洲（10%） 按投资者划分：银行与公司（42%）、资产管理公司（22%）、保险公司（19%）、官方机构（9%）、养老基金（8%）

资料来源：世界银行。http://treasury.worldbank.org/cmd/htm/First_World_Bank_Green_Bond_Benchmark_Euros.html.

四、深度思考

世界银行绿色债券计划已经让市场参与者认识到把气候风险和机遇纳入其投资决策的必要性。同时，越来越多的发行人也认识到发行绿色债券带来的经济效益、品牌提升，以及为投资者带来的投资机会。

绿色债券改变了固定收益市场投资者的预期——投资者希望了解具体的投资决策过程以及投资带来的社会和环境影响。通过与发行人的合作，世界银行帮助发行人了解他们的产品、成本和收益。同时，它还与发行人、投资者、中介机构和市场参与者一道，研发出更多应对气候变化的金融产品。他们可以改进项目设计，凸显其对气候环境产生的影响；他们也可以进一步完善绿色金融的影响报告，以便为投资者的决策提供更有价值和意义的参考。

应对气候变化、消除极端贫困、促进共同繁荣是世界银行的核心使命，通过发行绿色债券，可以把发行人和投资者联系起来，将气候融资纳入投资金融体系。不可忽视的是，气候变化正在影响着数以百万计的人，给他们带来一系列的生存压力，包括农业生产力的破坏、水资源的减少和水质的恶化、疾病发病率的增加、生态系统和生物多样性被破坏、流离失所、小岛屿国家的生存威胁等，并且可能扭转人们已经取得的经济进步。如果没有进一步的行动来减少极端贫困、提供基本服务、加强人类适应性，那么到 2030 年，气候变化带来的影响可能会让超过 1 亿人重新陷入贫困。

绿色债券是连接资本与绿色项目的桥梁。世界银行积极与其他金融市场参与者（银行、发行人）合作，宣传绿色金融知识，并且利用金融工具逐步实现可持续发展的目标。

第二节　瑞典地方政府案例

一、瑞典 Kommuninvest 绿色债券概述

Kommuninvest 成立于 1986 年，是瑞典地方政府债务办公室，也是目前瑞典地方政府（LRG）的最大放款人、瑞典第六大信贷机构，其成立的目的是为瑞典地方政府提供比商业银行更低廉的资金（在 20 世纪 80 年代，商业银行是借贷的唯一外部资金来源）。Kommuninvest 通过共同融资机制，汇总地方政府的资金需求，借助于项目所有者（即具有征税权力的瑞典地方政府）的无限担保、联合担保和多重担保，获得融资的规模效应。自成立以来，它已帮助地方政府部门降低了数十亿克朗的借款成本。目前，在全瑞典 310 个地区中，共有 276 个市政府和 11 个县/地区委员会加入了自愿合作组织。

Kommuninvest 绿色债券募集的资金，主要用于支持缓解气候变化或适应气候变化的投资项目。所有绿色债券的融资项目均位于瑞典，其目标是使瑞典成为世界上第一个不使用化石燃料的国家。瑞典环境政策的总体目标是在不对瑞典以外的国家和地区的环境和健康造成负面影响的前提下，解决本国的环境问题，为下一代建立一个环保社会。它在很大程度上是由地方政府部门领导推动的。地方政府部门的投资在公共部门投资中占比很大，超过 90% 的瑞典城市已经自己制定或采纳了国家和其他地区的环境

目标。

Kommuninvest 绿色债券为投资者提供了通过 AAA 级收益产品投资于瑞典气候解决方案的机会。该债券由与 Kommuninvest 合作的成员担保，其 AAA 信用评级与其他 Kommuninvest 债券相同。Kommuninvest 绿色债券募集的资金将以贷款的方式发放给瑞典市政投资项目。

二、瑞典 Kommuninvest 绿色债券发行流程

为了确保绿色债券募集的资金用于缓解气候变化或适应气候变化的投资项目，同时符合"Kommuninvest 绿色债券框架"中规定的可持续性要求，Kommuninvest 制定了一整套绿色债券发行流程。所有的融资项目都要通过该流程的筛选，而且已核准的项目都要受到公众的监督与审查。

（一）合格项目标准

2015 年 6 月开始，凡是瑞典地方政府向可持续社会过渡的合格投资项目，都可以获得 Kommuninvest 的绿色贷款。

合格项目要与国家或地区的环境目标相关联。这些目标包括：

1. 减缓气候变化，包括对低碳、碳减排和清洁技术的投资，如公共交通和可再生能源计划和项目（"气候变化减缓项目"）；

2. 适应气候变化，包括对提升气候适应性项目的投资（"气候适应性项目"）；

3. 在气候变化以外的其他领域，与环境管理相关的项目（最多为发行量的30%，比重较低）。

符合以上目标的项目类别包括：

1. 可再生能源：可再生能源的生产和供应，例如风能、波能、太阳能、水能、地热能、生物能源和来自废物的沼气等，或从化石转换为可再生能源。

2. 能源效率：提升能源系统中的能源效率，例如区域供暖/制冷、能源回收和存储以及智能电网等。

3. 绿色建筑项目：

（1）新建筑物：每年每平方米的能源使用量比适用法规（瑞典建筑规

范 BBR 21）所要求的少 25%，并尽可能获得以下认证：LEED 金级认证；BREEAM "非常好" 级别认证；环境建筑（Miljöbyggnad 银级认证）；Svanen 认证；欧盟绿色建筑认证；Feby – 12（微型能源建筑）认证。

（2）能促使现有建筑、各类活动达到至少节省 25% 的能源的措施。

（3）每年每平方米能源使用量减少至少 35% 或符合新建筑物适用法规（瑞典建筑规范 BBR 21）的大楼改造。

4．公共交通：包括火车、地铁、有轨电车、公共汽车和支持公共交通的基础设施，以及对可持续交通的投资（例如自行车、步行街、电动汽车等基础设施，以及能减少人员和货物运输对环境影响的物流解决方案）。

5．废物管理：减少废物的数量和有害影响，增加物质和能源的再利用和回收。

6．水资源管理：包括水资源基础设施、废水管理和清洁设施等。

7．适应气候变化：与建筑物、基础设施或敏感环境等有关的措施。

8．除气候变化之外的其他领域的环境管理：包括自然保护、生物多样性措施、可持续农业，以及改善生态系统的服务等。

所有项目必须符合 Kommuninvest 的绿色债券框架中的可持续性标准：

1．促进向可持续社会的过渡；

2．成为申请单位（市、县、区理事会）系统环境工作的一部分；

3．与瑞典的国家环境目标或区域环境目标相符；

4．针对减缓气候变化，适应气候变化，或在气候变化以外的其他领域中，与环境管理相关的项目。

CICERO 已经对 Kommuninvest 的绿色债券框架进行了第二方意见审查[①]。

（二）项目遴选过程

Kommuninvest 绿色贷款的申请必须根据项目的可持续性标准和申请者的信用水平标准，按特定项目的方式进行审批，而不是根据一般项目的投资用途进行审批。

合格项目的遴选过程包括以下三个步骤：

---

① 第二方意见可在 Kommuninvest 的绿色债券网页上查看（见页面底部）。

1. 投资项目由市政府或县政府的环境和财政职能部门进行筛选和核实。

2. Kommuninvest 的贷款部门从项目的信用角度进行筛选。

3. 每一笔贷款申请均按照 Kommuninvest 绿色债券框架中规定的可持续性要求，由瑞典当地政府部门的气候专家组成的 Kommuninvest 绿色债券环境委员会审查、投票。

（三）项目聚合过程

由于项目数量不足和缺乏技术与资源，小城市通常难以获得绿色贷款，而 Kommuninvest 通过将单项绿色贷款汇集到绿色贷款聚合池，可以使小城市也有机会获得绿色融资。事实上，经由 Kommuninvest 绿色贷款的最小项目，仅为 500 万瑞典克朗（约合 60 万美元）；而最大的项目贷款则达到了 25 亿瑞典克朗（约合 3 亿美元）。

此外，绿色债券募集资金总额不会超过绿色贷款聚合池的资金需求量，从而确保债券的募集资金不超过对项目的实际支出；还可以在出现贷款提早偿还或贷款失去绿色特征而无需贷款时，形成部分资金缓冲。

（四）设立专用账户

发行债券募集的等额资金款项将转入专用账户，为符合条件的项目提供贷款。只要债券未到期，并且专用账户资金有剩余，那么在每个会计核算季度结束时，该季度合格贷款的所需资金将从专用账户转回到 Kommuninvest 的贷款池中。专用账户中的资金，将投资于现金、绿色债券、瑞典担保债券、市政债券以及政府证券等产品。这些投资产品的风险级别不得低于标准普尔的信用评级 A－级，或 Kommuninvest 批准的其他评级机构的类似信用风险等级。

（五）影响报告

为使投资者能够跟进项目的发展，Kommuninvest 将每年向投资者提供绿色债券影响报告，内容包括：（1）超过 2500 万克朗的合格贷款/项目清单；（2）项目示例；（3）Kommuninvest 绿色债券发展的总结。绿色债券影响报告将遵循信息公开的原则，在 Kommuninvest 的网站上公开发布。

同时，Kommuninvest 鼓励贷款项目最大程度地使用影响分析（事前）

和影响报告（事后），例如化石能源等项目，都需要提供影响分析和影响报告。只有当这些项目具有积极的气候或环境影响时，才可以通过审批。

2017 年 3 月，Kommuninvest 发布了第一份绿色债券影响报告。

三、瑞典 Kommuninvest 绿色债券案例分析

2016 年，Kommuninvest 共发行了两只绿色债券，总融资金额接近 100 亿瑞典克朗。这两只债券的发行都引起了投资者的强烈关注，其认购金额远远超过了最终的融资金额。

（一）首只绿色债券

2015 年 6 月，Kommuninvest 开始建立专门的绿色贷款簿记，拟为可再生能源、能源效率、绿色建筑、公共交通和水资源管理等领域的投资项目提供绿色融资。截至 2016 年 3 月初，Kommuninvest 绿色贷款簿记的项目资金需求达到了 88 亿瑞典克朗（11 亿美元），涵盖 18 个瑞典城市的 25 个投资项目，其中可再生能源项目约占 67%，绿色建筑项目约占 27%。Kommuninvest 预计其绿色贷款簿记上的绿色资金需求，在未来将增长到所有贷款总额的 15%~20%。这种预期反映了瑞典地方政府部门的巨大投资需求，以及瑞典地方政府对气候和环境效益的强烈关注。

2016 年 3 月 15 日，Kommuninvest 发行了首只绿色债券，也是迄今为止北欧发行人发行的规模最大的绿色债券。该债券的发行以及初始指导价格于 2016 年 3 月 14 日（星期一）在伦敦时间中午 12 时公布，计划融资 5 亿美元，初始指导价格在互换利率中值 ±30 个基点内浮动。公布后投资者兴趣指数（IOI）稳步上升，认购金额很快超过 5 亿美元。债券在次日起开始认购和簿记，官方的指导价格为互换利率中值 +34 个基点。上午 11 时 45 分，账面认购总额超过 8.5 亿美元，发行价格已比指导价格缩减 1 个基点，为互换利率中值 +33 个基点。下午 15 时 45 分定价时，41 个投资者的总认购金额接近 9 亿美元。

该债券得到了环保投资者的大力支持，其中包括瑞典第三国家养老基金、瑞典第四国家养老基金、加州教师退休金养老基金（CalSTRS）、Erste 资产管理公司、Everence 金融集团、北欧投资银行（NIB）、奥地利

Raiffeisen KAG 投资公司、SBAB 资本公司、北欧斯安银行投资管理部，以及联合国合办工作人员养恤基金等。

债券募集资金被用于 Kommuninvest 指定的绿色项目池，包括分布在 18 个城市的 25 个投资项目，例如耶尔费拉市（Järfälla）的 Herresta 学校（这是瑞典第一所使用大规模木材建造的学校），默奥市（Umeå）超级快充电动公共汽车和埃斯基尔斯蒂纳市（Eskilstuna）对风力发电的投资。

表 11.5　Kommuninvest 发行的首只绿色债券详情

名义价值	6 亿美元
评级	穆迪 Aaa、标普全球 AAA，前景展望稳定
发行日期	2016 年 3 月 22 日
到期日	2019 年 4 月 23 日
息票利率	1.50% 每半年支付一次，首次息票利息支付期超过半年，付款时间为 2016 年 10 月 23 日
银团向市场报价	互换利率均值 + 33 个基点
承销商	美林美银、法国东方汇理银行、北欧斯安银行
投资者群体	按地区划分： • 美国：30% • 北欧：26% • 中东和非洲：24% • 欧洲其他地区：13% • 亚洲：7% 按投资者划分： • 中央银行和官方机构：37% • 资产管理公司：29% • 银行：19% • 养老基金和保险基金公司：12% • 其他：3%

资料来源：Kommuninvest. https：//kommuninvest. se/wp－content/uploads/2016/03/Kommuninvest－press－points＿160315. pdf.

（二）第二只绿色债券

2016 年 10 月 18 日，Kommuninvest 成功推出了一只为期 4 年、面值 50

亿瑞典克朗、息票率 0.000% 的绿色债券。该债券是 Kommuninvest 发行的第二只绿色债券。同时，它还是迄今为止发行量最大的瑞典克朗绿色债券，打破了 Fortum Värme 于 2015 年 5 月发行的 25 亿瑞典克朗债券的记录。

该债券于 2016 年 10 月 17 日（星期一）下午公布，随即获得了投资者的积极反馈，投资兴趣指数（IOI）迅速超过了 50 亿瑞典克朗。由于次日早市稳定，当投资意向超过了 85 亿瑞典克朗时，Kommuninvest 开始簿记，计划筹资 30 亿~50 亿瑞典克朗，债券指导价格为互换利率中值 +13 个基点。账簿上的认购量稳步增长，并在瑞典当地时间上午 10 点 30 分达到了 130 亿瑞典克朗。下午 14 点 15 分确定了交易价格，为互换利率中值 +11 个基点，发行规模设定为 50 亿瑞典克朗。该只瑞典克朗债券的表现比 Kommuninvest 其他债券在二级市场的收益率曲线低了 2 个基点。

债券大部分配售给绿色投资者，对于这些投资者来说，环境和社会影响是决定他们投资交易的关键因素。这些投资者包括瑞典 Alecta 养老基金公司、瑞典第三国家养老基金、丹斯克资本（DanskeCapital）、Folksamgruppen、Nordea 资产管理公司、德国复兴信贷银行（KFW）、SBAB 资本公司、瑞典国家第六养老金基金会、挪威 SPP Storebrand 金融公司和 Öhman 等。

在该只以瑞典克朗计价的绿色债券发行后，Kommuninvest 共为 40 个瑞典城市和县区的大约 60 个投资项目提供了资金，项目总投资需求已经达 145 亿瑞典克朗（约合 16 亿美元）。可再生能源和绿色建筑在投资组合项目中占较大比重，分别为投资总额的 43% 和 39%。

绿色债券融资的项目案例包括在瑞典克尼夫斯塔市（Knivsta）新建的 Hägås 学校（这是瑞典的第一个被动式房屋的学校），在于默奥（Umeå）的绿色煤炭试点设施，以及在哈尔姆斯塔德市（Halmstad）的一座光学废物分类设施等。

表 11.6　Kommuninvest 发行的第二只绿色债券详情

名义价值	50 亿瑞典克朗
评级	穆迪 Aaa、标普全球 AAA
发行日期	2016 年 10 月 25 日
到期日	2020 年 5 月 5 日

息票利率	0.000%（年化利率）
发行价格	100.495%
银团向市场报价	互换利率中值＋11 个基点
承销商	北欧斯安银行与瑞典银行
投资者群体	按地区划分： ● 瑞典：90% ● 欧洲（北欧以外）：7% ● 北欧（瑞典以外）：3% 按投资者划分： ● 养老基金和保险基金公司：71% ● 基金管理公司：11% ● 银行：9% ● 中央银行与其他：9%

资料来源：Kommuninvest. https://kommuninvest. se/wp – content/uploads/2016/10/Kommuninvest – SEK – 5bn – 4y – Green – bond – press – points. pdf.

四、深度思考

通过发行绿色债券，Kommuninvest 拓展了原有的传统业务模式。这一过程在给 Kommuninvest 带来一系列问题与挑战的同时，也为 Kommuninvest 带来了一系列的好处。

（一）主要问题与挑战

作为发行人，Kommuninvest 基本业务模式为"一般投资用途融资"，即资产负债表内融资。其中，如何建立从环境角度审核项目的框架是主要的难点与挑战。虽然 Kommuninvest 以前有一个从信用风险角度评估项目的框架，但其在环境项目上的评估能力还是有所欠缺。

为了提高这方面的能力，Kommuninvest 于 2015 年春季成立了绿色债券环境委员会，这个咨询性质的委员会由 5 名来自成员单位（市和县议会/地区）与其他相关公共部门组织环境职能部门的代表和 2 名 Kommuninvest 的代表组成。所有 Kommuninvest 绿色贷款申请必须经环境委员会批准，符合"Kommuninvest 绿色债券框架"中规定的可持续性要求，并确保已核准的项目受到公众的监督与审查。Kommuninvest 认为，这个把环境委员会纳入框架的模式是成功的，它为项目选择和验证提供了必要的专业知识，同时确保了批准项目的质量。

（二）发行绿色债券的优点

发行绿色债券为 Kommuninvest 带来了一系列的好处，主要包括：

1. 提升了 Kommuninvest 的声誉。2016 年 UNEP Inquiry 发表的两份报告《绿色债券：关于国家经验、发展障碍和选择途径》[①] 和《关于动员机构投资者投资绿色基础设施的进度报告》[②]，都认可了 Kommuninvest 作为公共部门成本效益投资聚合者和政府机构债券发行者的重要作用。

2. 因为绿色债券与地方政府贷款挂钩，而不是与具体项目挂钩，投资者不需要承担与项目信用有关的直接风险。一方面，绿色债券的 3A 信用质量与其他 Kommuninvest 的债券相同；另一方面，由于 Kommuninvest 绿色债券具有标准文件和来自 CICERO 提供的第二方意见，也可以大幅降低其资金成本。

3. 债券发行流程减少了绿色投资者的交易和尽职调查成本。绿色债券框架"自下而上"的做法（Kommuninvest 绿色贷款项目审批优先于绿色债券融资），可以让投资者根据绿色债券资格标准考察项目情况，为投资者提供了"绿色债券投资于绿色项目"的保证。

第三节　巴西苏扎诺纸业股份有限公司案例

一、苏扎诺纸业绿色债券概述

苏扎诺纸业股份有限公司（Suzano Papel e Celulose）是巴西一家林业

---

① Green Bond：Country Experiences, Barriers and Options. http：//unepinquiry. org/wp－content/uploads/2016/09/6＿Green＿Bonds＿Country＿Experiences＿Barriers＿and＿Options. pdf.

② Progress Report On Approaches To Mobilising Institutional Investment For Green Infrastructure. http：//unepinquiry. org/wpcontent/uploads/2016/09/11＿Progress＿Report＿on＿Approaches＿to＿Mobilising＿Institutional＿Investment＿for＿Green＿Infrastructure. pdf.

造纸公司。它是世界第二大桉树纸浆生产商，也是世界第五大纸浆生产商。

2016 年 7 月，苏扎诺发行了一只总额高达 5 亿美元的绿色债券，其目的是促进巴西林业的可持续发展，加强环境保护和水资源管理，提高能源效率，促进可再生能源发展。该债券通过苏扎诺纸业股份有限公司的全资贸易子公司 Bahia Sul 控股公司发行，是巴西市场上发行的第二只绿色债券，也是在斯堪的纳维亚以外发行的第一只与林业主题有关的绿色债券。

二、苏扎诺纸业绿色债券的基本情况

该债券是具有标准结构的固定收益债券，它与常规债券的显著不同点是发行债券所募集款项将投资于巴西符合绿色标准的项目。

为提高债券的可信度和对投资者的吸引力，苏扎诺通过了 Sustainalytics 机构的认证。该机构提供了第二方意见，确保该债券符合《绿色债券原则》中债筹资金的使用、项目评估和遴选过程、债筹资金的管理以及项目报告四个部分。

（一）债券特征

该债券由苏扎诺在卢森堡证券交易所注册，在欧洲多边交易设施（MTF）市场上交易。

表 11.7　苏扎诺纸业股份有限公司发行的绿色债券详情

发行人	Bahia Sul 控股公司
担保人	苏扎诺纸业股份有限公司
发行日期	2016 年 7 月 14 日
名义货币	美元
名义价值	5 亿美元
评级	标普 BB＋、惠誉 BB＋
债券类别	绿色债券（子弹型）
期限	10 年
息票利率	5.75%（年化利率）

承销商	• BB 证券公司 • 巴西布拉德斯科银行 • 巴西投行 • 巴西伊塔乌投资银行 • 摩根大通 • 桑坦德银行
发行价格	99.065%
认购需求	约为债券名义价值的 3 倍
投资者群体	按地区划分： • 美国：67% • 欧洲：30% • 其他：3% 按投资者划分： • 资产、基金管理公司：83% • 养老基金：6% • 对冲基金：3% • 其他：8%

资料来源：根据公开资料整理。

（二）账簿管理银行

出于分销能力和国际市场影响的考虑，苏扎诺纸业绿色债券在国际市场方面选择了摩根大通和桑坦德银行作为债券交易的全球协调员和账簿管理者，而承销商则选择了巴西当地的大型证券公司、银行。希望通过它们强大的国际市场分销能力，为公司带来高质量、高净值的债券投资者。

（三）营销方式

2016 年上半年，苏扎诺向欧洲和美国的潜在投资者举行了非交易性路演，测试国际市场对公司信用债券的信用风险需求，并深入了解投资者对绿色债券的看法。路演包括在美国举行的面对面交流会，以及在全球范围举行的电话会议。在这些会议上，苏扎诺都有专门的团队与全球固定收益投资者和绿色债券投资者进行沟通与交流。

之后，苏扎诺针对美国和欧洲的投资者，特别是对绿色债券或可持续性相关投资感兴趣的固定收益投资者进行了交易性路演。该债券对于绿色投资者的主要卖点有：

1. 苏扎诺对环境和社会责任的承诺，以及其过去管理项目所创造的社会和环境影响的业绩纪录；

2. 关于苏扎诺公司的详细信息及其开展的高水平业务信息，包括年度可持续发展报告等[①]；

3. 森林管理委员会和 PEFC 认证理事会对其经营的森林地区的认证，为苏扎诺实现高标准环境绩效的承诺提供了切实可靠的保证；

4. 该债券遵循《绿色债券原则》，并由 Sustainalytics 机构提供第二方意见；

5. 具备向投资者信息公开的流程。该流程每年由环境顾问和外部审计单位进行审查。

（四）市场表现

从 2016 年 7 月开始发行至 2016 年 11 月初，债券的平均交易价格为票面价值的 100.809%，平均收益率为 5.654%。在 2016 年 11 月初美国 10 年期国债利率上升之后，该债券交易价格低于票面价值的 100%，平均价格为 96.515%，收益率为 6.238%。之后，该债券价格上涨，2016 年底交易收盘价为 97.288%，收益率为 6.13%。该债券市场需求超过 15 亿美元。账簿中的主要销售地区是美国和欧洲。

苏扎诺认为投资者高度关注其债券的三个原因是：（1）该债券是第一只以美元计价发行的巴西绿色债券；（2）该债券是苏扎诺自 2010 年以来在国际市场上发行的第一只债券；（3）其收益率高于大多数发达国家公司发行的债券。

三、苏扎诺纸业绿色债券的投资项目

苏扎诺绿色债券筹集的资金，将分配到五个投资项目类别中，具体类别见表 11.8。

---

① Sustainability Reports. http：//ri. suzano. com. br/the - company/sustainability.

表 11.8 苏扎诺绿色债券的投资项目类别

投资项目类别	资金使用目的	关键绩效指标（KPI）
可持续林业	符合国际和国家标准，例如森林管理委员会和巴西森林认证体系或同等认证的森林可持续管理标准	二氧化碳（CO_2）排放量
		森林管理委员会和巴西森林认证体系认证标准
	恢复退化土地的原始森林覆盖	总土地恢复面积（hm^2）
环境保护	养护区的保护和发展；保护本地植物和动物物种以及生物多样性	保护性原生植被的总租赁或拥有面积（hm^2）
		租赁或拥有的保护性原生植被的土地面积与租赁或拥有的土地总面积的比率（%）
		租赁或拥有的保护性原生植被的土地面积与租赁或拥有的种植性土地总面积的比率（%）
		经确定的高保护价值区的数量
		在高保护价值区中发现的物种数
		环境教育计划的受益人数
		在 Parque das Neblinas 地区的生态旅游人数
		在 Parque das Neblinas 地区的研发数量
水资源管理	开发水资源开发技术和系统以提高处理废水的质量，提高水的再利用率和减少水资源浪费	废水中纤维含量的减少量（mg/L 或%）
		化学需氧量或生化需氧量的减少值（mg/L 或%）
		水资源的节省、水消费减少或重复使用量（m^3）
能源效率	提高能源效率，包括通过减少化石燃料消耗	用电节省/减少量（kWh）
		化石燃料的节省/减少量（t）
		二氧化碳排放的减少量
可再生能源	用可再生能源替代化石燃料，或用可再生能源来生产能源	节省/减少使用化石的燃料数量（t）
		生产的电量（kWh）
		所避免的二氧化碳排放量

资料来源：Sustainalytics，Suzano Papel e Celulose S. A. Green Bond Framework Overview and second opinion by Sustainalytics. http：//www. sustainalytics. com/sites/default/files/sustainability _ bond _ framework _ and _ second _ opinion _ – _ suzano _ papel _ e _ celulo. . . . pdf.

四、深度思考

第二方认证过程为苏扎诺带来了一些问题，需要苏扎诺与银行及第二方意见提供方协商解决。这些问题包括：

1. 识别、确定利用债筹资金进行融资的合适项目。项目必须满足《绿色债券原则》的标准，具有较长期限（该债券期限为 10 年），并且要在债券期限内产生效益。

2. 制定用于报告项目环境效益的关键绩效指标。

3. 证明所取得的环境效益与所做投资之间的关系，展示投资于可持续项目的附加价值，以及这些投资如何推动苏扎诺业务的可持续性发展。

同时，为了获得第二方的认证，苏扎诺还需要付出一定的成本。但是，与这些问题和成本相比，它会为公司带来更多的好处。主要包括：

1. 英国脱欧公投和涉及巴西公司的腐败案件，给债券发行带来了不确定性因素，并导致国际投资者对巴西的投资变得更加谨慎。在这种情况下，来自 Sustainalytics 的意见证明了该债券与《绿色债券原则》相符，这为苏扎诺承诺的高标准环境绩效提供了有力的外部证据。

2. 第二方保证增加了投资者对苏扎诺债券的兴趣，这是吸引绿色投资者的一个重要因素。摩根大通董事总经理兼绿色债券主管 Marilyn Ceci 表示，"该保证为苏扎诺纸业股份有限公司和绿色债券带来了很多首次投资者"[1]。这种保证也减少了潜在的投资者在项目环境特性方面尽职调查的费用。

第四节　墨西哥国家金融开发银行案例

一、墨西哥国家金融开发银行简介

墨西哥国家金融开发银行（Nacional Financiera S. N. C. , Nafin）成立

---

[1] Brazilian paper company issues ＄500m green bond for forestry projects. https：//www. environmental－finance. com/content/news/brazilian－paper－company－issues－500m－green－bond－for－forestry－projects. html.

于 1934 年，是墨西哥政府独资的开发银行。它依据政府的社会和经济目标，为中小微型企业提供财政支持，比如贷款担保、二级贷款等，以扩大墨西哥的产业基础。

2009 年，在通过了《墨西哥应对气候变化普通法》（*Mexican General Law to Address Climate Change*）之后，墨西哥国家金融开发银行成立了可持续项目部，为以可再生能源基础设施和发电领域为主的环保项目提供资金。2010 年，墨西哥国家金融开发银行在其投资银行部内设立可持续项目司。

墨西哥国家金融开发银行是墨西哥境内首家向可再生能源项目提供资金的墨西哥银行。自 2009 年以来，墨西哥国家金融开发银行在促进私人部门参与和确保项目达到环境与社会绩效标准方面，发挥了重要作用。

二、墨西哥国开行绿色债券的基本情况

2015 年 10 月，墨西哥国家金融开发银行发行了墨西哥国内第一只绿色债券，其筹资总额为 5 亿美元，期限为 5 年。该债券是墨西哥国家金融开发银行 18 年以来的第一次跨境交易。

（一）债券特征

债筹资金用于墨西哥境内风能项目的融资，约 40% 的债筹资金款项用于现有资产的再融资，其余款项用于该行业的新贷款。截至 2016 年 9 月 30 日，已投资 3.32 亿美元[①]。

Sustainalytics 机构为该债券提供了第二方意见，确保该债券符合《绿色债券原则》的标准。此外，该债券被气候债券标准委员会（气候债券倡议组织的一部分）认证为气候债券。

表 11.9　墨西哥国家金融开发银行发行的第一只绿色债券详情

发行人	墨西哥国家金融开发银行
发行日期	2015 年 10 月 29 日

---

① Nafin's Annual Green Bond Report. https：//www. nafin. com/portalnf/files/pdf/2016/pisofinanciero/Green%20Bond%20Report%20nov%202016. pdf.

名义货币	美元
名义价值	5 亿美元
评级	穆迪 A3，惠誉 BBB +
债券类别	绿色债券（子弹型）
期限	5 年
息票利率	3.375%（年化利率）
承销商	美林证券、皮尔斯（Pierce）、芬讷与斯密斯公司（Fenner & Smith Inc.）、大和资本市场美国公司
发行价格	99.822%
认购需求	约为债券名义价值的 5 倍
投资者群体	按地区划分： ● 美国：40% ● 欧洲：32% ● 拉丁美洲：15% ● 亚洲：13% 按投资者划分： ● 国际金融机构和资产管理公司：65% ● 保险公司：16% ● 养老基金：15% ● 银行：4%

资料来源：墨西哥国家金融开发银行。http://www.emergingmarketsdialogue.org/dms/giz - emd/events/event18/presentations/7 _ Hugo _ Aguirre _ Nafin _ MX _ GB. pdf.

（二）账簿管理银行

墨西哥国家金融开发银行选择了三家曾经合作过的商业银行作为该债券簿记管理方，主要认购机构为法国农业信贷银行东方汇理投行（CACIB），该银行是当时市场上排名最高的绿色债券发行人；为满足北美洲以及亚洲投资者的需求，墨西哥国家金融开发银行另外选择了美国银行下属的美林证券以及大和银行。这三家机构都积极关注国际金融机构对新债券的需求，以及绿色投资者的需求。

（三）营销方式

2015 年 10 月 6 日，发行人在纽约和欧洲为绿色投资者举办了路演

（会议和演讲）。活动持续到 2015 年 10 月 22 日，并在该日面向亚洲、欧洲和北美的优质投资级别客户以及当地养老基金和绿色投资者举行了联合路演。绿色投资者是发行人在每个地区最为关注的投资者群体，因为墨西哥国家金融开发银行希望通过该债券尽可能扩大其投资者群体。

（四）市场表现

账簿管理银行吸引了 60 多个投资者，包括高质量的美国投资级别账户、当地养老基金、国际金融机构和绿色投资者等，创建了一本需求总额超过 25 亿美元的账册。截至 2016 年 12 月，债券交易价格为 100.473%，收益率达 3.243%。

墨西哥国家金融开发银行列出了投资者高度关注该债券的主要原因：第一，全球路演向投资者介绍了墨西哥国家金融开发银行为政府的环境治理目标提供全方位的服务，并获得墨西哥政府的支持；第二，该债券是一只经过认证的绿色债券，也是在拉丁美洲发行的首只绿色债券，债筹资金的使用透明度增加了债券对绿色投资者的吸引力；第三，拉丁美洲债券发行人的市场利率比较高。

墨西哥国家金融开发银行在发行和营销债券时也遇到了两个问题：第一，如何确保投资组合中的项目是符合标准定义的绿色资产，即它们将有助于减缓气候变化压力、有助于可持续发展；第二，如何确保墨西哥国家金融开发银行的报告和收入管理流程符合《绿色债券原则》的要求，包括基金投资流程的透明度、基金投资的跟踪以及投资情况报告等。为了解决这两个问题，墨西哥国家金融开发银行聘请 Sustainalytics 机构和气候债券标准委员会来审查其投资组合，以确保墨西哥国家金融开发银行遵守《绿色债券原则》。

墨西哥国家金融开发银行在此过程中也认识到透明度的重要性，债筹资金使用的透明度越高，债券的定价也可能越高。因此，第二方的意见和认证就显得尤为重要。

三、墨西哥国开行绿色债券的投资项目[①]

截至 2016 年 9 月 30 日，墨西哥国家金融开发银行已经在 8 个风电项目中投资了 3.32 亿美元。这些项目总装机容量为 1198MW，每年温室气体减排量达 176 万吨二氧化碳（CO_2），其中 244801 吨的减排量是墨西哥国家金融开发银行的投资结果。

表 11.10　墨西哥国家金融开发银行融资的风电项目

项目名称	因数（每投资100 万美元减少二氧化碳吨数）	墨西哥国家金融开发银行投资	项目温室气体总减量	墨西哥国家金融开发银行相关的温室气体减量
	二氧化碳（吨/百万美元）	（百万美元）	二氧化碳（吨）	二氧化碳（吨）
科阿韦拉州风电场	904	54.8	317209	49547
萨卡特卡斯风电场	451	58.5	153088	26384
下加利福尼亚州风电场	535	37.9	170062	20288
新莱昂州风电场 1	631	34.6	205203	21817
新莱昂州风电场 2	631	34.4	205203	21739
新莱昂州风电场 6	917	43.9	213378	40242
新莱昂州风电场 5	1011	34.9	262751	35345
新莱昂州风电场 4	891	33.0	233628	29439
合计	5973	332.1	1760524	244801

资料来源：墨西哥国家金融开发银行, Nafin's Annual Green Bond Report Nov 2016. http：//www.nafin.com/portalnf/files/pdf/2016/pisofinanciero/Green% 20Bond% 20Report% 20nov% 202016. pdf。

尽管与风能有关的项目效益明显，但墨西哥国家金融开发银行仍然认识到，仅有这些项目是不够的，识别、评估和妥善管理与这些项目相关的

　　[①]　温室气体减排量是利用可再生能源技术研究中心的方法，根据年度电力排放系数 0.454 吨二氧化碳/兆瓦时进行计算。Nacional Financiera S. N. C. Green Bond Framework Overview and Second Party Review By Sustainalytics. https：//www. nafin. com/portalnf/files/pdf/2016/pisofinanciero/Green% 20Bond% 20Report% 20nov% 202016. pdf。

环境或社会问题也同样重要。

四、深度思考

通过债券的发行，墨西哥国家金融开发银行认识到发行绿色债券为其带来的一系列的好处，以及提升内部能力对于发行绿色债券的重要性，并可从中挖掘出更加广泛的市场利益。

（一）认证带来的好处

认证给墨西哥国家金融开发银行带来了一些成本，其中直接成本总计为 30000 美元，包括 Sustainalytics 机构提供第二方意见的服务费用 25000 美元，以及气候债券标准委员会的认证费用 5000 美元。但墨西哥国家金融开发银行相信，认证带来的好处已经远远超过了成本费用，主要包括：

1. 作为拉丁美洲首只获得气候债券认证的绿色债券，墨西哥国家金融开发银行能够在指导价格的低端对债券进行定价。据估计，它能够将价格降低大约 5 个基点。

2. 该绿色债券的发行提升了墨西哥国家金融开发银行的国际形象。例如，墨西哥国家金融开发银行因为该债券的发行，获得了三个重要奖项：由气候债券组织授予的首只"墨西哥绿色债券"；由《环境金融》授予的"年度 SSA 债券"（主权国家、超国家和机构债券）；以及由全球资本授予的"拉丁美洲绿色/ SRI 债券交易奖"。

3. 绿色债券认证过程意味着绿色投资者不需要过多地对债筹资金的使用进行尽职调查，这样可以大大减少投资者的交易和研究成本。

（二）提升内部能力的重要性

债券发行过程需要整个组织的大力协调，有效的内部沟通，同时要求关键员工付出大量的时间和努力。墨西哥国家金融开发银行的重要经验之一是：高级管理层意见一致，积极寻求第三方认证。

墨西哥国家金融开发银行还指出，拥有技术能力和专业知识非常重要。例如，《绿色债券原则》为发行人制定了一系列具体的、相对复杂的要求（关于债筹资金的使用、项目评估与遴选过程、债筹资金的管理以及项目报告等），为了确保认证顺利进行，需要一定的时间来理解这些要求。

而在发行债券之前，墨西哥国家金融开发银行就非常熟悉该标准的要求，这意味着认证过程直接、简单，且不会导致项目或债券本身发生任何重大变化。

墨西哥国家金融开发银行认为，社会问题经验丰富的专家顾问对于解决社会问题非常重要，通过听取他人意见来了解他们的担忧，并帮助开发满足每个人需求的解决方案。社区的集中关注点包括项目的视觉影响和噪声影响、对当地生态系统和水体的影响以及对农业的潜在破坏等，此外，社区还希望分享项目的经济效益。在墨西哥国家金融开发银行参与的几个风电场项目中，开发商与当地社区合作设计就业规划方案，支持学校建设，加快当地基础设施的发展，创建包括足球场在内的设施和社交娱乐空间，并补偿受影响的业主。与社区一道开展这些工作，有助于加大民众对项目的支持度，也有助于驱动当地经济的发展。

墨西哥国家金融开发银行认为拥有环境专家的支持也同样重要。这些专家能够调查研究项目对生态的综合影响，减轻项目的负面影响，建议对项目可能产生的损失或不利影响提供适当的补偿。例如，由于项目对植物和动物群的影响，可能需要重新移植某些植物群，迁居某些动物群，或者可能需要在另一个地方提供生态补偿等。对于农业活动，可以通过良好的规划、与当地农民的沟通等，来降低项目带来的影响。

（三）更广泛的市场利益

墨西哥国家金融开发银行通过绿色债券可以获得更广泛的市场利益，主要表现在以下两个方面。第一，由于第一只绿色债券取得了良好成效，墨西哥国家金融开发银行决定发行第二只绿色债券。2016 年 8 月，墨西哥国家金融开发银行发行了一只总额 20 亿墨西哥比索、期限为 7 年的绿色债券，息票利率 6.05%。这是第一只以墨西哥比索为计价货币的绿色债券，也是墨西哥股票交易所绿色发展部门经手的第一只上市债券。第二，围绕绿色债券的积极宣传引起了其他拉丁美洲发行人的兴趣。例如，《环境金融》指出："墨西哥国家金融开发银行债券似乎在这一地区启动了一项运动，哥斯达黎加的开发银行目前正在开发绿色债券市场，泛美开发银行也已获得联合国绿色气候基金的支持，并已发行有资产支持的绿色债券。墨西哥证券交易所对其国内市场的增长非常看好，并在年初推出了绿色债券平台。"①

第五节　加拿大安大略省案例

一、安大略省绿色债券概述

作为加拿大第一个发行绿色债券的省份，安大略省在建立和发展以加元计价的绿色债券市场、吸引全球投资者等方面处于领先地位。自2014年发行首只绿色债券以来，其绿色债券不仅吸引了来自美国、欧洲和亚洲的投资者和新的国际买家，还吸引了国际发行人进入加元市场。

安大略省绿色债券的发行充分发挥了省政府低利率筹集资金的能力，始终坚持推动绿色债券市场的发展，并计划每年发行一定数额的绿色债券。随着债券计划的持续发展，安大略省也将发行以其他货币计价的绿色债券。截至目前，安大略省绿色债券融资总额达20.5亿加元，主要投资于全省范围内的绿色交通和其他环保项目，其中19.7亿加元用于清洁运输项目，其余部分用于能源效率和能源保护项目。安大略省已选择出13个不同类型的项目，通过绿色债券进行融资。

二、安大略省绿色债券的详细情况

安大略省发行了三只面值分别为5亿加元、7.5亿加元和8亿加元的绿色债券。CICERO为其提供了第二方意见②，确保其符合《绿色债券原则》。为了让项目更加透明，增强投资者对安大略绿色债券的信心，安大略审计局还将在债券发行后一年内进行额外的保证性审计，核实募集资金的余额，确保绿色债券资金分配到指定的项目，并在《安大略省年度绿色

---

① Green Bond Awards. https：//www. environmental – finance. com/content/green – bonds – a-wards/bond – of – the – year – ssa – nacional – financiera – （nafin）. htm.

② 'Second Opinion' on Ontario's Green Bond framework. http：//www. ofina. on. ca/pdf/second _ opinion _ on _ Ontario _ Green _ Bonds. pdf.

债券通讯》中发布。

（一）债券特征

债券募集资金将转到"安大略省综合收入基金"。安大略省将指定一个账户，用以记录与绿色债券所募集资金净额相等的资金，跟踪资金是否分配给合格项目。

表 11.11　安大略省绿色债券详情

发行人	安大略省		
发行日期	2014 年 10 月 9 日	2016 年 1 月 29 日	2017 年 2 月 2 日
名义货币	加元	加元	加元
名义价值	5 亿加元	7.5 亿加元	8 亿加元
评级	穆迪 Aa2，标普 A +		
债券类别	次级主权债券		
期限	4 年	7 年	6 年
息票利率	1.75%	1.95%	1.95%
承销商	美银美林 加拿大帝国商业银行 汇丰银行 加拿大皇家银行	美银美林 蒙特利尔银行 汇丰银行 加拿大皇家银行 多伦多道明银行	美银美林 汇丰银行 加拿大皇家银行 多伦多道明银行
二级市场表现	与安大略政府债券曲线一致		
发行价格	99.823%	99.792%	99.412%
认购需求	24 亿加元	超过 7.75 亿加元	9.67 亿加元
投资者群体	按地区划分： ● 加拿大：83% ● 美国：8% ● 欧洲、中东、非洲：5% ● 亚太：4% 按投资者划分： ● 资产管理公司：40% ● 保险公司、养老基金和公司：46% ● 银行：7% ● 官方机构：6% ● 个人投资者：1%	按地区划分： ● 加拿大：65% ● 美国：22% ● 欧洲、中东、非洲：13% 按投资者划分： ● 资产管理公司：54% ● 保险公司、养老基金和公司：19% ● 银行：15% ● 官方机构：11% ● 个人投资者：1%	按地区划分： ● 加拿大：79% ● 美国：12% ● 欧洲、中东、非洲：7% ● 亚太：2% 按投资者划分： ● 资产管理公司：41% ● 保险公司、养老基金：25% ● 银行：28% ● 官方机构：6% ● 个人投资者：1%

资料来源：加拿大安大略省融资局。http：//www.ofina.on.ca/greenbonds/issues.htm.

（二）营销方式

安大略省首只绿色债券期限为 4 年，面值总额 5 亿加元①，为了能让投资者提前审查债券信息，发行方于伦敦时间 2014 年 9 月 26 日上午发布绿色债券公告。发行方于 2014 年 9 月 29 日向全球近 250 名参与者和投资者致电，并于 2014 年 10 月 1 日正式宣布债券的发行，开启绿色债券认购，进行账簿登记。认购是在安大略国内加元债券基准曲线基础上（约比 2018 年 9 月 1 日到期的 CAN 加拿大政府债券 1.25% 息票利率增加 38.5 个基点）制定绿色债券初始指导价。同时，为保证亚洲和欧洲的投资者可以进行认购，认购和簿记 24 小时持续。最终，认购总金额达到了 24 亿加元。由于严重超额认购，认购定价相对 CAN 加拿大政府债券 1.25% 息票利率（2018 年 9 月 1 日到期）的价差从 38.5 个基点缩紧到 38 个基点，降低了 0.5 个基点。超过 80 个投资者参与了安大略第一只绿色债券的发行，其中 85% 的债券配售给有绿色投资任务的投资者和签署了联合国《负责任投资原则》（PRI）的投资者，德国、瑞典、瑞士、日本、韩国和澳大利亚的投资者购买量占债券发行总额的 17%。第一只债券发行后，安大略省在原有的三个投资者的基础上，增加了五个新投资者，而本着自愿原则，在征得每个投资者书面同意后，安大略省于公开文件中公布了参与首次绿色债券发行的投资者名单，部分投资者名单信息可参见安大略省融资局绿色债券网站的 G68 债券详细信息。

安大略省发行的第二只绿色债券期限为 7 年，筹资 7.5 亿加元②。2016 年 1 月 14 日，在多伦多市场开幕时发布发行公告，向市场参与者发出了全球投资者电话会议的邀请函。于 2016 年 1 月 21 日正式发行，并根据安大略省政府国内加元债券的基准曲线（比 2022 年 6 月 1 日到期的 CAN 加拿大政府债券 2.75% 息票利率增加 107 个基点）设定了初步指导价格，开启认购和簿记。公布当天订单量在多伦多收盘时接近 7.5 亿加元，在伦敦时间下午 2：30/多伦多时间上午 9：30，认购正式结束，账面认购

---

① Province of Ontario 4yr – ＄500 Million Global CAD Green Bond. http：//www. ofina. on. ca/pdf/Oct9 _ 14 _ G68 _ en. pdf.

② Province of Ontario 7yr – ＄750 Million Global CAD Green Bond. http：//www. ofina. on. ca/pdf/Jan29 _ 16 _ G72 _ en. pdf.

总额超过 7.75 亿加元。由于全球风险资产的强劲表现，债券定价相对于 CAN 加拿大政府债券 2.75% 息票率（2022 年 6 月 1 日到期），价差从 107 个基点缩紧到 103 个基点，减少了 4 个基点。因为绿色项目的增加，第二期比第一期债券规模更大，期限更长。

共 52 个投资者参与了第二只绿色债券的发行，其中 70% 的债券配售给了有绿色投资任务和签署了联合国《负责任投资原则》（PRI）的投资者。外国投资者的比重增加到了 35%，同时安大略新增四个投资者，进一步扩大了投资者的群体。

2017 年 1 月 26 日，安大略省成功发行了第三只全球加元绿色债券，是 2023 年 1 月到期绿色债券的再次发行，面值为 8 亿加元，也是安大略省发行的规模最大的绿色债券。2017 年 1 月 23 日星期一，在多伦多市场开幕时发布了发行公告，并于 2017 年 1 月 25 日正式宣布发行，进行认购和簿记，计划最低募集金额 5 亿加元，初步指导价在市场背景下制定（比 2022 年 6 月 1 日到期的 CAN 加拿大政府债券 2.75% 息票利率增加 75 个基点）。由于强劲的订单和价差收紧，最终定价为增加 74.5 个基点。

超过 50 个投资者参与了第三只绿色债券的发行。由于加拿大基金的社会责任投资任务不断增加，来自加拿大国内的投资者的需求激增。具有绿色投资任务和签署了联合国《负责任投资原则》的投资者的购买量，占总销售额的 78% 以上。

发行的三只债券全部采用全球报价形式，用以吸引国际投资者并延长营销期。安大略省在每次发行绿色债券之前会先确定其承销银团的组织结构，利用其国内的承销银团在二级市场造势。

个人投资者也能通过加拿大各个金融机构参与安大略省所有三只绿色债券的发行，购买数量约占总销售额的 1%，略高于对安大略常规债券的需求。

（三）投资优势

安大略绿色债券具备吸引投资者的投资优势，这些优势包括：

1. 安大略绿色债券享有安大略省（政府）的全部信用支持，与安大略省的其他债券享有同等权益。

2. 债券具有很高的流动性，并具有与安大略其他类似规模债券相当的收益率。安大略省的绿色债券是安大略省的无担保直接债务，投资者不承担任何与融资项目有关的具体风险，债券的本金和利息将由安大略省综合收入基金进行支付，不受任何特定项目收入的影响。

3. 绿色债券提高了人们对气候和环境挑战的认识，塑造了积极的公共形象，可以让投资者支持全省的绿色倡议，帮助投资者实现公司的绿色政策与环境、社会与治理（ESG）政策。

4. 安大略省前两期绿色债券已达到以下绿色债券指数的标准：巴克莱—摩根士丹利资本国际公司绿色债券指数、美银美林绿色债券指数、标普绿色债券指数、Solactive 绿色债券指数。

（四）项目评估体系

安大略对项目的评估使用的是市场广泛认可的核心指标，并采纳《绿色债券原则》中关于未来影响报告的建议进行信息披露。有关所选绿色项目的更新信息，包括项目评估和选择过程介绍，项目的资金分配以及预期环境效益等，将持续在安大略省财政局网站上的《年度通讯》中向投资者披露。安大略省的第二份《绿色债券通讯》于 2016 年 12 月发布，包括了第一只和第二只绿色债券选定的项目的信息更新（见表 11.12）。

同时，安大略省制定的一套评估体系，可以评估所有潜在项目的环境效益和影响。为了更好地使用资金，安大略省在项目中纳入绩效评价指标，明确了每个项目的环境效益和特点。在认识到发行绿色债券带来的财政收益和对环境变化产生的重要影响之后，政府安排安大略省环境与气候变化部的工作人员加入绿色债券工作组，以便于为各种环境事务提供指导。

三、安大略省绿色债券投资项目

绿色债券融资选定的项目主要集中在安大略省环境友好型基础设施（不包括化石燃料和核能）建设项目。这些项目遍布安大略省的各个社区，并与该省环境和气候变化政策保持一致。

首只债券募集的资金将用于清洁运输项目，而第二只和第三只绿色债券募集的资金，将用于各自的项目池。通过项目池操作能更加灵活地运转资金，防止出现项目开支与预期相比变化较大的情况。以下是接受三只绿色债券融资的项目，主要包括清洁运输项目、能源效率和能源节约项目[①]：

1. 都市连通（Metrolinx）—艾灵顿跨镇轻轨

2. Metrolinx—约克 vivaNext 快速公交

3. Metrolinx—GO Transit 区域快速铁路

4. Metrolinx—西芬治轻轨

5. Metrolinx—汉密尔顿轻轨

6. Metrolinx—大略街轻轨

7. 谢里登学院 Hazel McCallion 校园扩建（密西沙加）

8. Erinoak 儿童治疗和发展中心（宾顿市、密西沙加、奥克维尔）

9. 圣约瑟夫汉密尔顿医疗机构（西 5 校区）

10. 圣约瑟夫医疗保健公司（伦敦和圣托马斯）

11. 心理健康护理中心（潘尼唐古辛镇）

12. 戒毒和心理健康中心（皇后街）

13. 伍德斯托克总医院（胡士托）

此外，三只绿色债券都有一部分资金用于资助多伦多地区历史上最大的公共交通扩建项目——多伦多艾灵顿跨镇轻轨项目。

表 11.12 安大略省绿色债券融资项目列表[②]

项目名称	框架类型	预计节能（千瓦时/年）	温室气体预计减排量（二氧化碳或等价物吨/年）或等效的停开客车车辆（辆/年）	预计的水资源节约量（升/年）或等效的每户家庭节约的水量（安大略省家庭户数/年）	其他环境效益
艾灵顿跨镇轻轨（LRT）	清洁运输	—	减排 490000 吨/年 或停开 103594 辆客运车/年（2031 年开始）[①]	—	所有 25 个车站和站点都旨在实现多伦多的绿色标准。艾灵顿跨镇轻轨的维护和存储设施旨在获得 LEED 的银级认证

---

① Ontario Green Bond Projects. http：//www. ofina. on. ca/greenbonds/projects. htm.

② Ontario's Green Bond Features http：//www. ofina. on. ca/pdf/2016 _ ontario _ green _ bond _ newsletter _ en. pdf.

项目名称	框架类型	预计节能（千瓦时/年）	温室气体预计减排量（二氧化碳或等价物吨/年）或等效的停开客车车辆（辆/年）	预计的水资源节约量（升/年）或等效的每户家庭节约的水量（安大略省家庭户数/年）	其他环境效益
GO区域快速铁路（RER）	清洁运输	—	减排84000吨/年或停开17759辆客车/年（从2024年开始）②	—	新的GO车站和设施旨在获得LEED金级认证
约克vivaNext快速公交（BRT）	清洁运输	—	减排8800吨/年或停开1860辆客运车/年（从2031年开始）③	—	改善公共交通和新的交通选项，例如vivaNext快速公交将有助于减少温室气体排放和标准空气污染物（CAC），管理交通拥堵，并鼓励从汽车旅行到公共交通旅行的模式转换
谢里登学院Hazel McCallion校园扩建	能源效率能源节约	66万千瓦时/年	减排33吨/年或停开7辆客车/年	—	目标：获得LEED银级认证
圣约瑟夫汉密尔顿医疗机构—西5校区	能源效率能源节约	1500万千瓦时/年	减排3568吨/年或停开754辆客运车/年	节约水资源710万升/年或为37个家庭每年提供足够的水量	目标：获得LEED金级认证
圣约瑟夫医疗保健公司—伦敦和圣托马斯	能源效率能源节约	660万千瓦时/年	减排3269吨/年或停开691辆客车/年	节约水资源870万升/年或为45个家庭每年提供足够的水量	目标：获得LEED金级认证
Waypoint心理保健中心	能源效率能源节约	54万千瓦时/年	减排27吨/年或停开6辆客运车/年	节约水资源280万升/年或为14个家庭每年提供足够的水量	目标：获得LEED金级认证

续表

项目名称	框架类型	预计节能（千瓦时/年）	温室气体预计减排量（二氧化碳或等价物吨/年）或等效的停开客车车辆（辆/年）	预计的水资源节约量（升/年）或等效的每户家庭节约的水量（安大略省家庭户数/年）	其他环境效益
成瘾和心理健康中心—1B期	能源效率能源节约	2000万千瓦时/年	减排1000吨/年或停开220辆乘用车/年	节约水资源430万升/年或为22个家庭每年提供足够的水量	目标：获得LEED金级认证

①资料来源：《艾灵顿跨镇快速公交优势案例信息更新（2012）》。注：估算结果正在审核中。需要进一步分析，以更好地量化与该项目相关的温室气体效益。表中引用的数字与汽车用户从驾驶汽车转为乘坐轻轨时可能出现的减排有关。使用电动小型轻轨车辆代替公共汽车，预计还会减少额外的温室气体，但这些益处目前不包括在本次估计之中。

②资料来源：《GO区域快速铁路初始商业案例（2015）》。注：估算结果正在审核中。需要进一步分析，以更好地量化与该项目相关的温室气体效益。表中引用的减排与从柴油到电动火车的转换有关。GO区域快速铁路有望通过鼓励人们少开车多乘火车进一步减少排放。然而，需要投入更多的工作，以量化由于模式转换而带来的潜在益处；这些益处目前不包括在本次估计之中。

③资料来源：《VIVA福利案例（2008）》。注：估算结果正在审核中。需要进一步分析，以更好地量化与该项目相关的温室气体效益。引用的数字与汽车用户从驾驶汽车改为乘坐轻轨时可能出现的减排有关。

四、深度思考

（一）绿色债券的影响

随着新的发行人和投资者进入市场，加元债券市场呈现出快速增长，反映了绿色债券在全球市场的扩张。获得第二方认证，可以提高绿色债券的可信度，从而吸引更广泛的绿色投资者。安大略省还指出，绿色债券发行的快速增长，也促使投资者和各种债券指数编制者密切关注绿色债券发行流程的可信度。

绿色债券除了为可持续发展项目筹集资金之外，还带来了许多好处：一方面，它提高了投资者对气候和环境挑战的认识，安大略省积极的公众形象和媒体关注度的提高，使投资者能够支持安大略省的整个绿色倡议。另一方面，绿色债券计划在财政部门也占有重要地位，为安大略省环境与气候变化部、卫生和长期护理部、高级教育和技能发展部以及交通部和都市连通（Metrolinx）之间创造了合作的机会。

（二）投资者参与的重要性

2016年3月，安大略省成为由国际资本市场协会倡导和管理的绿色债券原则组织成员。2016年下半年，安大略省政府以绿色债券为目标，在纽约、加拿大西部（温哥华、维多利亚、温尼伯）、多伦多和蒙特利尔开展了投资者关系项目计划，收到了投资者的积极反馈和建议，这些反馈和建议都将作为未来发行绿色债券需要重点考虑的问题。例如，考虑到投资者的反馈，在第二只绿色债券发行引入了豁免列表，并且在未来可能以其他货币发行绿色债券。

交易商的参与在安大略省绿色债券计划中发挥了至关重要的作用。为筹备第一只绿色债券的发行，省内银团的十二家交易商都被邀请加入安大略省财政局的全球和国内绿色市场融资团队；自发行以来，整个银团也对债券交易提供了广泛的支持。

（三）政府重视的重要性

首只绿色债券的发行由安大略省省长在公开场合宣布，这确保了其他政府部门、机构对发行工作的支持和参与。与以都市连通的合作关系为例，都市连通是安大略省政府的一个机构，旨在促进大多伦多和汉密尔顿地区所有交通方式的协调和一体化。因为选择艾灵顿跨镇轻轨作为由绿色债券募集资金资助的第一个项目，安大略省财政局获得了都市连通对绿色债券倡议的强烈支持。

第六节 案例总结和启示

从结构、评级（信用角度）、定价和营销等方面来看，绿色债券与任何其他债券并没有显著区别。绿色债券之所以优于其他债券，主要表现在它要求将募集资金投入到能够产生环境效益的项目，还要对募集资金的使用、产生的环境影响和收益等进行核查、监测与报告。表11.13总结了本章所列举5个国外案例的主要特征，通过该表可以分析不同债券之间的相同点与不同点。

表 11.13　绿色债券案例总结

发行人	发行面值	评级	期限	投资关注领域
世界银行	在世界银行发行的 125 只绿色债券中，总发行额约为 100 亿美元	Aaa（穆迪） AAA（标普）	1～30 年，约三分之二的债券发行期限为 5 年或更短	世界银行绿色债券支持促进向低碳经济过渡和提高气候适应性的项目。示例包括： • 太阳能和风能设备 • 允许大幅度减少温室气体排放的新技术 • 有助于减少温室气体排放的电厂和输电设施改造 • 提高运输效率，包括燃料转换和大宗运输 • 废物（甲烷排放）管理 • 节能建筑 • 通过重新造林、避免森林砍伐，减少碳排放的措施 • 防洪（包括重新造林和流域管理）项目 • 能够改善粮食安全、提高气候适应力、降低毁林率的农业系统 • 可持续森林管理与防止砍伐森林
Kommuninvest（瑞典）	6 亿美元	Aaa（穆迪） AAA	3 年	25 个投资项目分布在 18 个城市，包括在风能、绿色建筑和清洁运输等
Kommuninvest（瑞典）	50 亿瑞典克朗	Aaa（穆迪） AAA（标普）	4 年	瑞典市政投资项目，投入到可再生能源、能源效率、绿色建筑、公共交通和水资源管理等项目
苏扎诺纸业股份有限公司（巴西）	5 亿美元	BB +（标普） BB +（惠誉）	10 年	• 可持续林业 • 森林恢复 • 生物多样性保护 • 水资源和废水管理 • 能源效率 • 再生能源

发行人	发行面值	评级	期限	投资关注领域
墨西哥国家 金融开发银行	5 亿美元	A3（穆迪） BBB +（惠誉）	5 年	陆上风能
加拿大安 大略省	5 亿加元	Aa2（穆迪） A +（标普）	4 年	合格项目符合安大略省绿色债券 框架中确定的以下五个类别，不 包括化石燃料和核能项目： ● 清洁运输 ● 能源效率和能源节约 ● 清洁能源和技术 ● 林业、农业和土地管理 ● 气候适应和适应力
	7.5 亿加元		7 年	
	8 亿加元		6 年	

资料来源：根据公开资料整理。

通过分析以上五个案例，本章得出了以下五个结论。

一、发行人可以从绿色债券发行中获益

发行绿色债券的益处可分为三个方面：第一，相比传统债券，绿色债券定价和需求更高。所有案例研究结果都指出，市场对绿色债券抱有非常浓厚的兴趣，随着作出负责任投资承诺的投资者[①]数量增加，以及承诺对可再生能源和低碳技术等领域增加投资的投资者[②]数量增加，绿色债券的需求也迅速增长。此外，投资者越发意识到诸如清洁运输、能源效率、清洁能源和技术、林业和气候适应等领域的投资机会，并增加了对这些领域的投资[③]。绿色债券在定价和需求方面的优势使得发行人可以降低发行成本，一般比初始指导价低 0.5～5 个基点。

---

① 例如，请参见《负责任投资原则》的签署方（https：//www.unpri.org/）。

② 请参见《绿色基础设施投资联盟》的签署方（http：//www.giicoalition.org/）和《巴黎绿色债券声明》的签署方 https：//www.climatebonds.net/files/files/COP21 Paris% 20Green% 20Bonds% 20Statement – PGPS – 9th% 20Dec% 202015.pdf）。

③ 对于资本流向可再生能源和低碳资产的分析，请参阅《彭博新能源财经》（https：//about.bnef.com/blog/category/report/）和《气候政策倡议》（https：//climatepolicyinitiative.org/cli-mate – finance/）等研究报告。

第二，绿色债券正面宣传了公司或者组织的形象。案例研究表明，发行绿色债券可以吸引新的投资者（即投资者群体多元化）。发行人还可以通过绿色债券来履行他们对环境投资的承诺，从而积极地宣传公司形象，塑造公司品牌。例如，墨西哥国家金融开发银行为重返国际市场，通过第二方认证其发行的绿色债券尽可能地确保其绿色债券的可信度。

第三，绿色债券可以促进发行人的内部建设。绿色债券发行流程通常需要发行人内部不同部门之间协调配合、共同合作，以预筹、开发和营销绿色债券。这样，绿色债券发行人可以在组织内建立新的沟通渠道，加强各部门之间的沟通，将可持续性和环境问题进一步纳入到发行人的核心业务中。

二、绿色债券的成本费用较低

绿色债券的费用成本主要包括以下两项：一项是与外部审查或验证相关的费用。初步审查费用通常在 5000 美元至 50000 美元，后续的费用相对较少。此外，还需要一些时间来整理信息并与认证机构联络。另一项是内部管理成本。常规债券或未认证的债券可能会产生该项成本，它包括跟踪绿色债券所募集资金（只能用于特定项目）的成本，以及披露投资对环境影响的监测报告所产生的成本。这些监测报告将产生的费用的多少，完全取决于发行人的内部组织情况。通过本章的案例研究发现，具备环境和社会责任投资经验的组织已经完善了内部流程。这些组织在进行绿色债券核查时，只需要对现有数据收集和报告的流程进行微调，因此而产生的费用会比较低。

三、绿色债券透明度有利于提升投资者信心

绿色债券的吸引力之一是其透明度以及支撑债券透明度的验证流程。这些流程确保投资者的资金被用于提高环境效益的项目，从而降低了投资者调查债筹资金使用情况的成本。在绿色债券报告的基础上，投资者只需要报告投资于绿色债券的金额，就可以让其客户了解债券的详细情况。

透明度还为发行人带来了一定的好处。例如，苏扎诺公司指出，因为债券是在巴西和国际上存在巨大政治不确定性的背景下发行的，所以外部验证和透明度不可忽视。它可以为投资者（特别是新投资者）提供绿色债券的可信度保证，这提升了他们的投资信心，这一点对于苏扎诺绿色债券的发行尤为重要。

四、外部验证的过程非常重要

案例研究指出，发行人应熟悉《绿色债券原则》的具体要求，例如发行一只绿色债券的前提条件，项目评估和选择的要求，以及募集资金的使用和报告要求等。在发行绿色债券之前，建立环境管理、信息披露和报告体系非常重要。外部认证机构拥有所需的大部分能力、专业知识和各种资源，这使得绿色债券外部核查和报告产生的成本会比较少。

五、政府部门应积极支持绿色债券市场发展

虽然案例研究侧重于发行人的经验，但也可以为政府部门提供重要的结论与参考。第一，"成功带来更大的成功"。案例研究表明，发行和营销绿色债券的成功经验有可能鼓励与刺激其他绿色债券的发行，增加绿色债券的供应。发行人会增加绿色债券的发行（例如 Kommuninvest、墨西哥国家金融开发银行、安大略省和世界银行等，它们都发行了多只绿色债券），其他发行人也可以从中学习发行的成功经验。

第二，绿色债券的成功发行和营销带来了市场的扩容和专业知识的提升。世界银行的绿色债券计划让投资者认识到应对气候挑战需要私人部门参与，使其在参与过程中发现融资需求与投资机会，并认识到把气候风险和机会纳入其投资决策的重要性。该计划还使更多发行人认识到绿色债券是一种有着成本效益的资本融资渠道，是一种可以打造公司品牌和提升公司声誉的融资途径。

第三，发行绿色债券的过程能把发行人与投资者联系起来，有助于更广泛的金融实体参与绿色金融这种可持续且负责任的投资。通过吸引主流

投资者，绿色债券能够促进可持续和负责任投资的发展。因此，它为促进绿色经济增长的项目提供了一种有价值的融资途径，帮助各国向低碳经济转型。

在全球组织为应对气候变化作出承诺的背景下，各国政府都明确地支持国内绿色债券市场的发展。各国政府可以通过调动投资者对绿色投资的热情，促使资本由碳密集型和环境破坏型项目转向绿色经济项目。

政府部门应该积极鼓励发行绿色债券，或者以政府的名义进行绿色投资。这样不仅可以筹集绿色投资所需资本，也可以带来示范效应，吸引其他发行人参与。此外，决策者还可以采取包括聚合集群、技术援助、增信等在内的一系列措施确保绿色债券的健康发展。最后，政府部门还可以通过支持绿色债券倡议和举办旨在相互交流与学习的国际论坛，加速绿色债券的知识传播和企业内部能力的建设。

参考文献

［1］万志宏、曾刚：《国际绿色债券市场：现状、经验与启示》，载《金融论坛》，2016。

［2］郭实、周林：《浅析国外绿色债券发展经验及其启示》，载《债券》，2016。

［3］金佳宇、韩立岩：《国际绿色债券的发展趋势与风险特征》，载《国际金融研究》，2016。

［4］詹小颖：《绿色债券市场发展：国际经验及启示》，载《南方金融》，2016。

［5］ICMA, Green Bond Principles, 2015.

［6］CICERO, Second Opinion on ADB's Green Bond framework, 2014.

［7］KFW, Annual Report, 2014.

［8］WFE, Exchanges and ESG Initiatives—SWG Report and Survey, 2015.

［9］US SIF, Report on sustainable and responsible investing trends in the US, 2012.

［10］Eurosif. European SRI Study 2012.

展望篇

第十二章　绿色债券市场发展展望

　　2016 年是中国市场贴标绿色债券的元年，中国国内共计发行了贴标绿色债券 2052.31 亿元（约合 297.17 亿美元）。同期，全球的绿色债券发行量为 810 亿美元，中国在短短一年之中已成为全球最大的绿色债券市场，占全球发行量的 36.7%。中国绿色债券市场的迅猛发展让很多国内外人士对中国绿色债券的可持续性产生关注。另外，作为新生的金融产品，绿色债券在标准、第三方认证、激励政策等方面也有待逐步完善。本章接下来将对中国绿色债券的市场潜力进行分析，并介绍近年来各方机构为促进和完善中国绿色债券市场所作出的努力。本章的结构如下：第一节是绿色债券市场发展潜力；第二节是绿色债券市场机制建设，包括标准、外部审核与评估以及激励政策的推进和落实；第三节是绿色债券的国际合作。

第一节　绿色债券市场发展潜力

一、中国债券市场前景

　　在中国金融市场的改革发展过程中，直接融资一直是积极推动、大力发展的方向。债券作为一种融资工具具有成本低、规模大、期限灵活的特点，同时也是直接融资的主要内容之一。自 2009 年以来，中国债券市场持续保持着快速发展的趋势。截至 2016 年底，中国债券市场余额近 65 万亿元人民币。中国债券市场已发展成为在全球拥有相当地位的新兴经济体债券市场。

　　中国人民银行行长周小川指出，预计从 2015—2020 年，非金融企业直接融资占社会融资总规模的比重将从 17.2% 提高到 25% 左右，债券市场余额将与 GDP 总量一样多。[①] 2015 年，中国 GDP 总量为 68.55 万亿元，债券余额约为 48 万亿元，占比约为 70.02%。可以预期，如果未来五年 GDP 年增速按 6.5% 计算，2020 年中国 GDP 总量将会达到 93.92 万亿元。若届时债券市场余额占 GDP 比例达到 100%，那意味着从 2016～2020 年，中国债券市场的存量将有超过 45 万亿元的发展空间，即平均每年新增债券发行额需要达到 9 万亿元。事实上，随着直接融资规模的扩大和利率市场化的推进，中国债券市场的融资规模持续保持快速发展。根据中国人民银行的统计数据，2015 年中国的债券发行量为 22.88 万亿元；2016 年中国的债券发行量为 35.60 万亿元，债券市场已经成为社会机构重要的融资渠道。

二、绿色债券潜在规模测算

中国绿色债券市场广阔的发展前景建立在中国债券市场未来巨大规模的基础之上。中央财经大学绿色债券研究团队根据《绿色债券支持项目目录》对中国市场的存量债券以及 2009 年以来的发行债券进行绿色判定。中央财经大学绿色金融国际研究院绿色债券实验室数据库统计显示，截至 2016 年底，用于绿色项目融资的债券（包括贴标绿债和非贴标绿债）存量为 24934.95 亿元，占总存量的 3.88%。保守估计，假设在接下来的五年中占比不变，到 2020 年底，绿色债券的存量仍然将达到 3.6 万亿元；若按照绿债 5% 的存量占比来估计，到 2020 年底，绿债存量将达到 4.7 万亿元。可以预见，未来绿色债券每年的潜在发行规模在 1 万亿～2 万亿元左右，市场发展潜力巨大。

中国在城镇化进程中对基础设施的巨大投资也为绿色债券发展提供了众多的项目资产。根据国家统计局的数据，2015 年全社会固定资产投资 56.2 万亿元，其中电力、燃气及水的生产和供应业全社会固定资产投资为 2.67 万亿元，交通运输、仓储和邮政业全社会固定资产投资为 4.92 万亿元，水利、环境和公共设施管理业全社会固定资产投资为 5.57 万亿元，这

---

① 中央政府网. 提高直接融资比重优化金融结构［EB/OL］http：//www.gov.cn/zhengce/2015－12/25/content＿5027972.htm，2015－12－25.

三项合计 13.16 万亿元。在中国的城镇化过程中，上述三类有相当比例的投资都是符合节能、环保或者资源高效利用的条件，即属于绿色用途范畴。假设有一半的比例涉及绿色项目，其中 20% ~ 30% 通过发债融资，则有近 1.3 万亿 ~ 2 万亿元的绿色债券需求。

上面从两个不同的角度对中国的绿色债券潜在规模进行估计，其结果比较一致。除此之外，2016 年中国市场的贴标绿债规模为 2052.31 亿元，其中 1550 亿元是银行发行的绿色金融债券。如果考虑到中国 21 家主要上市商业银行截至 2016 年底的绿色信贷余额达 7.5 万亿元，以及国家开发银行 2015 年底绿色信贷规模 1.5 万亿元，显然银行体系中巨量的绿色信贷将为绿色金融债券提供源源不断的支持。

综上所述，通过分析我们可以估计出未来中国绿色债券市场潜在规模在 1 万亿 ~ 2 万亿元，预计在五年内中国绿色债券潜在存量可以达到 5 万亿元。如何实现中国这个全球最大的绿色债券市场的健康、可持续发展，是当前摆在我们面前的重要课题。

第二节　市场机制建设

一、绿色债券标准

2015 年 12 月，中国人民银行和国家发改委先后发布了绿色债券的相关发行指引，同时也对绿色债券进行了界定。中国市场成为全球首个由官方定义绿色债券的市场。人民银行和发改委对各自监管的债券品种进行了绿色定义，但由于两家机构所监管的债券品种和发行人不同，工作运行的机制也不一样，对绿色项目认定标准并不完全一致，因而缺乏统一的绿色债券市场准则。在此情况下，较难客观准确地判定项目的绿色属性不仅容易给发行人和投资者带来困惑——在发行或投资绿债中需要考虑识别两种标准的适用性，另外也容易引起一些争议，质疑官方的两种标准所带来的市场不一致性。

2016 年 8 月，在中国人民银行、财政部、国家发展改革委、环境保护部、银监会、证监会、保监会等七部委联合印发的《关于构建绿色金融体系的指导意见》中，明确提出了"要求统一绿色债券界定标准"，相关部委在此之后已经展开相应的研究工作。从绿色债券界定标准的统一，到金融产品绿色标准的统一，即绿色债券、绿色信贷以及绿色保险等对绿色项目或行为有明确的、一致的界定，将为建立绿色金融大市场提供坚实的基础。以政策引导为特征的中国绿色金融市场更有利于跨市场之间的协调与管理，可以预计在"绿色债券"标准甚至"绿色"标准制定方面，中国未来大有可为。

绿色债券不仅存在着当前国内标准的不一致，同时，国际上也存在着多边开发银行（MDB）、气候债券倡议组织（CBI）等多方机构对绿色债券界定的不一致，为跨境绿色债券投资者带来了困扰，也增加了跨境发行绿色债券的沟通成本，阻碍了绿色资本的跨境流动。随着责任投资理念的兴起以及跨境责任投资者的普遍关注，统一国际绿色债券标准的倡议也被提出来。

考虑国家之间社会经济、生态建设的程度不同，对"绿色"的看法与界定必然存在着认识的差别，短期内统一国际各主流的绿色债券标准的难度很大，当前可行的做法是建立具有一致性的绿色债券标识类别，降低国际之间绿色债券识别的门槛和成本。当前中国金融学会绿色金融专业委员会与欧洲投资银行正在合作推进相关工作，力争在中国与欧洲这两个最有影响力的绿色债券市场之间首先树立起市场协调发展的典范。

二、外部审核与评估

中国的各类绿色债券发行指引中，除了企业债之外，都有对发行者提供绿色债券的外部审核与评估的要求。以绿色金融债券为例，明确提出引入独立的评估或认证机构：鼓励发行人聘请独立机构对所发行的绿色金融债券进行评估或认证；要求注册会计师对募集资金使用情况出具专项审计报告；鼓励专业机构对绿色金融债券支持绿色产业项目发展及其环境效益影响等实施持续跟踪评估；第三方的评估认证意见和专项审计报告，应及时向市场披露。

绿债市场诞生以来，对绿债认证评估的第三方机构的需求大大增加，同时对第三方机构的资质没有要求，会计、评级、研究、咨询等机构纷纷参与到绿债的评估、认证工作中。在大多数机构都能够尽责审核评估并出具认证的同时，也有少数机构和个人利用尚不存在市场规范的间隙，以牺牲公正性来满足发行人客户的要求，出具不严肃、不客观、不准确的认证报告。针对相关现象，七部委的《关于构建绿色金融体系的指导意见》已指出要进一步完善绿色债券第三方评估和评级标准，规范第三方认证机构对绿色债券评估的质量要求。证监会在 2017 年 3 月发布的《中国证监会关于支持绿色债券发展的指导意见》中也"鼓励评估认证机构之间加强沟通协调和行业自律，建立完善统一的评估认证标准和流程"。

2016 年以来，中诚信、东方金诚、中债资信、联合赤道、新世纪、大公国际等以评级公司为主的第三方机构先后公开发布绿色债券评估认证方法，从环境风险、环境效益进行评估，并对绿色债券进行认定。2017 年 12 月 27 日，中国人民银行、证监会联合公布了《绿色债券评估认证行为指引（暂行）》，这是中国第一份针对绿色债券评估认证工作的规范性文件，对机构资质、业务承接、业务实施、报告出具、监督管理等方面作出了具体的规范和要求。该政策的推出，对规范绿色债券评估认证机构的资质和行为，强化环境信息披露质量，促进中国绿色债券市场健康发展都有着非常积极的引导意义。

三、激励政策

在绿色债券的指导性文件中，对绿债发行的激励政策都有所涉及。其中，《中国人民银行公告［2015］第 39 号》中规定发行人发行的绿色金融债券可以按照规定纳入中国人民银行相关货币政策操作的抵（质）押品范围。另外，鼓励政府相关部门和地方政府出台优惠政策措施支持绿色债券发展，鼓励各类机构投资者投资绿色债券。国家发改委则在发行程序、发行人准入、募集资金使用等方面比较明确地给出了激励措施。七部委的《指导意见》也提出了支持和鼓励绿色投融资的一系列激励措施，包括通过再贷款、专业化担保机制、财政贴息、设立国家绿色发展基金等措施支持绿色金融发展。

在中央部委层面上，除了国家发改委的绿色企业债，其他的相关激励措施尚未具体落实。但在地方上，一些省市已经率先尝试通过激励措施鼓励绿色债券发行。

2017年4月，深圳市福田区发布《福田区支持企业创新融资实施办法》，鼓励运用金融科技健全绿色金融体系、优化升级绿色金融全流程服务体系、建设绿色资产开发及绿色债券审核交易平台；对成功完成融资的企业给予融资规模2%以内、最高200万元的发行费用支持；对金融机构和中介服务结构，按实际完成融资规模1%以内，给予最高100万元的奖励。

2017年5月，北京中关村管委会出台《中关村国家自主创新示范区促进科技金融深度融合创新发展支持资金管理办法》，提出给予"绿色企业"贷款贴息支持以及支持企业通过发行绿色债券进行融资。

随着2017年6月国务院决定在浙江、江西、广东、贵州、新疆5省（自治区）建设绿色金融改革创新试验区，五省区部分地方绿色金融试验区方案相继出台，都分别提出鼓励发展绿色债券。除此之外，其他省市地区对发展绿色金融的积极性也快速提升。可以预见，未来将会有更多的地方出台支持绿色债券发展的具体政策。

第三节　绿色债券的国际合作

中国绿色债券市场的发展一直受到国际各方的关注，中国作为重要的发展中国家积极参与绿色债券的发展，对国际绿色债券市场发展是极大的推动和鼓舞。近年来，中国不断加强在绿色债券领域的国际合作。

一、国际政策合作

2016年1月，中国人民银行与英格兰银行共同发起成立G20绿色金融研究小组，由联合国环境规划署承担秘书处工作，共同开展关于央行在支持绿色债券方面作用的双边研究合作，鼓励商业部门加强绿色金融创新和境内外绿色债券市场互联互通。

中国金融学会绿色金融专业委员会与伦敦金融城绿色金融倡议组织也积极开展了行业组织的深入交流和沟通，共同推广绿色金融概念，努力促使环境友好型的低碳经济正成为各国发展的共识。

2017年初，中国金融学会绿色金融专业委员会和欧洲投资银行共同开展中欧绿色债券标准一致化的研究，为中国与欧洲在绿色债券政策合作上提供保障。

二、绿色债券发行

从2015年开始先后有金风科技、中国农业银行、吉利控股集团、中国银行、长江三峡集团等中国发行人在境外发行绿色债券，广泛获得了国际社会的积极评价。中国机构在境外也努力实现绿色债券的创新。例如，2016年11月，中国银行伦敦分行发行的绿色资产担保债券是全球首单兼具"双重绿色属性"的绿色资产担保债券。在国内市场上中国也鼓励绿色熊猫债的发行。2016年7月，新开发银行（New Development Bank）在全国银行间市场成功发行规模为30亿元的绿色金融债券，成为首家在中国发行绿色金融债的多边金融机构，所募专项资金将用于金砖国家、其他新兴经济体和发展中国家的基础设施和可持续发展项目。

三、产品创新

2017年3月，中央财经大学绿色金融国际研究院、深圳证券交易所、卢森堡证券交易所联合推出首只在中国和欧洲两地同步发布行情的中国绿色债券指数——"中财—国证绿色债券指数"。该指数为境内外资本市场投资中国绿色债券提供了可供参考的共同标尺和投资工具，是推动中国绿色金融事业迈向国际市场的重要一步。

四、研究合作

国内外研究机构保持了紧密的联系和合作。2015 年 10 月，中国金融学会绿色金融专业委员会联合伦敦证券交易所集团及气候债券倡议组织，在伦敦成功举办了具有标志性意义的首届"中国绿色债券研讨会"。在该会议上围绕着发行人、投资人及中国绿色债券发行等专门议题，国际及国内专家就如何更好地利用金融推动可持续的绿色经济增长进行了深入的探讨。2017 年 1 月，中央结算公司和气候债券倡议组织（CBI）联合发布了《中国绿色债券市场现状报告 2016》。2017 年 5 月，中国银行间市场交易商协会（NAFMII）与国际资本市场协会（ICMA）联合发布绿色债券市场发展报告，这些都是中国在绿色债券研究方面积极加强国际合作的体现。